诚信为本　操守为重

坚持准则　不做假账

——与学习会计的同学共勉

高等职业教育财经商贸类专业基础课

经世济民 立德树人

新形态一体化教材

税法基础

主编 孙启友

副主编 杨艳俊 高丽萍

中国教育出版传媒集团

高等教育出版社·北京

内容简介

本书是高等职业教育财经商贸类专业基础课"经世济民 立德树人"新形态一体化教材。

本书全面落实党的二十大精神，以习近平新时代中国特色社会主义思想为指导，以我国现行税法体系为主线，主要包括税法基本知识，增值税法，消费税法，城市维护建设税法、教育费附加和地方教育附加，关税法和船舶吨税法，个人所得税法，企业所得税法，资源税法和环境保护税法，城镇土地使用税法、耕地占用税法和土地增值税法，房产税法、车船税法和契税法，印花税法、车辆购置税法和烟叶税法，税收征收管理。本书贯彻落实立德树人根本任务，突出对学生综合职业能力和职业素养的培养，达到"价值塑造、能力培养、知识传授"三位一体育人效果。本书突出"四个自信、法治思维、诚信纳税"的育人主线，设计了"价值引领"栏目；对接我国现行税收征收管理实际，突出岗位性和适应性；理实一体，教学做一体化设计，突出案例教学；文字简明，循序渐进，实例丰富，答案步骤细化，设计了"温馨提示""议一议""推荐阅读"等栏目，趣味性与可读性强，适合高职学生的学情特点。

本书是山东省精品课程、山东省继续教育精品数字课程配套教材，资源丰富，配有课程标准、教学设计、教学课件、案例、习题等资源；微课视频、交互式客观题测试以二维码形式进行标注，移动终端扫描可查看习题及答案解析。教师如需获取具体资源，请登录"高等教育出版社产品信息检索系统"（xuanshu.hep.com.cn）免费下载。

本书可作为高等职业教育专科、本科及应用型本科院校财经商贸类专业及相关专业的教材，也可作为初级会计师考试的培训教材或社会学习者自学用书。

图书在版编目（ＣＩＰ）数据

税法基础 / 孙启友，高丽萍主编. -- 北京 ：高等
教育出版社，2024.7
　ISBN 978-7-04-061248-6

　Ⅰ．①税… Ⅱ．①孙… ②高… Ⅲ．①税法-中国-
高等职业教育-教材 Ⅳ．①D922.22

中国国家版本馆CIP数据核字（2023）第190907号

税法基础
SHUIFA JICHU

| 策划编辑 | 武君红 | 责任编辑 | 马　一 | 封面设计 | 张　志 | 版式设计 | 马　云 |
| 责任绘图 | 黄云燕 | 责任校对 | 张　然 | 责任印制 | 刘思涵 | | |

出版发行	高等教育出版社	网　　址	http://www.hep.edu.cn
社　　址	北京市西城区德外大街 4 号		http://www.hep.com.cn
邮政编码	100120	网上订购	http://www.hepmall.com.cn
印　　刷	武汉市新华印刷有限责任公司		http://www.hepmall.com
开　　本	787 mm×1092 mm　1/16		http://www.hepmall.cn
印　　张	23		
字　　数	440 千字	版　　次	2024年7月第1版
购书热线	010-58581118	印　　次	2024年7月第1次印刷
咨询电话	400-810-0598	定　　价	49.80 元

本书如有缺页、倒页、脱页等质量问题，请到所购图书销售部门联系调换
版权所有　侵权必究
物 料 号　61248-00

前言

税收是国家为了向社会提供公共产品、满足社会公共需要，按照法律规定，参与社会产品的分配，强制、无偿取得财政收入的一种规范形式。我国的社会主义经济制度和社会主义国家性质，决定了我国税收的本质，即"取之于民，用之于民，造福于民"。税收法治是中国特色社会主义法治体系的重要组成部分，税收治理是国家治理体系和治理能力现代化建设的重要内容，税法是我国法律体系的重要组成部分，税法知识和技能是财经商贸类从业人员必须掌握的基本知识和技能之一。

"税法基础"课程是高职财经商贸类专业的专业基础课程，也是大数据与财务管理等专业的核心课程。现有税法类教材，存在重知识和技能，轻素养培养，在政治引领和价值引领方面缺乏系统设计等问题。为此，在淄博职业学院孙启友教授的带领下，组建了由淄博职业学院会计学院、马克思主义学院的老师和校企合作企业专家组成的编写团队，重新整合设计了教材体系，编写了本教材。

本教材以我国现行税法体系为主线，包括12章内容，突出学生综合职业能力和职业素养的培养，达到"价值塑造、能力培养、知识传授"三位一体育人效果。该教材具有以下突出特色：

1. 德技并修，将党的二十大精神和专业知识体系有机融合，突出价值塑造

本教材全面落实党的二十大精神，坚持立德树人根本任务，以习近平新时代中国特色社会主义思想为指导，突出"四个自信、法治思维、诚信纳税"育人主线。本教材每章设计了素养目标、知识目标、技能目标，设计了与时俱进的案例导入，并设有"价值引领""推荐阅读"栏目及我国各税种税收法治建设二维码。教材从三个方面突显价值塑造，一是从"以人民为中心"的税收理念突出我国税收"取之于民，用之于民，造福于民"的本质；二是从"依法治国"的法治观念突出"法治思维、遵规守矩"的意识培养；三是从增强"公民意识"的责任担当突出"诚实守信、依法纳税"的品格培养。

2. 内容重构，与我国现行税收征管实际对接，突出岗位性和适应性

本教材按我国现行税法体系18个税收实体法和税收征管法作为教材主线，划分为12章，包括税法基本知识，增值税法，消费税法，城市维护建设税法、教育费附加和地方教育附加，关税法和船舶吨税法，个人所得税法，企业所得税法，资源税法和环境保护税法，城镇土地使用税法、耕地占用税法和土地增值税法，房产税法、车船税法和契税法，印花税法、车辆购置税法和烟叶税法，税收征收管理，从教材目录能一览我国现行税法体系全貌。本教材将城市维护建设税法、教育费附加和地方教育附加放在增值税法和消费税法之后，将个人所得税法排在企业所得税法之前，在小税种的编排上按照资源类税、环境保护类税、财产类税、行为类税进行编排，突出与我国实际税收征管相一致的岗位性和适应性。

3. 理实一体，做学教一体化编排设计教学内容，突出案例教学

本教材注重学生综合职业能力和职业素养的培养，理实一体，教学做一体化编排设计教学内容，每章设有"引例"，提出问题与思考，通过引例分析和知识学习，提高学生运用税法知识解决实际问题的能力；通过"推荐阅读"栏目引导学生通读原法、学习原法、了解最新法规；通过"职业能力训练""交互式习题自测"等板块，达到举一反三的效果。在内容编排上兼顾税法的严肃性和知识的趣味性，除运用简明的文字阐明税法原理外，将重点放在实际操作性强的应纳税额计算上，以突出实践性；在案例选取上具有很强的典型性和现实性，使学生理解我国税法设计的基本原理，掌握税法的基本内容，并具备根据不同企业和行业的实际情况正确计算和纳税申报的实际操作能力，形成依法纳税、诚信纳税的职业素养。

4. 配套课程资源丰富，适应"互联网+"时代的教与学，适合高职学生学情特点

本教材依托山东省精品课程、山东省继续教育精品数字课程建设成果，配有课程标准、教学计划、教学设计、教学课件、案例、习题、微课视频等教学资源，并配有"交互式习题自测"并以二维码方

式标注，方便检验整章学习效果。教材充分考虑了高职学生的特点，文字简明，浅显易懂，由浅入深，循序渐进；实例丰富，答案步骤细化，设计了"温馨提示""议一议"等栏目；增强了教材的趣味性与可读性，便于教师的教和学生的学，并可作为在职人员培训等方面使用。

本课程建议教学总学时数为64学时，分配见下表：

序号	课程内容	参考学时数		
		合计	讲授	实训
1	税法基本知识	4	4	
2	增值税法	10	6	4
3	消费税法	6	4	2
4	城市维护建设税法、教育费附加和地方教育附加	4	4	
5	关税法和船舶吨税法	2	2	
6	个人所得税法	6	4	2
7	企业所得税法	12	8	4
8	资源税法和环境保护税法	4	2	2
9	城镇土地使用税法、耕地占用税法和土地增值税法	4	2	2
10	房产税法、车船税法和契税法	4	2	2
11	印花税法、车辆购置税法和烟叶税法	4	2	2
12	税收征收管理	4	4	
	合计	64	44	20

本教材由淄博职业学院孙启友教授、高丽萍教授担任主编，杨艳俊担任副主编，拟定了全书的结构、框架，并负责全书的总纂定稿与统稿，以及配套资源的开发、制作与审核工作。参与本书编写的人员有淄博职业学院孙启友、高丽萍、杨艳俊、李玲、刘琦然、王慧姝、赵玮、侯宪春等，以及山东博华会计师事务所注册会计师、注册税务师张俊学，山东鲁信财税咨询服务有限公司注册税务师韩静。

在本教材的编写过程中，参考了近年来出版的税法类专著、教材及杂志，以及相关资料。同时还得到了淄博职业学院、山东博华会计师事务所、山东鲁信财税咨询服务有限公司等单位的大力支持。在此一并表示衷心的感谢。

由于编者水平有限，难免有疏漏和不足之处，敬请读者和有关专家给予批评指正。

编　者

2024年5月

目录

税法基本知识

第一章

学习目标

素养目标

- 明确我国税收取之于民、用之于民、造福于民的本质，增强制度自信、道路自信；
- 结合税收助力我国经济社会发展，感受改革开放40余年以来，特别是新时代十年我国取得的巨大成就，增强民族自豪感和社会责任感；
- 通过对我国税法原则及税法体系和立法过程的了解，树立税收法治思维，增强诚实守信、依法纳税的公民意识。

知识目标

- 掌握税收和税法的含义、税收的特征、税法的作用、我国税收立法及进程、税法原则；
- 重点掌握纳税人、征税对象、税率三个基本要素和其他税法要素；
- 掌握我国现行的税法体系的构成；
- 了解我国税法体系的建立与发展。

技能目标

- 能正确地进行税法基本要素和其他要素在各税种中的运用；
- 能正确地进行超额累进税率的计算和应用。

思维导图

税法基本知识

税收与税法
- 税收的概念与特征
- 税法的概念
- 税法的作用
- 我国税收立法及进程
- 税法原则

税法要素
- 纳税人
- 征税对象
- 税率
- 税收优惠
- 纳税环节
- 纳税期限
- 纳税地点
- 总则、罚则和附则

我国现行税法体系
- 我国现行税法的分类
- 我国现行税法体系的构成
- 我国税法体系的建立与发展

学习计划

- 素养提升计划

_____

- 知识学习计划

_____

- 技能训练计划

_____

第一节　税收与税法

⟡ 引例

党的十八大以来，我国国内生产总值从54万亿元增长到114万亿元，我国经济总量占世界经济的比重达18.5%，提高7.2个百分点，稳居世界第二位；人均国内生产总值从39 800元增加到81 000元。完成脱贫攻坚、全面建成小康社会，实现了第一个百年奋斗目标。

党的十八大以来，我国财税领域取得历史性成就，财政实力不断增强，财政收支规模逐年扩大，财政保障更加精准有效。全国一般公共预算收入从11.73万亿元增长到20.25万亿元，十年累计163.05万亿元，年均增长6.9%；其中税收收入（已扣减出口退税，不含关税、海关进口环节税收），从2013年的9.5万亿元增加到2021年的15.5万亿元，累计112万亿元，年均增长6.8%，税收筹集财政收入的职能作用有效发挥，为实现第一个百年奋斗目标提供了坚实的财力基础。

税收取之于民，用之于民，造福于民。财税工作的高质量发展是国家高质量发展的前提，党的十八大以来，财政保障更加精准有效，集中财力办大事，支持科技自立自强，加强基本民生保障，促进城乡区域协调发展、支持打赢脱贫攻坚战、打好污染防治攻坚战等，着力解决发展不平衡、不充分问题，推动构建新发展格局和实现高质量发展。例如，全国一般公共预算科学技术支出累计7.1万亿元，国家财政性教育支出累计28.88万亿元。

治国有常，利民为本。坚持以人民为中心，推进国家治理体系和治理能力现代化，全面推进科学立法、严格执法、公正司法、全民守法。在税收领域，我国落实税收法定原则和完善税收立法。一是税收法定持续推进，我国现行18个税种中有12个完成立法；二是税务部门规章进一步完善；三是税务规范性文件进一步健全，中国税收法治建设取得历史性成就。

我们正昂首阔步，走向实现第二个百年奋斗目标的新征程，"以中国式现代化全面推进中华民族伟大复兴。"党的二十大报告对扎实推进共同富裕作出一系列重要部署，提出"健全基本公共服务体系，提高公共服务水平，增强均衡性和可及性"，税收在中国式现代化建设中必将发挥重要作用。

【问题与思考】

    1. 党的十八大以来，税收在我国高质量发展中发挥了哪些重要作用？

    2. 党的十八大以来，我国税收法治建设取得了哪些成就？哪些税种完成了立法？

    3. 作为新时代公民如何践行"依法纳税""诚信纳税"？

一、税收的概念与特征

（一）税收的概念

税收，是指国家为了向社会提供公共产品、满足社会公共需要，按照法律规定，参与社会产品的分配，强制、无偿取得财政收入的一种规范形式。

税收的本质是一种分配关系，这种分配关系是国家作为权力主体，在取得财政收入的分配活动中，与社会各阶层的社会集团、社会成员所形成的一种特定经济关系、利益关系，是社会整个产品分配关系和整个生产关系的有机组成部分。马克思指出："赋税是政府机关的经济基础，而不是其他任何东西。""国家存在的经济体现就是捐税。"恩格斯指出："为了维持这种公共权力，就需要公民缴纳费用——捐税。"这些都说明了税收对于国家经济生活和社会文明的重要作用。

（二）税收的特征

税收具有强制性、无偿性和固定性的特征，也称为税收的"三性"。

1. 强制性

税收的强制性指税收是国家以社会管理者的身份，凭借政权力量，依据政治权力，通过颁布法律或政令来进行强制征收。

2. 无偿性

税收的无偿性指通过征税，社会集团和社会成员的一部分收入转归国家所有，国家不向纳税人支付任何报酬或代价。

3. 固定性

税收的固定性指税收是按照国家法令规定的标准征收的，即纳税人、征税对象、税目、税率、计价办法和期限等，都是税收法令预先规定了的，有一个比较稳定的试行期间，是一种固定的连续收入。

因此，税收在国家治理中发挥着基础性、支柱性、保障性作用，在我国实现第二个百年奋斗目标，实现中国式现代化进程中，有着不可替代的独特作用。税收是国家组织财政收入的主要形式和工具，是国家调控经济的重要杠杆，具有维护和巩固国家政权、监督纳税人经济活动的作用。

📊 引例分析 1−1

税收在我国高质量发展中发挥了重要作用。

1. 税收是作为国家实行宏观经济调控的重要杠杆之一，在我国高质量发展中发挥了宏观调控作用。税收对经济的调节作用主要体现在两方面：一方面实行鼓励性措施，国家对需要重点发展的高科技产业、朝阳产业等实行税收优惠，少征或免征税款，扶持这些产业发展。如为助力经济社会发展全面绿色转型，实施可持续发展战略，国家从支持环境保护、促进节能环保、鼓励资源综合利用、推动低碳产业发展这四个方面，实施了56项支持绿色发展的税费优惠政策。"绿水青山就是金山银山"，节约资源、保护环境是我国的基本国策，造福人民，造福国家民族未来。另一方面实行限制性措施。国家为了限制高污染、高耗能、高消费产业，采取开征新税、扩大征收范围、提高税率等税收限制性措施。如直接向环境排放应税污染物的企业事业单位和其他生产经营者，开征环境保护税，对木制一次性筷子、实木地板等征收消费税等。

2. 通过税收杠杆，调节经济。当经济过热时，国家会增加税收以抑制经济通胀；当经济出现萧条时，国家会相应减少税收以刺激经济的复苏。根据税种和征税标准的不同来促进社会公平。比如累进税率，向社会高收入者多征税，向低收入者少征税，来促进社会公平。

二、税法的概念

税法是我国以宪法为核心的中国特色社会主义法律体系的重要组成部分，是国家立法机关制定的用以调整国家与纳税人之间在征纳税方面的权利与义务关系的法律规范的总称。税法是国家依法征税、纳税人依法纳税的行为准则，其目的是保障国家利益和纳税人的合法权益，维护正常的税收秩序，保证国家的财政收入。《荀子·君道第十二》中提到"法者，治之端也"。法制是治理国家的开始。税收法律法规的科学完善和有效实施，直接反映国家税收治理水平。

税法与税收密不可分，税法是税收的法律表现形式，税收则是税法所确定的具体内容。有税必有法，无法不成税。税法是税收内容的具体规范和权力保证，税收是税法的执行结果，同时税收又是衡量税法科学性、合理性的重要标准。

三、税法的作用

税法调整的对象涉及社会经济活动的各个方面，与国家的整体利益及企业、单位和个人的利益有着密切的关系，并且在建立和发展我国社会主义市场经济体制中，国家将通过制定实施税法加强对国民经济的宏观调控，其地位和作用越来越重要。

议一议

请讨论税法在建立和发展我国社会主义市场经济体制中的重要作用。

（一）税法是国家组织财政收入的法律形式

我国为了加速国民经济的健康发展，必须筹集大量的资金，用于工农业基础建设和能源、交通等重点建设。而税收是筹集国家建设资金的最主要渠道。为了保证税收组织财政收入职能的发挥，必须通过制定税法，以法律的形式确定单位和个人履行纳税义务的具体项目、数额和纳税程序，惩治偷逃税款的行为，防止税款流失，保证国家依法征税，及时足额地取得税收收入。

（二）税法是国家宏观调控经济运行的法律手段

社会主义市场经济体制改革的目标之一，就是从过去国家习惯于用行政手段直接管理经济，向主要运用法律、经济的手段宏观调控经济转变。税法作为国家宏观调控的重要手段，通过制定税法，以法律的形式确定国家与纳税人之间的利益分配关系，调节生产与消费及社会成员的收入水平，调整产业结构和社会资源的优化配置，使之符合国家的宏观经济政策；同时，以法律的平等原则，公平税负、鼓励平等竞争，为市场经济的发展创造良好的条件。

（三）税法是国家维护经济秩序的法律工具

由于税法的贯彻执行涉及从事生产经营活动的单位和个人，这些经营单位和个人通过办理税务登记、建账建制、纳税申报等，其各项经营活动都将纳入税法的规范制约和管理范围。这样，税法就确定了一个规范有效的纳税秩序和经济秩序，以监督经营单位和个人依法经营、加强经济核算、提高经营管理水平；同时，税务机关按照税法规定对纳税人进行税务检查，严肃查处偷逃税款及其他违反税法规定的行为，也将有效地打击各种违法经营活动，为国民经济的健康发展和良性循环创造条件。

（四）税法是国家保护纳税人合法权益的法律依据

由于国家征税直接涉及纳税人的切身利益，如果税务机关出现随意征税的现象，就会侵犯纳税人的合法权益，影响纳税人的正常经营，这是法律所不允许的。因此，税法在确定税务机关征税权利和纳税人履行纳税义务的同时，相应规定了税务机关承担的义务和纳税人享有的权利，如纳税人享有发票购买权、延期纳税权、申请减税免税权、多缴税款退还权、依法申请复议或提起诉讼权等。税法还严格规定了对税务机关执法行为的监督制约制度，如税收征管时必须按照法定的权限和程序进行，造成纳税人合法权益损失的要负赔偿责任等。所以，税法不仅是税务机关征税的法律依据，同时也是保护纳税人合法权益的重要法律依据。

（五）税法是国家维护其经济权益的法律保障

在国际经济交往中，任何国家对进出口贸易、技术交流与合作，以及在本国境内从事生产经营的外国企业和个人都拥有税收管辖权，这是国家权益的具体体现。我国实行对外开放政策，在平等互利的基础上，不断扩大和发展同各国、各地区的经济贸易往来及交流与合作，利用外资、引进技术的规模、渠道和形式都有很大发展。我国在建立和完善涉外税法的同时，还同90多个国家签订了避免双重征税的税收协定。这些税法规定既维护了国家的经济权益，又为鼓励外商投资、保护国外企业和个人在华合法经营，以及发展国家之间平等互利的经济技术合作关系，提供了可靠的法律保障。

四、我国税收立法及进程

税收立法可分为广义和狭义。广义的税收立法指国家机关依照法定权限和程序，制定各种不同规范等级和效力等级的税收规范性文件的活动；狭义的税收立法指立法机关制定税收法律的活动。税收立法是税法实施的前提，有法可依，有法必依，执法必严，违法必究，是税收立法与税法实施过程中必须遵循的基本原则。

党的二十大报告指出，"完善以宪法为核心的中国特色社会主义法律体系。""推进科学立法、民主立法、依法立法，统筹立改废释纂，增强立法系统性、整体性、协同性、时效性。"税法是中国特色社会主义法律体系的重要组成部分，税收涉及国家的根本利益和广大人民的切身利益，关乎我国发展总体目标的实现。因此，税收立法至关重要。

（一）税收立法权的概念

税收立法权，是指制定、修改、解释或废止税收法律、法规、规章和规范性文件的权力，主要包括两个方面：一是什么机关有税收立法权；二是各级机关的税收立法权是如何划分的。

（二）我国税收体系立法的层次

1. 全国人民代表大会（简称全国人大）及其常务委员会（简称常委会）——制定税收法律

包括全部中央税、中央与地方共享税和在全国范围内征收的地方税税法的制定、公布和税种的开征、停征权，属于全国人大及其常委会。

2. 全国人大及其常委会授权国务院——制定暂行规定或条例

经全国人大及其常委会授权，全国性税种可先由国务院以"条例"或"暂行条例"的形式发布。施行一段时期后，再修订并通过立法程序，由全国人大及其常委会正式立法。

3. 国务院——制定税收行政法规

经全国人大及其常委会授权成为执行法律的规定，国务院有制定税法实施细则、增减税目和调整税率的权力。

4. 地方人大及其常委会——制定税收地方性法规

根据本地区经济发展的具体情况和实际需要，在不违背国家统一税法，不影响中央的财政收入，不妨碍我国统一市场的前提下，省级人大及其常委会有开征全国性税种以外的地方税种的税收立法权。税法的公布，税种的开征、停征，由省级人大及其常委会统一规定，所立税法在公布实施前须报全国人大常委会备案。

5. 国务院税务主管部门——制定税收部门规章

经全国人大及其常委会的授权，国务院有税法的解释权；经国务院授权，国家税务主管部门（财政部、国家税务总局和海关总署）有税收条例的解释权和制定税收条例实施细则的权力。

6. 地方政府——制定税收地方规章

经省级人大及其常委会授权，省级人民政府有本地区地方税法的解释权和制定税法实施细则、调整税目、税率的权力，也可在上述规定的前提下，制定一些税收征收办法，还可以在全国性地方税收条例规定的幅度内，确定本地区适用的税率或税额。上述权力除税法解释权外，在发布实施前和行使后须报国务院备案。

地区性地方税收的立法权应只限于省级立法机关或经省级立法机关授权的同级政府，不能层层下放。所立税法可在全省（自治区、直辖市）范围内执行，也可只在部分地区执行。目前我国税法体系立法的层次，如表1-1所示。

表1-1　我国税法体系立法的层次

法律法规分类	立法机关	具体内容
税收法律	全国人大及其常委会制定的税收法律	除《中华人民共和国宪法》外，在税法体系中，税收法律具有最高的法律效力。例如：《中华人民共和国企业所得税法》《中华人民共和国个人所得税法》《中华人民共和国车船税法》《中华人民共和国环境保护税法》《中华人民共和国烟叶税法》《中华人民共和国船舶吨税法》《中华人民共和国耕地占用税法》《中华人民共和国车辆购置税法》《中华人民共和国资源税法》《中华人民共和国城市维护建设税法》《中华人民共和国契税法》《中华人民共和国税收征收管理法》等
授权立法	全国人大及其常委会授权国务院制定的暂行规定或条例	为待条件成熟上升为法律做好准备。例如：《中华人民共和国增值税暂行条例》《中华人民共和国消费税暂行条例》等
税收法规	国务院制定的税收行政法规	在中国法律形式中处于低于宪法、法律，高于地方性法规、部门规章、地方规章的地位，在全国普遍适用。例如：《中华人民共和国企业所得税法实施条例》《中华人民共和国税收征收管理法实施细则》等
税收法规	地方人大及其常委会制定的税收地方性法规	目前仅限于海南省、民族自治地区
税收规章	国务院税务主管部门（财政部、国家税务总局和海关总署）制定的税收部门规章	有权制定税收部门规章的税务主管机关指财政部、国家税务总局和海关总署。该级次规章不得与宪法、税收法律、税收法规相抵触。例如：《中华人民共和国增值税暂行条例实施细则》等
税收规章	地方政府制定的税收地方规章	在税收法律、税收法规明确授权的前提下进行，不得与税收法律、税收法规相抵触。例如：《中华人民共和国房产税暂行条例实施细则》等地方性税种的实施细则

📠 引例分析1-2

党的十八大以来的十年，税收法治建设持续推进，税收立法取得重大突破。

税收法治建设在推动国家治理体系现代化方面起到基础性、引领性作用，在提升国家治理能力，推进高质量发展，实现全体人民共同富裕，建设人与自然和谐共生的现代化等方面发挥了重要作用。

税收法定持续推进，我国现行18个税种中有12个完成立法。目前，增值税法、消费税法等也进入征求意见阶段。我国已经立法完成的12个税法，如表1-2所示。

表1-2　我国已经立法完成的12个税法

序号	税收法律	通过或修正时间	最新施行时间
1	《中华人民共和国个人所得税法》	1980年9月10日第五届全国人民代表大会第三次会议通过。2018年8月31日第十三届全国人民代表大会常务委员会第五次会议第七次修正	2019年1月1日起施行
2	《中华人民共和国企业所得税法》	2007年3月16日第十届全国人民代表大会第五次会议通过。2018年12月29日第十三届全国人民代表大会常务委员会第七次会议第二次修正	2018年12月29日起施行
3	《中华人民共和国车船税法》	2011年2月25日第十一届全国人民代表大会常务委员会第十九次会议通过。根据2019年4月23日第十三届全国人民代表大会常务委员会第十次会议修正	2019年4月23日起施行
4	《中华人民共和国环境保护税法》	2016年12月25日第十二届全国人民代表大会常务委员会第二十五次会议通过。根据2018年10月26日第十三届全国人民代表大会常务委员会第六次会议修正	2018年10月26日起施行
5	《中华人民共和国烟叶税法》	2017年12月27日第十二届全国人民代表大会常务委员会第三十一次会议通过	2018年7月1日起施行
6	《中华人民共和国船舶吨税法》	2017年12月27日第十二届全国人民代表大会常务委员会第三十一次会议通过。2018年10月26日第十三届全国人民代表大会常务委员会第六次会议修正	2018年10月26日起施行
7	《中华人民共和国耕地占用税法》	2018年12月29日第十三届全国人民代表大会常务委员会第七次会议通过	2019年9月1日起施行
8	《中华人民共和国车辆购置税法》	2018年12月29日第十三届全国人民代表大会常务委员会第七次会议通过	2019年7月1日起施行
9	《中华人民共和国资源税法》	2019年8月26日第十三届全国人民代表大会常务委员会第十二次会议通过	2020年9月1日起施行
10	《中华人民共和国契税法》	2020年8月11日第十三届全国人民代表大会常务委员会第二十一次会议通过	2021年9月1日起施行
11	《中华人民共和国城市维护建设税法》	2020年8月11日第十三届全国人民代表大会常务委员会第二十一次会议通过	2021年9月1日起施行
12	《中华人民共和国印花税法》	2021年6月10日第十三届全国人民代表大会常务委员会第二十九次会议通过	2022年7月1日起施行

从"以法治税"到"依法治税"

五、税法原则

税法原则是国家在一定政治、经济和社会条件下制定的指导税法活动的准则。税法原则包括税法基本原则和税法适用原则。

（一）税法基本原则

我国税法基本原则主要有税收法定原则、税收公平原则、税收效率原则和实质课税原则。

1. 税收法定原则

税收法定原则是指由立法者决定全部税收问题的税法基本原则，即如果没有相应法律作前提，政府则不能征税，公民也没有纳税的义务。税收法定是税收的最高原则，是法治原则在税收领域的体现。税收主体必须依且仅依法律的规定征税；纳税主体必须依且仅依法律的规定纳税。

《中华人民共和国宪法》（简称《宪法》）第五十六条明确规定："中华人民共和国公民有依照法律纳税的义务。"《中华人民共和国立法法》（简称《立法法》）第十一条规定，税种的设立、税率的确定和税收征收管理等税收基本制度必须由全国人大及其常委会制定法律方可实施，要求只有立法机构同意才可以纳税。税收法定的具体内容包括：税种法定、税收要素法定、程序法定。

（1）税种法定，即税种必须由法律予以规定；一个税种必定相对应于一个税种法律；非经税种法律规定，征税主体没有征税权力，纳税主体不负缴纳义务。

（2）税收要素法定，即税收要素必须由法律明确规定。税收要素具体包括征税主体、纳税主体、征税对象、税率、纳税环节、纳税期限和地点、减免税、税务争议以及税收法律责任等内容。税收要素是税收关系得以具体化的客观标准，是其得以全面展开的法律依据，是税收法定原则的核心内容。

（3）程序法定，即税收关系中的实体权利义务得以实现所依据的程序要素必须经法律规定，并且征纳主体各方均须依法定程序行事。

2. 税收公平原则

税收公平原则是指所有纳税人的地位都是平等的。因此税收负担在纳税人之间应该是平等的，包括横向的公平和纵向的公平，即税收负担必须根据纳税人的税收负担能力分配，分担能力相等，税负相同；负担能力不同，税负不同。税收公平原则源于法律上的平等性原则。

3. 税收效率原则

税收效率原则是指以最小的费用获取最大的税收收入，并利用税收的经济调控作用最大限度地促进经济的发展。税收效率原则可以分为税收的经济效率原则和税收的行政效率原则。税收的经济效率原则要求税法的制定要有利于资源的有效配置和经济体制的优先运行，可以从征税费用和纳税费用两方面来考察；税收的行政效率原则要求提高税收行政效率，节约税收征管成本。

4. 实质课税原则

实质课税原则是指在征税过程中权力机关应根据客观事实确定是否符合课税要件，并根据纳税人的真实负担能力决定纳税人的税负，而不能仅考虑应税行为的形式。

（二）税法适用原则

我国税法适用原则主要有法律优位原则，法律不溯及既往原则，新法优于旧法原则，特别法优于普通法原则，实体从旧、程序重新原则，程序优于实体原则。

1. 法律优位原则

法律优位原则，其基本含义为法律的效力高于行政立法的效力。效力低的税法与效力高的税法发生冲突时，效力低的税法即是无效的。

2. 法律不溯及既往原则

法律不溯及既往原则是指一部新法实施后，对新法实施之前人们的行为不得适用新法，而只能沿用旧法。坚持这一原则，目的在于维护税法的稳定性和可预测性，使纳税人能在知道纳税结果的前提下做出相应的经济决策，税收的调节作用才会较为有效。该原则是绝大多数国家所遵循的法律程序技术原则。

3. 新法优于旧法原则

新法优于旧法原则，也称后法优于先法原则，其含义为新法、旧法对同一事项有不同规定时，新法的效力优于旧法。其作用在于避免因法律修订带来新法、旧法对同一事项有不同的规定而给法律适用带来的混乱，为法律的更新与完善提供法律适用上的保障。新法优于旧法原则在税法中普遍适用，但是当新税法与旧税法处于普通法与特别法的关系时，以及某些程序性税法引用"实体从旧，程序从新原则"时，可以例外。

4. 特别法优于普通法原则

特别法优于普通法原则，其含义为对同一事项两部法律分别订有一般规定和特别规定时，特别规定的效力高于一般规定的效力。特别法优于普通法原则打破了税法效力等级的限制，即居于特别法地位级别较低的税法，其效力可以高于作为普通法的级别较高的税法。

5. 实体从旧、程序从新原则

实体从旧、程序从新原则的含义包括两个方面，一是税收实体法不具备溯及力，二是程序性税法在特定条件下具备一定的溯及力。即对于一项新税法公布实施之前发生的纳税义务，在新税法公布实施之后进入税款征收程序的，原则上新税法具有约束力。

6. 程序优于实体原则

程序优于实体原则，是关于税收争讼法的原则，其基本含义为在诉讼发生时税收程序法优于税收实体法。坚持这一原则，是为了确保国家课税权的实现，不因争议的发生而影响税款的及时、足额入库。

第二节　税法要素

税法要素是指税法应具备的基本内容，一般指税收实体法的组成要素。任何一部税收实体法都要规定对什么征税，向谁征，征多少，如何征，这些构成了税收实体法的基本内容，简称税法要素。税法要素一般包括纳税人、征税对象、税率、税收优惠、纳税环节、纳税期限、纳税地点、征收方法以及总则、罚则和附则等要素。其中纳税人、征税对象和税率是税法的基本要素。

📖 — **温馨提示** —

> 纳税人、征税对象、税率是税法的基本要素。

一、纳税人

纳税人，是纳税义务人的简称，又称纳税主体，是指税法中规定的直接负有纳税义务的单位和个人，是构成税法的基本要素之一。无论什么税，都要由相关的纳税人来承担，即由谁来纳税。如增值税的纳税人是在中国境内发生增值税应税交易，以及进口货物的单位和个人。纳税人包括自然人和法人。在实际纳税过程中，与纳税人相关的概念有：扣缴义务人、负税人、纳税单位。

（一）扣缴义务人

扣缴义务人，是代扣代缴义务人的简称，是指税法规定的有义务从持有的纳税人收入中扣除其应纳税款并代为向国家缴纳税款的企业、单位或个人。当纳税人发生应税行为直接缴税有困难时，国家为了防止纳税人偷逃税款，保证税款及时足额入库，税法中须明确扣缴人扣缴税款的具体规定。如《个人所得税法》规定，纳税人取得的各项应税所得有支付单位的，以支付单位为扣缴义务人。

（二）负税人

负税人，即最终负担税收的单位和个人。负税人与纳税人是两个不同的概念，纳税人是直接向税务机关缴纳税款的单位和个人，负税人是税款的最终承担者或实际负担者。纳税人与负税人可能是一致的，也可能是不一致的。关键在于纳税人缴纳税款后是否将税款转嫁或转移给第三者，如果纳税人通过一定的途径把税款转嫁给别的单位和个人负担，纳税人就不再是负税人，如对烟、酒、化妆品等消费品采取高价高税政策，纳税人虽是企业，但税款已包括在商品的价格之中，负税人是消费者。如果纳税人未能把税款转嫁出去，则纳税人同时也就是负税人，如个人所得税，税收直接由纳税人自己负担，纳税人本身就是负税人。税法中并不规定税款最终由谁负担，只规定由谁缴纳税款。

（三）纳税单位

纳税单位是指申报缴纳税款的单位，是纳税人的有效集合。所谓有效集合，就是为了征管和缴纳税款的方便，可以允许在法律上负有纳税义务的同类型纳税人作为纳税单位，填写一份纳税申报表。如个人所得税可以单个人为纳税单位，也可以夫妇俩为纳税单位，还可以一个家庭为纳税单位。目前我国采取的是以单个人为纳税单位。企业所得税可以每个分公司为一个纳税单位，也可以总公司为一个纳税单位。

👥 —议一议—

纳税人与扣缴义务人、负税人、纳税单位有什么不同？

二、征税对象

征税对象，又称课税对象、征税客体。征税对象是指税法中规定征税的目的物，也就是对什么征税,是征税的客体。

征税对象是构成税法的基本要素之一。原因是:① 征税对象是区分不同税种的最主要标志。各种税的名称通常都是根据征税对象来确定的。如增值税征税对象是增值额、所得税征税对象是所得额、房产税征税对象是房产等。② 征税对象体现着各种税的征税范围。如我国增值税的征税对象是应税交易以及进口货物;企业所得税的征税对象是对生产经营所得和其他所得征税。③ 税法其他要素的内容一般都是以征税对象为基础来确定的。如纳税人这一要素,国家开征一种税,之所以要选择这些单位和个人作为纳税人,而不选择其他单位和个人作为纳税人,其原因是因为这些单位和个人拥有税法中规定的征税对象。与征税对象相关的概念,主要有征税范围、税目、计税依据。

👥 — 议一议 —

征税对象与征税范围、税目、计税依据的区别与联系。

(一) 征税范围

征税范围,是指税法规定征税对象的具体内容范围,是国家征税的界限。征税范围可按货物、品种、所得、地区等进行划分。征税范围与征税对象密切相关,一般说来,它是征税对象的进一步补充和划分。如现行的城镇土地使用税的征税对象为土地,其征税范围为城市、县城、建制镇和工矿区。

(二) 税目

税目,是指各个税种所规定的具体征税项目,是征税对象的具体化。比如,现行消费税具体规定了烟、酒等15个税目。通过划分税目,可以进一步明确征税范围,凡列入税目的都征税,未列入的不征税。同时,划分税目,可以解决征税对象的归类问题,可以归类确定税率,并用"税目税率表"的形式使征税对象更加简明、清晰,如消费税税目税率表、资源税税目税率表等。税目一般可分为列举税目和概括税目,列举税目是指将每一种商品或经营项目采用一一列举的方法;概括税目就是按商品大类或行业采用概括方法设计税目。不是所有的税种都规定税目,有些税种的征税对象简单、明确,没有必要另行规定税目,如车辆购置税、企业所得税等。

(三) 计税依据

计税依据,又称征税基础,是指税法中规定的据以计算各种应征税款的依据或标准,是征税对象在量上的具体化，是计算每种税应纳税额的根据。计税依据在表现形式上有两种：① 从价计征，即征税对象以价值作为依据，在这种情况下，征税对象与计税依据是一致的，如所得税的征税对象是所得额，计税依据也是所得额。② 从量计征，即按征税对象的数量、重量、容积、面积等作为计税依据。在这种情况下，征税对象与计税依据一般是不一致的，如车船税，征税对象是各种车辆、船舶，而计税依据则是车船的吨位。

计税依据与征税对象的区别为：征税对象是指征税的目的物，计税依据则是在目的物已经确定的前提下，对目的物据以计算税款的依据或标准；征税对象是从质的方面对征税对象所做的规定，而计税依据则是从量的方面对征税对象所做的规定。

三、税率

税率是应纳税额与征税对象（或计税依据）之间的关系或比例，是计算税额的尺度，也是衡量税负轻重与否的重要标志。税率是税收制度的核心和灵魂。税率的高低关系着国家的税收情况和纳税人的负担程度，是体现税收政策的中心环节。我国现行基本税率有三种：比例税率、累进税率和定额税率，除三种基本税率外还有特殊税率。

（一）比例税率

比例税率，是对同一征税对象，不分数额大小，规定相同的征收比例的税率。比例税率简便易行，透明度高，不会因征税而改变企业间收入分配比例，有利于提高征税效率。如我国现行增值税、企业所得税等采用的都是比例税率。按照税额与征税对象成正比的关系，在实际运用中又可以分为统一比例税率、差别比例税率和幅度比例税率。

1. 统一比例税率

统一比例税率，又称单一比例税率，是指一个税种只规定一个统一的比例税率，所有的纳税人都按同一税率纳税。如现行车辆购置税税率，统一比例税率为10%。

2. 差别比例税率

差别比例税率是指一个税种设两个或两个以上的比例税率。税率是根据具体征税项目设计的，不同纳税人要根据特定征税项目分别适用不同的税率。实行差别比例税率有利于更好地贯彻区别对待、公平税负的原则。现行的税制中，差别比例税率又分为产品差别比例税率、行业差别比例税率和地区差别比例税率。① 产品差别比例税率，即按产品大类或品种分别设计不同税率，如现行消费税税率；② 行业差别比例税率，即按照应税产品或经营项目所归属的行业设计税率，不同的行业采取不同的比例税率，如现行增值税税率；③ 地区差别比例税率，即对同一征税对象按照其所在地区分别设计不同税率,如现行资源税税率、城市维护建设税税率。

3. 幅度比例税率

幅度比例税率是指由税法规定统一比例幅度,由各地区根据本地具体情况确定具体的适用税率。如现行税法中属于地方税的一些税种就是由各地在一定幅度内自主确定税率。

(二)累进税率

累进税率是指同一征税对象,随数量的增大,征收比例也随之提高的税率。它是将征税对象按数额大小分为若干等级,不同等级适用由低到高的不同税率,征税对象数额越大;税率越高,数额越小,税率越低。累进税率在所得税中使用较多,可以合理调节收入分配,正确体现税收负担的纵向公平问题。

累进税率可按不同的标准分类:① 按累进依据的性质,分为"额累"和"率累"两种。"额累"是按征税对象数量的绝对额分级累进,如所得税一般按所得额的大小分级累进。"率累"是按与征税对象有关的某一比率分级累进,如现行土地增值税。② 按累进方式又分为全额累进和超额累进两种。

依据这两种方式和划分级次的标准,可将累进税率分为:全额累进税率、超额累进税率、全率累进税率和超率累进税率。

1. 全额累进税率

全额累进税率,是指按征税对象的绝对额划分等级,以纳税人征税对象的全部数额为基础,确定与之相适应的级距税率,计算应纳税额的一种累进税率,即征税对象的全部数额都按其相应等级的累进税率计算。全额累进税率实际上是按征税对象数额的大小,分等级规定的一种差别比例税率。简化的累进税率表,如表1-3所示。

表1-3 累进税率表

级数	全年应纳税所得额	税率/%	速算扣除数
1	不超过36 000元的部分	3	0
2	超过36 000元至144 000元的部分	10	2 520
3	超过144 000元至300 000元的部分	20	16 920
4	超过300 000元至420 000元的部分	25	31 920
5	超过420 000元至660 000元的部分	30	52 920
6	超过660 000元至960 000元的部分	35	85 920
7	超过960 000元的部分	45	181 920

做中学 1-1

（计算分析题）202×年，张某年应纳税所得额300 000元，王某年应纳税所得额300 001元。请采用全额累进税率计算张某和王某的应纳税额。

[解析] 张某收入300 000元，适用税率20%；

张某应纳税额=300 000×20%=60 000（元）。

王某收入300 001元，适用税率25%；

王某应纳税额=300 001×25%=75 000.25（元）。

由此可见，全额累进税率有两个特点：① 在确定应纳税所得额后，相当于按照比例税率计征，计算方法简单。② 税负不合理，特别是在两个级距的临界部位会出现税负增加不合理的情况。例题中王某取得的收入只比张某多1元，而要比张某多纳税15 000.25元，显然极不合理。

2. 超额累进税率

超额累进税率是指按征税对象的绝对额划分征税级距，以纳税人的征税对象的所属等级同时适用几个税率分别计算，将计算结果相加后得出应纳税额的一种累进税率。即采用超额累进税率时征税对象数额超过某一等级时，仅就超过部分，按高一级税率计算征税。我国现行税法中采用这种税率的有个人所得税。其计算方法有逐级计算法和速算扣除法两种。

（1）逐级计算法。

做中学 1-2

（计算分析题）依据【做中学 1-1】资料，请采用逐级计算法计算张某和王某的应纳税额。

[解析] 张某应纳税额：

第一级：应纳税额=36 000×3%=1 080（元）。

第二级：应纳税额=（144 000−36 000）×10%=10 800（元）。

第三级：应纳税额=（300 000−144 000）×20%=31 200（元）。

张某应纳税额=1 080+10 800+31 200=43 080（元）。

王某应纳税额：

第一级：应纳税额=36 000×3%=1 080（元）。

第二级：应纳税额=（144 000−36 000）×10%=10 800（元）。

第三级：应纳税额=（300 000-144 000）×20%=31 200（元）。

第四级：应纳税额=（300 001-300 000）×25%=0.25（元）。

王某应纳税额=1 080+10 800+31 200+0.25=43 080.25（元）。

由此可见，王某仅比张某多交0.25元，这样比较合理。

上述逐级计算法过于复杂，特别是征税对象数额越大时，级次越多，计算越复杂，给实际操作带来困难。

（2）速算扣除法。按全额累进税率计算的税额，比超额累进税率计算的税额要多征一定的数额，如例题中张某应纳税所得额300 000元，按全额累进税率计算的税额为60 000元，与按超额累进税率计算的税额43 080元要多交16 920元，这个数是固定不变的，是一个常数，即速算扣除数。

$$\frac{速算扣除数}{（常数）}=\frac{全额累进税率计}{算的应纳税额}-\frac{超额累进税率计}{算的应纳税额}$$

由此可以得出超额累进税率应纳税额的计算公式为：

$$\frac{超额累进税率计}{算的应纳税额}=\frac{全额累进税率计}{算的应纳税额}-\frac{速算扣除数}{（常数）}$$

❖ 做中学 1-3

（计算分析题）承【做中学1-1】资料，按速算扣除法计算张某应纳税额。

［解析］张某应纳税额=300 000×20%-16 920=43 080（元）。

由此可见，按逐级计算法与按速算扣除法计算的应纳税额是相等的，但计算却要简便得多，因此，在实际工作中，一般采用速算扣除法。

关于全率累进税率和超率累进税率，其原理与全额累进税率和超额累进税率的原理基本相同，只不过是以征税对象数额的相对率为累进依据来计算，其具体计算方法在此不再赘述。目前，现行土地增值税采用的是超率累进税率。

（三）定额税率

定额税率，又称固定税额、单位税额，是对征税对象计量单位直接规定固定的征税数额的税率。征税对象的计量单位可以是重量、数量、面积、体积等自然单位，也可以是专门规定的复合单位。如城镇土地使用税以"平方米"自然单位为计量单位，资源税中的天然气以"千立方米"这一复合单位为计量单位。单位征税对象应征税额是固定不变的，税额的多少只与征税对象的数量有关。实际运用中又分为地区差别定额税率、幅度定额税率和分类分项定额税率三种。

1. 地区差别定额税率

地区差别定额税率即对同一征税对象按照不同地区规定高低不同的固定税额。如资源税，大庆油田销售的原油每吨税额为24元，胜利油田销售的原油每吨税额为12元。

2. 幅度定额税率

幅度定额税率即统一规定税额征收幅度，由各地在规定的幅度内具体确定本地区的执行税额。现行的车船税税法规定乘用车每辆60元至320元，各省、自治区、直辖市人民政府可在这个幅度内确定本地区的适用税额。

3. 分类分项定额税率

分类分项定额税率按某种标志将征税对象划分为类别，类下再划分为若干项，分别规定不同的征税数额。如现行的车船税，即采用这种税率。

❖ 做中学 1-4

（单选题）下列税法构成要素中，衡量纳税人税收负担轻重与否的重要标志是（　　）。

A. 纳税期限   B. 减税免税

C. 税率   D. 纳税环节

［答案］C

［解析］计算纳税人应纳税额的尺度是税率，也是衡量税负轻重与否的重要标志。

（四）特殊税率

除上述税率外，还有一些特殊形式，如零税率、加成征收和加倍征收等，它们实际上是基本税率的收缩或延伸。

1. 零税率

零税率，即税率为零，是比例税率的一种特殊形式。零税率既不是不征税，也不是免税，而是征税后负担的税额为零，表明征税对象的持有人负有纳税义务，但无须缴纳税款。现行增值税对出口货物规定零税率。

2. 加成征收和加倍征收

加成征收是按应纳税额的一定成数加征税款。1成为10%，加征1成，即在原税率或税额上加征10%；加征2成，即在原税率或税额上加征20%，依此类推。加倍征收是依据纳税人的应纳税额加征一定倍数的税额。加成征收和加倍征收是税率的补充形式，是基本税率的大幅度延伸。

四、税收优惠

税收优惠，是指国家根据一定时期政治、经济和社会发展的总目标，运用税收政策在税收法律、行政法规中给予特定纳税人和征税对象减轻或者免除税收负担的各种优待的总称。可以分为狭义的税收优惠和广义的税收优惠。

狭义的税收优惠是指减税和免税。所谓减税和免税是对某些纳税人或征税对象给予鼓励和照顾的一种特殊规定。减税是对应纳税额少征一部分税额；免税则是对应纳税额全部免征。广义的税收优惠是指减税、免税、优惠税率、出口退税、加速折旧、投资抵免、亏损弥补、税额抵扣、税收抵免、税收减让等减轻或者免除纳税人或征税对象税后负担的优待规定。

按照税收优惠的方式不同，分为税基优惠、税率优惠和税额优惠。

（一）税基优惠

税基优惠，是指通过直接减少计税依据的方式实行的税收优惠。具体包括起征额和免征额、项目扣除以及亏损弥补。

1. 起征额和免征额

起征额，也称为起征点，是征税对象达到征税数额开始计税的界限，即达到或超过的起征额，就其全部数额征税，未达到起征额则不征税。如个人所得税起征额是5 000元，如应纳税所得额6 000元，则6 000元超过起征点，应全部纳税；如应纳税所得额4 000元，未达到起征额5 000元，则不征税。免征额是征税对象全部数额中规定免予计税的数额，达不到的不征税，达到或超过的均按扣除该数额后的余额计税。如个人所得税免征额是5 000元，如应纳税所得额6 000元，则仅就超过免征额的部分1 000元纳税。由此可见，两者的区别是：起征额是未达到不征税，达到或超过的全部征税；免征额则是达不到的不征税，达到或超过的按余额计税。

2. 项目扣除

项目扣除是指在征税对象中扣除一定数额，以其余额作为计税依据计算税额。如企业所得税的扣除项目包括企业实际发生的与取得收入有关的、合理的支出，包括成本、费用、税金、损失和其他支出。

3. 亏损弥补

亏损弥补是指将以前年度发生的经营亏损在本年度经营所得中扣除，以其余额为计税依据计算税额。

（二）税率优惠

税率优惠，是指直接通过降低税率的形式实行的税收优惠，需重新确定税率、选择其他低税率、零税率。如关税中的暂定税率等属于税率优惠的范畴。

（三）税额优惠

税额优惠是指直接通过减少应纳税额的方式施行的税收优惠，如减税、免税、出口退税、投资抵免、税后抵免、税收减让等。

> 🔲 — **温馨提示** —
>
> 减税，是从纳税人的应纳税额中减征部分税额的措施。免税，是免除纳税人全部应纳税额的措施。减免税是对某些纳税人和征税对象给予鼓励和支持的一种特殊规定，减免税按其性质划分，可分为法定减免、特定减免和临时减免。

五、纳税环节

纳税环节是指税法规定的征税对象确定的应该缴纳税款的环节。征税对象在整个社会经济运行中是不断流转变化的，如货物有生产、流通、消费的过程，所得有创造、分配和收受的过程等。在这些过程中，哪些环节纳税，哪些环节不纳税，税法中必须作出明确的规定。如流转税在生产和流通环节纳税，所得税在分配环节纳税等。按纳税环节的多少，可以将税收课征制度分为一次课征制和多次课征制两种。

（1）一次课征制，是指同一种税在其征税对象流转过程中只选择一个环节征税的制度。如现行的资源税，采用的是这种征税制。

（2）多次课征制，是指同一种税在某征税对象流转过程中选择两个或两个以上环节征税的制度。如现行增值税，采用这种征税制。

六、纳税期限

纳税期限是指税法规定纳税人发生纳税义务后缴纳税款的期限。它是税收强制性和固定性在时间上的体现。具体规定有按期纳税，按次纳税和按年计征、分期预缴三种。

（一）按期纳税

按期纳税指根据纳税义务的发生时间，通过确定纳税间隔期，实行按期纳税。比如增值税纳税期限分为1日、3日、5日、10日、15日、1个月或者1个季度。纳税人以1个月或者1个季度为纳税期限的，自期满之日起15日内申请纳税。纳税人的具体纳税期，由主管税务机关根据纳税人生产经营情况和应纳税额的大小分别核定。

（二）按次纳税

按次纳税指以纳税行为的发生次数，确定纳税期限。如对进口商品征收的关税，以及耕地占用税、契税等，都规定按次纳税。

（三）按年计征、分期预缴

按年计征、分期预缴指按规定的期限预缴税款，年度结束后，汇算清缴，多退少补。如企业所得税、房产税等。

七、纳税地点

纳税地点是指税法中规定纳税人（包括扣缴义务人）具体缴纳税款的地点。它是根据各税种的征税对象、纳税环节，本着有利于源泉控制税款的原则来确定的。既要方便于税务机关和纳税人征纳税款，又要有利于各地区、各征收机关的税收利益。如纳税人的经营所在地、收入来源地、居住地等。

八、总则、罚则和附则

（1）总则是规定立法的目的、制定依据、适用原则、征收主体等内容。

（2）罚则是对纳税人和扣缴义务人违反税法行为而采取的处罚措施。

（3）附则一般规定与该法紧密相关的内容，主要有该法的解释权、生效时间、适用范围及其他的相关规定。

第三节　我国现行税法体系

一、我国现行税法的分类

(一) 按税法的基本内容和效力分类

按税法的基本内容和效力分类，可分为税收基本法和税收普通法。

（1）税收基本法，也称为税收通则，是指规定税收性质、立法、种类、体制和税务机构，以及征纳双方权利与义务等内容的法律规范。它是税法体系的主体和核心，起着税收母法的作用。目前，我国还没有制定统一的税收基本法。但随着中国特色社会主义市场经济的发展和税收法制的不断完善，研究制定税收基本法是十分必要的。

（2）税收普通法是指根据税收基本法的原则，对税收基本法规定的事项分别立法实施的法律规范，如《中华人民共和国个人所得税法》《中华人民共和国税收征收管理法》等。

(二) 按税法的职能作用分类

按税法的职能作用分类，可分为税收实体法和税收程序法。

（1）税收实体法，是指规定税种及其征税对象、纳税人、税目、税率、计税依据、纳税地点等要素内容的法律规范。我国现行税收实体法有增值税、消费税等18种税。

（2）税收程序法，是规定税收管理工作的步骤和方法等方面的法律规范。如《中华人民共和国税收征收管理法》。

(三) 按税收与价格的关系分类

按税收与价格的关系分类，可分为价内税和价外税。

（1）价内税是指税款属于价格组成部分，如消费税、关税。

（2）价外税是指税款不属于价格组成部分，如增值税、车辆购置税、契税等。

(四) 按税收的计税标准分类

按税收的计税标准分类，可分为从价税和从量税。

（1）从价税是以征税对象的价值量为标准计算征收的税收。税额的多少将随着价格的变动而相应增减。

（2）从量税是按征税对象的重量、件数、容积、面积等为标准，采用固定税额征收的税收。从量税具有计算简便的优点，但税收收入不能随价格高低而增减。

（五）按税负是否转嫁分类

按税负是否转嫁分类，可分为直接税和间接税。

（1）直接税是指税负一般不易转嫁，如所得税、财产税、行为税。

（2）间接税是指税负可以转嫁，如增值税、消费税等。

（六）按税收收入归属和征管权限分类

按税收收入归属和征管权限分类，可分为中央税、地方税、中央与地方共享税。

（1）中央税是指税收收入和管理权限归属于中央一级政府的税收，一般由中央统一征收管理，如消费税、关税、车辆购置税、船舶吨税等。

（2）地方税是指税收收入和管理权限归属于各级地方政府的税收，一般由各级地方政府负责征收管理，如城镇土地使用税、房产税、车船税、土地增值税、耕地占用税、契税、烟叶税、环境保护税等。

（3）中央与地方共享税是指税收收入属于中央政府和地方政府的共同收入，目前由国家税务总局负责征收管理，如增值税、企业所得税、个人所得税等。

我国现行税种和分税制情况一览表如表1-4所示。

表1-4　我国现行税种和分税制情况一览表

序号	税种	具体情况	中央税	地方税
1	消费税		100%	
2	车辆购置税		100%	
3	关税		100%	
4	船舶吨税		100%	
5	增值税	海关代征的增值税	100%	
		其他增值税	50%	50%
6	企业所得税	中国国家铁路集团有限公司、各银行总行及海洋石油企业缴纳部分	100%	
		其他企业缴纳	60%	40%
7	资源税	海洋石油企业缴纳	100%	
		非海洋石油企业缴纳		100%
		水资源税	10%	90%

序号	税种	具体情况	中央税	地方税
8	城市维护建设税	中国国家铁路集团有限公司、各银行总行及海洋石油企业缴纳部分	100%	
		其他企业缴纳		100%
9	个人所得税		60%	40%
10	印花税	证券交易印花税	100%	
		其他印花税		100%
11	城镇土地使用税			100%
12	房产税			100%
13	车船税			100%
14	土地增值税			100%
15	耕地占用税			100%
16	契税			100%
17	烟叶税			100%
18	环境保护税			100%

（七）按主权国家行使税收管辖权分类

按主权国家行使税收管辖权分类，可分为国内税法和国际税法。

（1）国内税法一般按照属人或属地原则，规定一个国家的内部税收制度。

（2）国际税法是指国家间形成的税收制度，主要包括双边或多边国家间的税收协定、条约和国际惯例等，一般而言，其效力高于国内法。

做中学 1-5

（单选题）按税法的职能作用不同，可以将税法分为（　　　）。

A. 税收基本法与税收普通法　　　　B. 税收实体法与税收程序法

C. 国际税法与国内税法　　　　　　D. 中央税法与地方税法

[答案] B

[解析] 按税法的职能作用的不同，可分为税收实体法与税收程序法。税收基本法与税收普通法是按税法的基本内容和效力不同划分的；国际税法与国内税法是按照主权

国家行使税收管辖权的不同划分的；中央税法与地方税法是按照税收收入归属和征管权限不同划分的。

二、我国现行税法体系的构成

税法体系是指一个国家在一定时期内、一定体制下以法定的形式规定的税收法律、法规组成的总和。我国现行税法体系可分为税收实体法体系（18个税种）和税收程序法体系。

（一）税收实体法体系

税收实体法是规定税收法律关系主体的实体权利、义务的法律规范的总称。其主要内容包括纳税主体、征税客体、计税依据、税目、税率、减税、免税等。税收实体法按征税对象的不同分为以下五大类。

1. 商品和劳务税类

商品和劳务税类是指对商品和劳务为征税对象征税的税类，包括增值税、消费税和关税等。其特点是与商品生产、流通、消费有着密切的联系，对什么商品征税，税率多高，对商品经济活动都有直接的影响，有利于国家发挥对经济的宏观调控作用。

2. 所得税类

所得税类指对所得额（或收入额）征税的税类，包括企业所得税、个人所得税等。其特点是可以直接调节纳税人的收入水平，发挥税收公平税负和调整分配关系的作用。

3. 资源税类

资源税类是指对自然资源征税的税类，包括资源税、城镇土地使用税、耕地占用税、土地增值税等。其特点是可以调节因自然资源或客观原因所形成的级差收入，避免资源浪费，保护合理使用国家自然资源。

4. 财产税类

财产税类是指对动产或不动产征税的税类，包括房产税、车船税、契税等。其特点是避免利用财产投机取巧和闲置浪费，以促进财产合理使用为根本目的。

5. 行为税类

行为税类是指对特定行为征税的税类，包括印花税、车辆购置税、烟叶税、城市维护建设税、环境保护税、船舶吨税等。其特点是可选择面较大，有利于国家引导和限制某些特定行为而达到预期的目的。

上述税种中，关税由海关负责征收管理，并按《中华人民共和国海关法》和《中华人民共和国进出口关税条例》等有关规定执行；除关税外，其余各税（费）原则上由税务机关负责征收管理，并按《中华人民共和国税收征收管理法》等有关规定执行。

目前，经全国人民代表大会立法，全国人大常委会发布，以国家法律法规的形式发布实施有12部税法，属于税收法律。正在进行增值税、消费税、关税和船舶吨税的立法征求意见阶段，执行的仍然是经全国人民代表大会授权立法，由国务院以暂行条例的形式发布实施的。这些税收法律、法规组成了我国的税收实体法体系。

（二）税收程序法体系

我国对税收征收管理适用的法律法规，是按照税收征收管理机关的不同而分别规定的：

（1）由税务机关负责征收的税种的征收管理，按照全国人大常委会发布的《中华人民共和国税收征收管理法》执行。

（2）由海关机关负责征收的税种的征收管理，按照《中华人民共和国海关法》及《中华人民共和国进出口关税条例》等有关规定执行。

此外，还包括国务院发布的《中华人民共和国税收征收管理法实施细则》；经国务院批准，财政部发布的《中华人民共和国发票管理办法》；国家税务总局发布的《中华人民共和国发票管理办法实施细则》《税务行政复议规则》《税务稽查工作规程》和《税务代理试行办法》，以及参照执行的《中华人民共和国行政处罚法》《中华人民共和国行政诉讼法》和《中华人民共和国国家赔偿法》等。

🔍 引例分析 1-3

作为新时代公民应积极践行"依法纳税""诚信纳税"。《中华人民共和国宪法》第五十六条规定："中华人民共和国公民有依照法律纳税的义务。"党的二十大报告指出：弘扬诚信文化，健全诚信建设长效机制。在当今经济发展改革的大潮中，广大纳税人应自觉履行法定义务，及时准确地足额纳税，为经济社会发展和改善民生做出重要贡献。

依法诚信纳税是企业信用的最好体现，也是企业最好的市场名片。把守法经营、依法纳税作为企业生产经营活动的"生命线"，牢固树立依法诚信纳税理念，认真履行纳税义务，争做诚信纳税模范，以良好的纳税信用赢得社会的尊重。

三、我国税法体系的建立与发展

中华人民共和国成立以来，随着国家政治、经济形势的变化，税收制度的建立与发展经历了一个曲折的过程。从总体上来看，我国税制改革的发展大致上经历了五个历史时期。

第一个时期是从1949年到1957年，即国民经济恢复和社会主义改革改造时期，这是我国税制建立和巩固的时期。第二个时期是从1958年到1978年年底党的十一届三中全会召开之前，这是我国税制曲折发展的时期。第三个时期是1978年党的十一届三中全会召开之后的新时期，是我国税制建设得到全面加强、税制改革不断前进的时期。第四个时期是1992年党的十四大提出建立社会主义市场经济体制的战略目标后，税制改革不断完善的新时期。第五个阶段是党的十八大以来的十年，我国税收法治化进程加快。期间我国的税收制度先后进行了七次重大的改革。

（一）1953年修正税制

中华人民共和国成立后，立即着手建立新税制。1950年1月30日，中央人民政府政务院发布《全国税政实施要则》，规定共设14种税收，即货物税、工商业税（包括坐商、行商、摊商的营业税和所得税两个部分）、盐税、关税、薪给报酬所得税、存款利息所得税、印花税、遗产税、交易税、屠宰税、房产税、地产税、特种消费行为税和使用牌照税。此外，还有各自行征收的一些税种，如农业税、牧业税等。

1952年12月政务院发布了《关于税制若干修正及实行日期通告》和《商品流通税试行办法》，于1953年1月起实施。这次修正税制主要内容：① 试行商品流通税。② 修订货物税。③ 修订工商业税。工商税收共有11种，企业缴纳的主要税种已被合并简化。此次改革达到了适应经济发展变化和保证国家财政收入的目的。

（二）1958年改革工商税制，统一全国农业税制

为适应社会主义经济发展的新形势，财政部于1957年9月提出了《关于改革工商税制的报告》，1958年9月全国人大常委会审议原则通过。其改革的原则是"基本保持原税负，合并税种、简化税制"，拟订了《中华人民共和国工商统一税条例（草案）》，于1958年9月13日公布试行。改革的主要内容包括：将商品流通税、货物税、营业税和印花税合并为工商统一税，在工厂销售环节和商业零售环节各征一次；将工商统一税种的所得税变为一个独立的税种，称为工商所得税；同时减少纳税环节，简化征税方法等。此后，1959年停征了利息所得税；1962年开征了集市交易税，1963年保留该税名

称，但暂时停征；1966年停征了文化娱乐税。经过上述改革，我国工商税收包括9个税种：工商统一税、工商所得税、盐税、关税、屠宰税、牲畜交易税、车船使用牌照税、城市房地产税、集市交易税等。

在农业税制度方面，1958年6月公布了《中华人民共和国农业税条例》，废除了原来实行的累进税制，结束了我国农业税制不统一的历史。税制贯彻了"稳定负担，增产不增税"的政策精神，对促进农业生产的发展起到了积极作用。

经过这次税制改革，我国工商税制大为简化，使税制在结构上更突出了以流转税为主体的税制格局。

（三）1973年试行工商税

1964年开始研究税制的简并问题，并进行试点。财政部根据试点经验，拟定了《关于扩大改革工商税制试点的报告》和《中华人民共和国工商税条例（草案）》，1972年3月经国务院批准后决定从1973年起试行。其主要内容包括：① 设定工商税，将企业原来缴纳的工商统一税及其附加、城市房地产税、车船使用牌照税、盐税和屠宰税合并为工商税；② 简化税目税率、调整行业税率；③ 简化了征收办法，把部分税收管理权限下放到地方。

工商税制通过这次简并，总体中只剩7个税种，形成了对国营企业只征收一种工商税，对集体企业只征工商税和工商所得税的税制格局。城市房地产税、车船使用牌照税、屠宰税、牲畜交易税和集市交易税，虽然名义上存在，但只向非企业单位、个人和外侨征收，所征税款不到工商税收总额的1%。此次改革导致税制过度简化，缩小了税收作用的范围和力度。

（四）1984年工商税制的全面改革

随着我国全面的对外改革开放，原有的税收制度已不适应新形势的变化，改革税制已势在必行。从1983年6月1日开始实施利改税。所谓利改税，就是把国营企业上缴利润改为按国家规定的税种和税率缴纳税金。

1984年实行的利改税主要内容包括：将工商税分为产品税、增值税、营业税和盐税4种税；在1983年利改税的基础上开征国营企业所得税、国营企业调节税、资源税、城市维护建设税、房产税、城镇土地使用税和车船使用税（其中后4种暂缓征收）。

此后，国务院又陆续发布了关于征收集体企业所得税、私营企业所得税、城乡个体工商业户所得税、个人收入调节税、城市维护建设税、奖金税（包括国营企业奖金税、集体企业奖金税和事业单位奖金税）、国营企业工资调节税、固定资产投资方向调节税

（其前身为1983年开征的建筑税）、特别消费税、房产税、车船使用税、城镇土地使用税、印花税、筵席税等税收的法规。

1991年，第七届全国人大第四次会议将《中华人民共和国中外合资经营企业所得税法》与《中华人民共和国外国企业所得税法》合并为《中华人民共和国外商投资企业和外国企业所得税法》。

至此，我国的工商税制共有32种税收。这套税制在理论上、实践上突破了长期以来封闭型税制的约束，转向开放型税制；突破了统收统支的财力分配的关系，重新确立了国家与企业的分配关系；突破了以往税制改革片面强调简化税制的框架，注重多环节、多层次、多方面地发挥税收的经济杠杆作用，由单一税制转变为复合税制。这些突破使中国的税制建设开始进入健康发展的新轨道，与国家经济体制、财政体制改革的总体进程协调一致。

（五）1994年的税制改革

党的十四大提出了建立社会主义市场经济体制的战略目标，包括税制改革的任务。1993年6月，中共中央、国务院作出了关于加强宏观调控的一系列重要决策，其中的重要措施之一就是要加快税制改革。其主要内容是：

（1）流转税制改革。建立增值税、消费税和营业税三税并立、双层次调节的税制，统一适用于内外资企业，取消对外资企业征收的工商统一税。

（2）企业所得税制改革。把原国营企业所得税、集体企业所得税、私营企业所得税统一合并为企业所得税，统一适用于内资企业；保留外商投资企业和外国企业所得税；将个人所得税、个人收入调节税和城乡个体工商业户所得税合并统一为个人所得税。

（3）其他税制改革。① 修订资源税；② 开征土地增值税；③ 取消盐税（并入资源税）、特别消费税（并入消费税）、烧油特别税（并入消费税）、奖金税、国营企业工资调节税、集市交易税、牲畜交易税以及涉外单独适用的工商统一税、城市房地产税和车船使用牌照税；④ 保留印花税、投资方向调节税、农业税、关税、契税、屠宰税、筵席税等税。改革后的新税制体系共分5类20个税种。

（4）改革税收征收管理制度。建立了"以纳税申报和优化服务为基础，以计算机网络为依托，集中征收，重点稽查"的新的税收征管模式，积极推行税务代理制度。

这是中国历史上规模最大、内容最多、范围最广的一次税制改革，是税制建设中的历史性突破。

从"取"到"予"惠"三农"

2006年2月22日国家邮政局发行了一张面值80分的纪念邮票，名字叫作《全面取消农业税》，以庆祝从2006年1月1日起废止《中华人民共和国农业税条例》。从1992年开始，中国正式对农业体制进行改革，到2006年废除延续千年的农业税，标志着我国进入改革开放转型新时期，是中国数千年农业史上前无古人的创举。

农业税始于春秋时期鲁国的"初税亩"，到汉初形成制度，汉代叫"租赋"，唐朝称"租庸调"，国民政府时期叫"田赋"。期间在历朝对税制多次进行改革。

中华人民共和国成立后，农业税制历经多次演变。取消前农业税是对一切从事农业生产、有农业收入的单位和个人征收的一种税，俗称"公粮"。2000年开始实施农村税费改革试点，到取消前，农业税实行差别税率，税率不超过7%。

从20世纪90年代，我国农业政策逐步由索取向支持补贴转型过渡，国家与农民的关系由此开始从"取"到"予"的根本性转折。2005年12月19日，第十届全国人大常委会第十九次会议通过了关于废止《中华人民共和国农业税条例》的决定，2006年1月1日全国彻底取消农业税。全面取消农业税，探索实施农产品价格支持措施和直接补贴政策等，意味着中国已初步建立农业补贴制度的基本框架。

农业税的取消，意味着在我国沿袭两千年之久的这项传统税收的终结，是对农村生产力的一次解放，给亿万农民带来了实实在在的利益，极大地减轻了农民的负担，调动了农民的积极性。与改革前的1999年同口径相比，2006年取消农业税后，全国农村税费改革每年减轻农民负担1 250亿元，人均减负140多元，平均减负率达80%，农民负担重的状况得到根本性扭转。

作为解决"三农"问题的重要举措，停止征收农业税不仅减轻了农民的负担，增加了农民的公民权利，体现了现代税收中的"公平"原则，同时还符合"工业反哺农业"的趋势。

（六）2016年全面实施营改增

2012年1月1日，国务院出台《营业税改征增值税试点方案》，在上海交通运输业和部分现代服务业开展营业税改征增值税试点。2012年8月1日至2012年12月31日，国务院扩大营改增试点至10省市，新增了广播影视作品的制作、发行、播放试点行业。

2013年8月1日，"营改增"范围已推广到全国试行。2014年，国务院将铁路运输和邮政服务业纳入营业税改征增值税试点，电信业纳入营业税改征增值税试点范围。2016年5月1日起，国务院决定将试点范围扩大到建筑业、房地产业、金融业、生活服务业，实现营改增试点改革的全面推开。

从启动试点到全面推开，历时5年，基本建成了在世界范围内具有先导意义的现代增值税制度。

（七）加快税收立法，税收进入新阶段

2015年3月15日第十二届全国人民代表大会第三次会议对《中华人民共和国立法法》修正，推动了税收立法工作，截至目前已经立法12部税收立法或修订，税收立法为新时代十年经济社会发展提供的税收保障，为国家法治建设、国家治理体系建设发挥了重要作用。

党的二十大报告为我国今后税收工作指明了方向，一是健全现代预算制度，优化税制结构，完善财政转移支付体系。二是扎实推进共同富裕。三是健全社会保障体系。四是加大税收、社会保障、转移支付等的调节力度。完善个人所得税制度，规范收入分配秩序，规范财富积累机制，保护合法收入，调节过高收入，取缔非法收入。引导、支持有意愿有能力的企业、社会组织和个人积极参与公益慈善事业。五是完善支持绿色发展的财税。我国税收工作进入新阶段。

推荐阅读

1. 马海涛，姚东旻.人民论坛.成就与方向：立足中国式现代化的财税体制改革
2. 中国这十年2012—2021年，我国税收收入超110万亿元

职业能力训练

1. 根据税率表，计算各级的速算扣除数，并填入税率表，如表1-5所示。

表1-5　税率表

级数	全年应税收入额	税率/%	速算扣除数
1	不超过30 000元的部分	5	
2	超过30 000~90 000元的部分	10	

续表

级数	全年应税收入额	税率/%	速算扣除数
3	超过90 000~300 000元的部分	20	
4	超过300 000~500 000元的部分	30	
5	超过500 000元的部分	35	

第一章
交互式习题
自测

2. 某个体工商户，2023年应税收入额为35 000元，采用超额累进税率计算，税率表如表1-5所示，要求计算该个体工商户2023年应纳税额。（分别采用逐级计算法和速算扣除法。）

增值税法

学习目标

✦ 素养目标

- 了解我国增值税税收制度变迁，树立制度自信、道路自信；
- 具有法治思维、依法纳税意识；
- 具有持续学习、不断创新意识，具有诚实守信、爱岗敬业的职业素养。

✦ 知识目标

- 理解增值税的概念、特点；
- 掌握增值税的征税范围、增值税一般纳税人和小规模纳税人的划分、增值税税率和征收率等基本要素；
- 掌握增值税一般计税法和简易计税法；
- 理解增值税的纳税义务发生时间、纳税期限、纳税地点等征收管理规定；
- 掌握增值税专用发票管理规定。

✦ 技能目标

- 能正确计算增值税一般纳税人进项税额、销项税额和应纳增值税税额；
- 能正确计算小规模纳税人应纳增值税税额。

思维导图

增值税法
- 增值税的基本要素
  - 增值税的概念与特点
  - 增值税的纳税人
  - 增值税的征税范围
  - 增值税的税率与征收率
  - 增值税的税收优惠
- 增值税应纳税额的计算
  - 一般计税法应纳税额的计算
  - 简易计税法应纳税额的计算
  - 进口货物应纳税额的计算
- 增值税的征收管理
  - 纳税义务发生时间
  - 纳税期限
  - 纳税地点
  - 增值税专用发票的管理

学习计划

- 素养提升计划

- 知识学习计划

- 技能训练计划

第一节 增值税的基本要素

❖ 引例

盛湖公司为增值税一般纳税人,主要从事电视机的生产、销售和提供售后服务业务。6月发生经济业务如下:

1. 6月1日,向昊天商场销售A型电视机1 000台,不含税价为3 500元/台,适用的增值税税率为13%,开具增值税专用发票。昊天商场在20天内付清货款,盛湖公司按合同约定,给予5%的销售折扣。

2. 6月2日,购进原材料,取得增值税专用发票注明金额1 200 000元,税额156 000元。

3. 6月9日,外购食用植物油一批,发放给职工作为福利,取得增值税专用发票注明金额100 000元,税额9 000元。

4. 6月10日,因仓管人员管理不当,一批电视机发生人为损坏,经计算所耗费的原材料及相关服务的进项税额为6 000元。

5. 6月12日,从境外进口一批原材料,海关核定的关税完税价格为200 000元,进口关税税率为15%,增值税税率为13%。

6. 6月13日,将自产的10台A型电视机无偿赠送给某小学,开具增值税普通发票。

7. 6月16日,采取以旧换新的方式销售A型电视机100台,每台原价3 500元,按折价15%后的款项收取,开具增值税专用发票。

8. 6月20日,销售本公司自用的2012年购进的小汽车一辆,售价50 000元(购进时未抵扣进项税额),开具增值税普通发票。

9. 6月22日,没收逾期未收回的生产材料包装物押金7 910元,计入销售收入,开具增值税普通发票。

10. 6月24日,外购一批工程物资,用于企业仓库的扩建,取得增值税普通发票注明金额20 000元,税额2 600元。

11. 6月25日,上门为已超过保修期限的客户修理电视机,开具增值税专用发票注明金额500元,增值税税率为13%。

12. 6月26日,公司为某单位提供设计服务,开具增值税专用发票注明金额500 000元,增值税税率为6%。另外,接受B公司提供的设计服务,取得增值税专用发票注明金额 100 000 元, 税额 6 000 元。

13. 6 月 29 日, 公司将闲置的厂房及其内置设备对外租赁 (合同分签), 开具增值税专用发票上注明厂房租赁金额 8 000 元, 增值税税率为 9%; 设备租赁金额 4 000 元, 增值税税率为 13%。

14. 6 月 30 日, 公司通过 EMS 向所有客户寄出邀请函, 邀请所有客户到公司参加新产品发布会, 取得邮政部门开具的增值税专用发票注明邮寄费用金额 4 500 元, 税额 405 元。

15. 6 月 30 日, 办公室负责人报销本月差旅费用, 交来酒店开具的增值税专用发票一张, 注明住宿费金额 2 000 元, 税额 120 元, 另交来增值税普通发票一张, 注明餐饮费金额 696 元, 注明旅客身份信息的火车票 2 张, 每张火车票金额为 218 元。

16. 6 月 30 日, 盛湖公司出售持有的全部 A 公司股票 40 000 股, 价款共计 963 800 元。该股票为盛湖公司于 4 月 1 日用银行存款购入, 每股买价为 18 元, 其中 1 元为已宣告但尚未分派的现金股利, 购入时另支付相关税费 3 600 元, 上期金融商品转让期末扣除项目余额为 47 700 元。

【问题与思考】

1. 分析上述各项经济业务, 确定增值税征税范围。

2. 计算盛湖公司 6 月的销项税额。

3. 计算盛湖公司 6 月可抵扣的进项税额。

4. 计算盛湖公司 6 月转出的进项税额。

5. 计算盛湖公司 6 月一般计税法应纳税额。

6. 计算盛湖公司 6 月简易计税法应纳税额。

一、增值税的概念与特点

(一) 概念

增值税是对在我国境内销售货物或者加工、修理修配劳务、销售服务、无形资产、不动产以及进口货物的单位和个人, 就其销售货物、劳务、服务、无形资产、不动产的增值额和货物进口金额为计税依据而课征的一种商品劳务税。

因此增值税是以商品、劳务、服务在流转过程中产生的增值额作为征税对象而征收的一种流转税。增值税法是国家制定的调整增值税征收与缴纳之间权利及义务关系的法律规范。

我国现行增值税的基本规范，是国务院于2017年11月修订的《中华人民共和国增值税暂行条例》（简称《增值税暂行条例》）（国务院令第691号）和2011年10月修订的《中华人民共和国增值税暂行条例实施细则》（简称《增值税暂行条例实施细则》）（财政部令第65号）。

所谓增值额，是指企业或其他经营者在一定时期内因从事生产、经营或提供劳务服务而新增的价值额，或者说，是纳税人在一定时期内销售商品或提供劳务所取得的收入，扣除其购进商品或接受劳务时所支付的金额的差额。

增值税法与
我国税收法
治建设

就商品生产经营的整个过程而言，增值额相当于该商品从生产到流通各个经营环节的增值之和，即该商品实现消费时的最后销售价格。

（二）特点

1. 税不重征

增值税只就销售额中的一部分征税，即由企业自己创造的尚未征过税的那一部分销售额征税，对销售额中由其他企业创造的并已纳过税的那部分销售额不再征税，故不存在重复征税问题。

2. 普遍征收

从征收面来讲，增值税对有生产经营行为并取得收入的单位和个人实行普遍征收的原则，即只要单位和个人的经营收入中有增值因素就都必须依法纳税，具有普遍性。从征收环节来讲，一个商品在生产经营中不论经过多少环节，每个环节都要按增值额征税，具有连续性。

3. 税负合理

增值税不因生产或流通环节变化而影响税收负担，同一种商品不论其生产经营环节多少，也不论是一个单位生产或几个单位协作生产，只要商品的销售价格相同，总体税负始终保持一致。这样有利于专业化、协作化生产。

4. 价外计征

增值税实行价外税，即增值税不包含在销售价格内，把税款同价格分开，使企业的成本核算不受税收的影响。商品、劳务服务的增值税税款，由纳税人向购买方收取，可以更鲜明地体现增值税的转嫁性质。同时，实行价外计征，为使用增值税专用发票注明税款抵扣制奠定了基础。

增值税的上述特点，决定了其能够充分地体现税收中性原则的优点。由于增值税只对增值部分征税，且税率较为单一，因此对生产经营者而言，不论生产什么产品，经营何种项目，只要产品售价相同，其税负是一致的；对消费者而言，不论购买什么商品，只要该商品售价一样，其负担的增值税总是一样的。故从税收角度出发，增值税既不影响企业的生产经营决策，也不影响消费者的消费选择，简言之，增值税不会扭曲生产和消费。

二、增值税的纳税人

在中华人民共和国境内销售货物、劳务、服务、无形资产、不动产，以及进口货物的单位和个人，为增值税纳税人。具体包括：

（1）单位。凡在我国境内销售或者进口货物、提供应税劳务的单位都是增值税纳税义务人，包括国有企业、集体企业、私有企业、股份制企业、外商投资企业和外国企业、其他企业和行政单位、事业单位、军事单位、社会团体及其他单位。

（2）个人。凡从事货物销售或进口、提供应税劳务的个人都是增值税纳税义务人，包括个体经营者及其他个人。

（3）承包人和承租人。企业租赁或承包给他人经营的，以承租人或承包人为纳税义务人。

（4）扣缴义务人。中华人民共和国境外的单位或个人在境内销售应税劳务，而在境内未设有经营机构的，其应纳税款以境内代理人为扣缴义务人；在境内没有代理人的，以购买方为扣缴义务人。

单位以承包、承租、挂靠方式经营的，承包人、承租人、挂靠人（统称承包人）以发包人、出租人、被挂靠人（统称发包人）名义对外经营并由发包人承担相关法律责任的，以该发包人为纳税人。否则，以承包人为纳税人。

为了严格增值税的征收管理，《增值税暂行条例》将纳税人按其经营规模大小及会计核算健全程度的不同划分为一般纳税人和小规模纳税人。

（一）一般纳税人

增值税一般纳税人，是指年应税销售额超过小规模纳税人标准（年应税销售额500万元以上）的，除按规定选择按照小规模纳税人纳税的以外。

年应税销售额，是指纳税人在连续不超过12个月或4个季度的经营期内累计应征增值税销售额，包括纳税申报销售额、稽查查补销售额、纳税评估调整销售额。

销售服务、无形资产或者不动产（简称应税行为）有扣除项目的纳税人，其应税行为年应税销售额按未扣除之前的销售额计算。纳税人偶然发生的销售无形资产、转让不动产的销售额，不计入应税行为年应税销售额。

年应税销售额未超过规定标准的纳税人，会计核算健全，能够提供准确税务资料的，可以向主管税务机关办理一般纳税人登记。会计核算健全是指能够按照国家统一的会计制度规定设置账簿，根据合法、有效凭证进行核算。

纳税人应当向其机构所在地主管税务机关办理一般纳税人登记手续。经税务机关审核认定的一般纳税人，可使用增值税专用发票，并实行税款抵扣。

纳税人登记为一般纳税人后，不得转为小规模纳税人，国家税务总局另有规定的除外。

（二）小规模纳税人

小规模纳税人，是指年销售额在规定标准以下，并且会计核算不健全，不能按规定报送有关税务资料的增值税纳税人。

小规模纳税人的具体认定标准为年应税销售额500万元及以下。

年应税销售额超过规定标准的其他个人不属于一般纳税人，按小规模纳税人纳税。年应税销售额超过规定标准但不经常发生应税行为的单位和个体工商户，可选择按照小规模纳税人纳税。

👥 — 议一议 —

> 如何划分一般纳税人与小规模纳税人？

三、增值税的征税范围

（一）一般规定

凡在中华人民共和国境内发生销售货物、劳务、服务、无形资产、不动产（统称应税行为），以及进口货物的行为，均属于增值税征税范围。

1. 销售货物

货物是指有形动产，包括电力、热力、气体在内。销售货物是指有偿转让货物的所有权。有偿是指从购买方取得货币、货物或者其他经济利益。

2. 销售劳务

劳务是指纳税人提供的加工、修理修配劳务。加工是指受托加工货物，即委托方提供原料及主要材料，受托方按照委托方的要求制造货物并收取加工费的业务；修理修配是指受托对损伤和丧失功能的货物进行修复，使其恢复原状和功能的业务。销售劳务也称为提供劳务，是指有偿提供劳务。

⊙ —温馨提示—

单位或者个体工商户聘用的员工为本单位或者雇主提供加工、修理修配劳务不包括在内。

3. 销售服务

销售服务是指有偿提供交通运输服务、邮政服务、电信服务、建筑服务、金融服务、现代服务、生活服务。具体范围如下：

（1）交通运输服务，是指利用运输工具将货物或者旅客送达目的地，使其空间位置得到转移的业务活动，包括陆路运输服务、水路运输服务、航空运输服务和管道运输服务。

（2）邮政服务，是指中国邮政集团公司及其所属邮政企业提供邮件寄递、邮政汇兑和机要通信等邮政基本服务的业务活动，包括邮政普遍服务、邮政特殊服务和其他邮政服务。

（3）电信服务，是指利用有线、无线的电磁系统或者光电系统等各种通信网络资源，提供语音通话服务，传送、发射、接收或者应用图像、短信等电子数据和信息的业务活动，包括基础电信服务和增值电信服务。

（4）建筑服务，是指各类建筑物、构筑物及其附属设施的建造、修缮、装饰，线路、管道、设备、设施等的安装以及其他工程作业的业务活动，包括工程服务、安装服务、修缮服务、装饰服务和其他建筑服务。

（5）金融服务，是指经营金融保险的业务活动，包括贷款服务、直接收费金融服务、保险服务和金融商品转让。

（6）现代服务，是指围绕制造业、文化产业、现代物流产业等提供技术性、知识性服务的业务活动，包括研发和技术服务、信息技术服务、文化创意服务、物流辅助服务、租赁服务、鉴证咨询服务、广播影视服务、商务辅助服务和其他现代服务。

（7）生活服务，是指为满足城乡居民日常生活需求提供的各类服务活动，包括文化体育服务、教育医疗服务、旅游娱乐服务、餐饮住宿服务、居民日常服务和其他生活服务。

❀ 做中学 2-1

（多选题）下列各项中，按"现代服务——租赁服务"计征增值税的有（   ）。

A. 水路运输企业的程租、期租服务　　B. 航天运输企业的湿租服务

C. 水路运输企业的光租服务　　D. 航空运输企业的干租服务

[答案] CD

[解析] 选项A，水路运输企业的程租、期租服务按照"交通运输服务"计征增值税；选项B，航天运输企业的湿租服务按照"交通运输服务"计征增值税。

4. 销售无形资产

销售无形资产，是指有偿转让无形资产所有权或者使用权的业务活动。无形资产，是指不具有实物形态，但能带来经济利益的资产，包括技术（专利技术和非专利技术）、商标、著作权、商誉、自然资源使用权和其他权益性无形资产。

5. 销售不动产

销售不动产，是指有偿转让不动产所有权的业务活动。不动产，是指不能移动或者移动后会引起性质、形状改变的财产，包括建筑物、构筑物等。

转让建筑物有限产权或者永久使用权的，转让在建的建筑物或者构筑物所有权的，以及在转让建筑物或者构筑物时一并转让其所占土地的使用权的，按照销售不动产缴纳增值税。

6. 进口货物

进口货物，是指将货物从我国境外移送至我国境内的行为。凡进入我国海关境内的应税货物，应于进口报关时向海关缴纳进口环节增值税。

（二）特殊规定

1. 视同销售行为

纳税人的下列行为，视同应税销售货物：

（1）将货物交付其他单位或者个人代销。

（2）销售代销货物。

（3）设有两个以上机构并实行统一核算的纳税人，将货物从一个机构移送其他机构用于销售，但相关机构设在同一县（市）的除外。

（4）将自产或者委托加工的货物用于免税项目、简易计税项目。

（5）将自产或者委托加工的货物用于集体福利或者个人消费。

（6）将自产、委托加工或者购进的货物作为投资，提供给其他单位或者个体工商户。

（7）将自产、委托加工或者购进的货物分配给股东或者投资者。

（8）将自产、委托加工或者购进的货物无偿赠送给其他单位或者个人。

纳税人的下列行为，视同销售服务、无形资产或者不动产：

（1）单位或者个体工商户向其他单位或者个人无偿提供服务，但用于公益事业或者以社会公众为对象的除外。

（2）单位或者个人向其他单位或者个人无偿转让无形资产或者不动产，但用于公益事业或者以社会公众为对象的除外。

（3）财政部和国家税务总局规定的其他情形。

议一议

为什么（4）、（5）两项没有将购买的货物视同销售货物征收增值税？而（6）、（7）、（8）三项则要将购买的货物视同销售货物征收增值税？

2. 混合销售行为

一项销售行为如果既涉及货物又涉及服务，称为混合销售。从事货物的生产、批发或者零售的单位和个体工商户，以从事货物的生产、批发或者零售为主，并兼营销售服务的单位和个体工商户的混合销售行为，按照销售货物缴纳增值税；其他单位和个体工商户的混合销售行为，按照销售服务缴纳增值税。

混合销售行为判断标准有两点：一是其销售行为必须是一项；二是该项行为必须既涉及货物销售又涉及应税服务。

3. 不征收增值税项目

（1）根据国家指令无偿提供的铁路运输服务、航空运输服务，主要用于公益事业的服务。

（2）存款利息。

（3）被保险人获得的保险赔付。

（4）房地产主管部门或者其指定机构、公积金管理中心、开发企业以及物业管理单位代收的住宅专项维修资金。

（5）在资产重组过程中，通过合并、分立、出售、置换等方式，将全部或者部分实物资产以及与其相关联的债权、负债和劳动力一并转让给其他单位和个人，其中涉及的不动产、土地使用权转让行为。

做中学 2-2

（多选题）根据增值税法律制度的规定，单位或者个人的下列行为中，应视同销售服务征收增值税的有（　　　　　）。

　　A. 甲运输公司无偿为其关联企业提供运输服务

　　B. 乙餐饮集团无偿为聘用的员工提供餐饮服务

　　C. 丙设计公司无偿为某建筑公司提供设计服务

　　D. 丁宾馆无偿为聘用的员工提供住宿服务

　　[答案] AC

　　[解析] 单位或者个体工商户向其他单位或者个人无偿提供服务视同销售服务，但用于公益事业或者以社会公众为对象的除外。选项 BD 中无偿为聘用的员工提供服务不属于增值税视同销售行为。

🗗 引例分析 2-1

　　分析引例各项经济业务，确定增值税征税范围。盛湖公司增值税征税范围如表2-1所示。

表2-1　盛湖公司增值税征税范围

业务	征税范围
1	按照销售货物缴纳增值税
5	按照进口货物缴纳增值税
6	将自产货物无偿赠送给某小学视同销售货物缴纳增值税
7	按照销售货物缴纳增值税
8	按照销售货物缴纳增值税
9	按照销售货物缴纳增值税
11	按照销售劳务缴纳增值税
12	按照销售服务（现代服务——文化创意服务）缴纳增值税
13	按照销售服务（现代服务——租赁服务）缴纳增值税
16	按照销售服务（金融服务——金融商品转让）缴纳增值税

四、增值税的税率与征收率

　　我国现行增值税税率使用了税率与征收率相结合的办法。增值税率为13%、9%、6%

和0，征收率为3%和5%。

（一）税率

1. 基本税率：13%

增值税一般纳税人销售货物，进口货物，提供加工、修理修配劳务，提供有形动产租赁服务，除适用低税率和零税率以外，均适用13%税率。

2. 较低税率：9%

增值税一般纳税人提供交通运输服务、邮政服务、基础电信服务、建筑服务、不动产租赁服务，销售不动产，转让土地使用权，适用9%税率。

增值税一般纳税人销售或者进口下列货物的，适用9%税率。

（1）粮食等农产品、食用植物油、鲜奶、食用盐。

（2）自来水、暖气、冷气、热水、煤气、石油液化气、天然气、二甲醚、沼气、居民用煤炭制品。

（3）图书、报纸、杂志；音像制品；电子出版物。

（4）饲料、化肥、农药、农机、农膜。

（5）国务院规定的其他货物。

3. 低税率：6%

增值税一般纳税人提供增值电信服务、金融服务、现代服务（除有形动产租赁服务和不动产租赁服务外）、生活服务、销售无形资产（除转让土地使用权外），适用6%税率。

4. 零税率

纳税人出口货物，税率为零，国务院另有规定的除外。境内的单位和个人销售的下列服务和无形资产，适用零税率：

（1）国际运输服务。① 在境内载运旅客或者货物出境。② 在境外载运旅客或者货物入境。③ 在境外载运旅客或者货物。

（2）航天运输服务。

（3）向境外单位提供的完全在境外消费的下列服务：① 研发服务。② 合同能源管理服务。③ 设计服务。④ 广播影视节目（作品）的制作和发行服务。⑤ 软件服务。⑥ 电路设计及测试服务。⑦ 信息系统服务。⑧ 业务流程管理服务。⑨ 离岸服务外包业务。⑩ 转让技术。

（4）财政部和国家税务总局规定的其他服务。

（二）征收率

增值税征收率适用于两种情况：一是小规模纳税人；二是一般纳税人发生应税销售行为按规定可以选择简易计税方法计税的。

1. 3%征收率

（1）小规模纳税人以及一般纳税人选择简易征收的，征收率为3%，另有规定的除外。

（2）一般纳税人销售自己使用过的不得抵扣且未抵扣进项税额的固定资产，按照简易办法依照3%征收率减按2%征收增值税。小规模纳税人（除其他个人外）销售自己使用过的固定资产依照3%征收率减按2%征收增值税。

纳税人销售自己使用过的固定资产，适用简易办法依照3%征收率减按2%征收增值税政策的，可以放弃减税，按照简易办法依照3%征收率缴纳增值税，并可以开具增值税专用发票。自己使用过的固定资产是指纳税人根据财务会计制度已经计提折旧的固定资产。

（3）纳税人销售旧货，按照简易办法依照3%征收率减按2%征收增值税。旧货，是指进入二次流通的具有部分使用价值的货物（含旧汽车、旧摩托车和旧游艇），但不包括自己使用过的物品。

该规定不包括二手车经销业务，对从事二手车经销业务的纳税人销售其收购的二手车，自2020年5月1日至2023年12月31日减按0.5%的征收率征收增值税。纳税人应当开具二手车销售统一发票。购买方索取增值税专用发票的，应当再开具征收率为0.5%的增值税专用发票。

（4）一般纳税人销售自产的下列货物，可选择按简易办法依3%的征收率征收增值税。

① 县级及县级以下小型水力发电单位生产的电力。② 建筑用和生产建筑材料所用的砂、土、石料或其他矿物连续生产的砖、瓦、石灰。③ 用微生物、微生物代谢产物、动物毒素、人或动物的血液或组织制造的生物制品。④ 商品混凝土。⑤ 自来水。

（5）提供物业管理服务的纳税人，向服务接受方收取的自来水水费，以扣除其对外支付的自来水水费后的余额为销售额，按照简易计税方法依照3%的征收率计算缴纳增值税。

（6）非企业性单位中的一般纳税人提供的研发和技术服务、信息技术服务、鉴证咨询服务，以及销售技术、著作权等无形资产，可以选择简易计税方法按照3%的征收率计算缴纳增值税。

2. 5%征收率

（1）小规模纳税人转让其自建或取得的不动产。

（2）一般纳税人转让其2016年4月30日前取得的不动产，选择按简易计税方法计税的。

（3）小规模纳税人出租其取得的不动产（不含个人出租住房）。个人出租住房，应按照5%的征收率减按1.5%计算应纳税额。

（4）一般纳税人出租其2016年4月30日前取得的不动产，选择按简易计税方法计税的。

（5）纳税人转让2016年4月30日前取得的土地使用权，选择按简易计税方法计税的。

（6）房地产开发企业中的小规模纳税人，销售自行开发的房地产老项目（2016年4月30日之前的建筑工程项目）。

（7）房地产开发企业中的一般纳税人，销售自行开发的房地产老项目，选择按简易计税方法计税的。

（8）房地产开发企业中的一般纳税人购入未完工的房地产老项目继续开发后，以自己名义立项销售的不动产，属于房地产老项目，可以选择按简易计税方法按照5%的征收率计算缴纳增值税。

（9）纳税人提供劳务派遣服务，选择差额纳税的。

（10）一般纳税人提供人力资源外包服务，选择按简易计税方法计税的。

（11）一般纳税人收取试点前开工的一级公路、二级公路、桥、闸通行费，选择按简易计税方法计税的。

（三）兼营行为的税率选择

纳税人销售货物，加工、修理修配劳务，服务，无形资产或者不动产适用不同税率或者征收率的，应当分别核算适用不同税率或者征收率的销售额，未分别核算销售额的，按照以下方法适用税率或者征收率：

（1）兼营不同税率的销售货物，加工、修理修配劳务，服务，无形资产或者不动产，从高适用税率。

（2）兼营不同征收率的销售货物，加工、修理修配劳务，服务，无形资产或者不动产，从高适用征收率。

（3）兼营不同税率和征收率的销售货物，加工、修理修配劳务，服务，无形资产或者不动产，从高适用税率。

❀ 做中学 2-3

（单选题）增值税一般纳税人兼营不同税率的货物或应税劳务，未分别核算或不能准确核算其销售额的，其增值税税率的确定方法是（　　）。

　　A. 从低适用税率　　B. 从高适用税率　　C. 适用平均税率　　D. 适用4%的征收率

［答案］B

［解析］纳税人销售货物，加工、修理修配劳务，服务，无形资产或者不动产适用不同税率或者征收率的，应当分别核算适用不同税率或者征收率的销售额，未分别核算销售额的，从高适用税率或者征收率。

五、增值税的税收优惠

（一）减免税项目

1.《增值税暂行条例》及实施细则规定的免税项目

（1）农业生产者销售的自产农产品。农业，是指种植业、养殖业、林业、牧业、水产业。农业生产者，包括从事农业生产的单位和个人。农产品，是指初级农产品，具体范围由财政部、国家税务总局确定。

（2）避孕药品和用具。

（3）古旧图书。古旧图书，是指向社会收购的古书和旧书。

（4）直接用于科学研究、科学试验和教学的进口仪器、设备。

（5）外国政府、国际组织无偿援助的进口物资和设备。

（6）由残疾人组织直接进口供残疾人专用的物品。

（7）销售自己使用过的物品。自己使用过的物品，是指其他个人自己使用过的物品。

　　除上述规定外，增值税的免税、减税项目由国务院规定。任何地区、部门均不得规定免税、减税项目。

2. 财政部、国家税务总局规定的其他免税增值税项目

（1）资源综合利用产品和劳务增值税优惠政策。根据《资源综合利用产品和劳务增值税优惠目录（2022年版）》的通知规定，纳税人销售自产符合规定的资源综合利用产品和提供符合规定的资源综合利用劳务，可享受增值税即征即退政策。退税比例有30%、50%、70%、90%和100%五个档次。

增值税与资源综合利用

资源综合利用是指在矿产资源开采过程中对共生、伴生矿进行综合开发与合理利用；对生产过程中产生的废渣、废水（液）、废气、余热余压等进行回收和合理利用；对社会生产和消费过程中产生的各种废物进行回收和再生利用。可见，资源综合利用主要有以下几种情况：

一是对自然资源的综合开发利用。党的二十大报告中明确提出"我们坚持绿水青山就是金山银山的理念，坚持山水林田湖草沙一体化保护和系统治理"，就是强调对自然资源综合开发利用和系统治理。

二是在一切生产过程中对资源的综合利用。即对产品生产所需要投入的主料、辅料和生产中产生的附产物，也就是通常所说的边角料和废气、废水、废渣等合理利用。

三是对产品转化为商品后形成的旧物、废品的整体或部分的再利用、再生利用和能量回收的资源利用行为。

党的二十大报告提出："全方位、全地域、全过程加强生态环境保护，生态文明制度体系更加健全，污染防治攻坚向纵深推进，绿色、循环、低碳发展迈出坚实步伐，生态环境保护发生历史性、转折性、全局性变化，我们的祖国天更蓝、山更绿、水更清。"坚持资源综合利用与"尊重自然、顺应自然、保护自然"的思想一脉相承。

绿色发展理念要求保护生态环境系统、保证人与自然和谐共处，是开展生态文明建设的必然要求。资源综合利用在强调经济效益的同时，必须考虑环境效益，能够提高资源使用率，防止各种浪费与不必要的资源消耗，对环境保护、促进生态文明建设有着重要意义。

为推动资源综合利用行业持续健康发展，财政部、国家税务总局发布《关于完善资源综合利用增值税政策的公告》。公告规定，① 从事再生资源回收的增值税一般纳税人销售其收购的再生资源，可以选择适用简易计税方法依照3%征收率计算缴纳增值税，或适用一般计税方法计算缴纳增值税；② 除纳税人聘用的员工为本单位或者雇主提供的再生资源回收不征收增值税外，纳税人发生的再生资源回收并销售的业务，均应按照规定征免增值税；③ 增值税一般纳税人销售自产的资源综合利用产品和提供资源综合利用劳务，可享受增值税即征即退政策；④ 纳税人从事"污水处理厂出水、工业排水（矿井水）、生活污水、垃圾处理厂渗透（滤）

液等"项目、"垃圾处理、污泥处理处置劳务""污水处理劳务"项目,可适用增值税即征即退政策,也可选择适用免征增值税政策,一经选定,36个月内不得变更。

国家不断加大资源综合利用税收优惠政策支持力度,加强对废弃物综合利用、污水垃圾处理、矿产资源高效利用等方面政策扶持,着力提升资源利用效率,促进经济社会发展全面绿色转型。开展资源综合利用,提高资源利用效率,是推进绿色低碳循环发展、保障资源供给安全的重要内容,对于缓解资源环境对经济社会发展约束具有重要现实意义。

（2）免征蔬菜流通环节的增值税。

（3）小规模纳税人的税收优惠。

小规模纳税人发生增值税应税销售行为,合计月销售额超过10万元,但扣除本期发生的销售不动产的销售额后未超过10万元的,其销售货物、劳务、服务、无形资产取得的销售额免征增值税。

3. 纳税人兼营免税、减税项目

纳税人兼营免税、减税项目的,应当分别核算免税、减税项目的销售额;未分别核算销售额的,不得免税、减税。

4. 纳税人销售货物或者应税劳务适用免税规定的

纳税人销售货物或者应税劳务适用免税规定的,可以放弃免税,依照条例的规定缴纳增值税。放弃免税后,36个月内不得再申请免税。

（二）起征点

根据《增值税暂行条例》的规定,增值税的起征点适用范围限于个人,且不适用于登记为一般纳税人的个体工商户。个人销售额未达到起征点的,免征增值税。达到起征点的,全额计算缴纳增值税。具体规定如下:

（1）按期纳税的,为月销售额5 000~20 000元（含本数）。

（2）按次纳税的,为每次（日）销售额300~500元（含本数）。

起征点的调整由财政部和国家税务总局规定。省、自治区、直辖市财政厅（局）和国家税务总局应当在规定的幅度内,根据实际情况确定本地区适用的起征点,并报财政部和国家税务总局备案。

第二节　增值税应纳税额的计算

增值税的计税方法，包括一般计税法和简易计税法。一般纳税人发生应税行为适用一般计税法计税；小规模纳税人发生应税行为适用简易计税法计税。一般纳税人发生财政部和国家税务总局规定的特定应税行为，可以选择适用简易计税法计税，但一经选择，36个月内不得变更。

境外单位或者个人在境内发生应税行为，在境内未设有经营机构的，扣缴义务人按照下列公式计算应扣缴税额：

$$应扣缴税额=购买方支付的价款÷（1+税率）×税率$$

一、一般计税法应纳税额的计算

一般纳税人销售货物、劳务、服务、无形资产、不动产（简称应税销售行为）采取一般计税法计算应纳税额的，应纳税额为当期销项税额抵扣当期进项税额后的余额。其计算公式为：

$$应纳税额=当期销项税额－当期进项税额$$

当期销项税额小于当期进项税额不足抵扣时，其不足部分可以结转下期继续抵扣。

（一）销项税额

销项税额是指纳税人发生应税销售行为时，按照销售额和适用的税率计算并向购买方收取的增值税税额。其计算公式为：

$$销项税额=销售额×适用税率$$

销项税额的计算结果取决于销售额和适用税率两个因素。在适用税率既定的前提下，销项税额的大小主要取决于销售额的大小。

增值税销项
税额计算

1. 销售额的一般规定

销售额是指纳税人发生应税销售行为时向购买方收取的全部价款和价外费用，但不包括向购买方收取的销项税额。

价外费用包括价外向购买方收取的手续费、补贴、基金、集资费、返还利润、奖励费、违约金、滞纳金、延期付款利息、赔偿金、代收款项、代垫款项、包装费、包装物租金、储备费、优质费、运输装卸费以及其他各种性质的价外收费。但下列项目不包括在内：

（1）受托加工应征消费税的消费品所代收代缴的消费税。

（2）同时符合以下条件的代垫运输费用：

① 承运部门的运输费用发票开具给购买方的；

② 纳税人将该项发票转交给购买方的。

（3）同时符合以下条件代为收取的政府性基金或者行政事业性收费：

① 由国务院或者财政部批准设立的政府性基金，由国务院或者省级人民政府及其财政、价格主管部门批准设立的行政事业性收费；

② 收取时开具省级以上财政部门印制的财政票据；

③ 所收款项全额上缴财政。

（4）销售货物的同时代办保险等而向购买方收取的保险费，以及向购买方收取的代购买方缴纳的车辆购置税、车辆牌照费。

（5）以委托方名义开具发票代委托方收取的款项。

凡随同应税销售行为向购买方收取的价外费用，无论其会计制度如何核算，均应并入销售额计算应纳税额。

销售额以人民币计算。纳税人按照人民币以外的货币结算销售额的，应当折合成人民币计算，折合率可以选择销售额发生的当天或者当月1日的人民币汇率中间价。纳税人应当在事先确定采用何种折合率，确定后12个月内不得变更。

2. 含税销售额的换算

增值税是价外税，应采用不含税的销售额按照适用税率计税。但是在实际工作中，一般纳税人有时采用将销售额和销项税额合并定价收取的方法，从而形成了含税的销售额。一般纳税人发生应税销售行为取得含税销售额，在计算销项税额时，必须将其换算为不含税的销售额。将含税销售额换算为不含税销售额的计算公式为：

$$不含税销售额=含税销售额÷（1+增值税税率）$$

◉ — 温馨提示 —

一般纳税人向购买方收取的价外费用应视为含税收入，需换算成不含税收入再并入销售额。

增值税一般纳税人（包括纳税人自己或代其他部门）向购买方收取的价外费用和逾期包装物押金，应视为含增值税（简称含税）收入，在征税时应换算成不含税收入再并入销售额。

✿ **做中学 2-4**

（计算分析题）为民商场为增值税一般纳税人，9月销售电视机100台，每台含税销售价为4 000元，增值税税率为13%。计算该商场本月销售电视机的应税销售额和销项税额。

[解析]增值税是价外税，计算时必须将含税销售额换算为不含税销售额。

（1）不含税销售额=（4 000×100）÷（1+13%）=353 982.30（元）

（2）销项税额=353 982.30×13%=46 017.70（元）

3. 特殊销售方式下销售额的确定

（1）折扣、折让销售。

① 折扣销售，又称商业折扣，是指销售方在销售货物或应税劳务时，因购买方购货数量较大等原因而给予购买方的价格优惠（如购买50件，销售价格折扣10%；购买100件，销售价格折扣20%等）。由于折扣是在实现销售时同时发生的，因此，税法规定，纳税人发生应税销售行为，如将价款和折扣额在同一张发票上的"金额"栏分别注明的，可按折扣后的销售额征收增值税；未在同一张发票"金额"栏注明折扣额，而仅在发票的"备注"栏注明折扣额的，折扣额不得从销售额中减除；未在同一张发票上分别注明的，以价款为销售额，不得扣减折扣额。

② 销售折扣，又称现金折扣，是指在采用赊销方式销售货物或应税劳务时，为了鼓励购买方及早偿还货款而协议许诺给予购买方的一种折扣优待，一般表示为（2/10，1/20，n/30），表示10天内付款，折扣2%；20天内付款，折扣1%；30天内全价付款。销售折扣发生在销货之后，属于理财费用，因此，销售折扣不得从销售额中减除。

③ 销售折让，是指货物销售后，由于其品种、质量等原因虽购买方未予退货，但销售方需给予购买方的一种价格折让。销售折让与销售折扣相比较，虽然都是在货物销售后发生的，但因为销售折让是由于货物的品种和质量引起销售额的减少，因此，应从发生折让当期的销项税额中扣减。销售折让后的货款为销售额。

👥 **— 议一议 —**

折扣销售、销售折扣与销售折让有何不同？其税务处理有什么不同？

④ 销售退回，纳税人在货物购销活动中，因货物质量、规格等原因，也可能会发生销售退回的情况。税法规定，一般纳税人因销售退回而退还给购买方的增值税税额，

与销售折让的处理相同，应从发生销售退回或折让当期的销项税额中扣减。

折扣销售仅限于应税销售行为价格的折扣，如果销售方将自产、委托加工和购买的应税销售行为用于实物折扣的，则该货物款额不能从应税销售行为的销售额中减除，且该货物应按《增值税暂行条例实施细则》中的视同销售货物计算征收增值税。

❖ 做中学 2-5

（计算分析题）8月，新泰公司（一般纳税人）销售给惠民公司10 000件玩具，每件不含税价格为20元，由于惠民公司购买数量多，新泰公司按原价的8折优惠销售，并给予1/10，n/20的销售折扣。新泰公司开具增值税专用发票，销售额和折扣额在同一张发票的"金额"栏分别注明，惠民公司于10日内付款。计算新泰公司该笔业务的销项税额。

［解析］折扣销售中销售额和折扣额在同一张发票的"金额"栏分别注明的，可按折扣后的余额作为销售额计算增值税；

销售折扣不得从销售额中减除，尽管乙公司10日内付款，享受1%的价格优惠，也不能抵扣。

销售额=20×80%×10 000=160 000（元）

销项税额=160 000×13%=20 800（元）

（2）以旧换新。以旧换新是指纳税人在销售自己的货物时，有偿收回旧货物的行为。采取以旧换新方式销售货物的，应按新货物的同期销售价格确定销售额，不得扣减旧货物的收购价格。但是对于金银首饰以旧换新的业务，可以按销售方实际收取的不含增值税的全部价款征收增值税。

（3）还本销售。还本销售是指纳税人在销售货物后，到一定期限由销售方一次或分次退还给购买方全部或部分价款。采取还本销售方式销售货物，其销售额就是货物的销售价格，不得从销售额中减除还本支出。例如，某企业实行还本销售方式销售电视机，电视机单价为5 600元，销售40台，5年后全部还本，以上价格为含税价。则该项业务销售额=5 600×40÷（1+13%）=198 230.09（元）。

（4）以物易物。以物易物是指购销双方不是以货币结算，而是以同等价款的货物相互结算，实现货物购销的一种方式。以物易物双方都应做购销处理，以各自发出的货物核算销售额并计算销项税额，以各自收到的货物按规定核算购货额并计算进项税额。

在以物易物业务中，应分别开具合法的票据，如收到的货物不能取得相应的增值税专用发票或其他合法票据的，不能抵扣进项税额（关于进项税额将在后面讲述）。

（计算分析题）齐达公司（一般纳税人）用10台出厂不含税单价为23 000元的车床向京通公司（一般纳税人）换取一批不含税销售价格为100 000元的钢材。京通公司换取的10台车床作为固定资产使用。计算双方公司的销售额和销项税额。

[解析]（1）齐达公司的销售额=23 000×10=230 000（元）

齐达公司销项税额=230 000×13%=29 900（元）

（2）京通公司的销售额=100 000（元）

京通公司销项税额=100 000×13%=13 000（元）

（5）包装物押金的税务处理。纳税人为销售货物而出租、出借包装物收取的押金，单独记账核算的，不并入销售额征税；但对因逾期未收回包装物不再退还的押金，应按所包装货物的适用税率计算销项税额，这里的"逾期"是指按合同约定实际逾期或以1年为期限。需要注意以下几点：

① 在将包装物押金并入销售额征税时，需要先将该押金换算为不含税价，再并入销售额征税。

② 包装物押金不可混同于包装物租金，包装物租金在销货时作为价外费用并入销售额计算销项税额。

③ 对销售除啤酒、黄酒外的其他酒类产品而收取的包装物押金，无论是否返还以及会计上如何核算，均应并入当期销售额征税。对销售啤酒、黄酒所收取的包装物押金，按上述一般押金的规定处理。

4. 视同应税销售行为销售额的确定

纳税人发生应税行为价格明显偏低或者偏高且不具有合理商业目的的，或者发生视同应税销售行为而无销售额的，主管税务机关有权按照下列顺序确定销售额：

（1）按照纳税人最近时期发生同类应税销售行为的平均价格确定。

（2）按照其他纳税人最近时期发生同类应税销售行为的平均价格确定。

（3）按照组成计税价格确定。组成计税价格的公式为：

$$组成计税价格=成本×（1+成本利润率）$$

属于应征消费税的货物，其组成计税价格中应加计消费税税额。组成计税价格的公式如下：

$$组成计税价格=成本×（1+成本利润率）+消费税税额$$
$$=成本×（1+成本利润率）÷（1-消费税税率）$$

公式中的成本利润率由国家税务总局确定为10%。但属于从价定率征收消费税的货物，其组成计税价格公式中的成本利润率，为《消费税若干具体问题的规定》中规定的成本利润率。

❖ 做中学 2-7

（计算分析题）益康食品有限公司（一般纳税人）将自产的月饼作为福利发给本厂职工，共发放五仁月饼400盒，同类产品每盒销售价为15元；发放蛋黄月饼200件，无同类产品销售价格，制作蛋黄月饼的总成本为3 500元。计算视同销售行为的销售额和销项税额。

［解析］有同类产品售价的按同类产品售价计算，没有的才按组成计税价格计算；成本利润率为按国家税务总局确定的10%计算。

五仁月饼的销售额=400×15=6 000（元）

蛋黄月饼的销售额=3 500×（1+10%）=3 850（元）

这两项视同销售行为的销售额=6 000+3 850=9 850（元）

销项税额=9 850×13%=1 280.50（元）

5. 差额计税销售额的确定

（1）金融商品转让，按照卖出价扣除买入价后的余额为销售额。转让金融商品出现的正负差，按盈亏相抵后的余额为销售额。若相抵后出现负差，可结转下一纳税期与下期转让金融商品销售额相抵，但年末仍出现负差的，不得转入下一个会计年度。

金融商品的买入价，可以选择按照加权平均法或者移动加权平均法进行核算，选择后36个月内不得变更。

金融商品转让不得开具增值税专用发票。

（2）经纪代理服务，以取得的全部价款和价外费用，扣除向委托方收取并代为支付的政府性基金或者行政事业性收费后的余额为销售额。向委托方收取的政府性基金或者行政事业性收费，不得开具增值税专用发票。

（3）航空运输企业的销售额，不包括代收的机场建设费和代售其他航空运输企业客票而代收转付的价款。

（4）一般纳税人提供客运场站服务，以其取得的全部价款和价外费用，扣除支付给承运方运费后的余额为销售额。

（5）纳税人提供旅游服务，可以选择以取得的全部价款和价外费用，扣除向旅游服务购买方收取并支付给其他单位或者个人的住宿费、餐饮费、交通费、签证费、门票费和支付给其他接团旅游企业的旅游费用后的余额为销售额。

选择上述办法计算销售额的纳税人，向旅游服务购买方收取并支付的上述费用，不得开具增值税专用发票，可以开具增值税普通发票。

📊 **引例分析2-2**

计算盛湖公司6月的销项税额，如表2-2所示。

表2-2 盛湖公司6月的销项税额

业务	销项税额
1	销项税额=3 500×1 000×13%=455 000（元）
6	销项税额=3 500×10×13%=4 550（元）
7	销项税额=3 500×100×13%=45 500（元）
9	销项税额=7 910÷（1+13%）×13%=910（元）
11	销项税额=500×13%=65（元）
12	销项税额=500 000×6%=30 000（元）
13	销项税额=8 000×9%+4 000×13%=720+520=1 240（元）
16	销项税额=（963 800-18×40 000-47 700）÷（1+6%）×6%=11 100（元）

（二）进项税额

进项税额，是指纳税人购进货物，加工、修理修配劳务，服务，无形资产或者不动产，支付或者负担的增值税税额。在开具增值税专用发票的情况下，销售方收取的销项税额就是购买方支付的进项税额。

1. 准予从销项税额中抵扣的进项税额

根据税法规定，准予从销项税额中抵扣的进项税额，限于下列增值税扣税凭证上注明的增值税税额和按照规定扣除率计算的进项税额。

增值税进项税额抵扣

💡 — **温馨提示** —

不是纳税人支付的所有进项税额都可以从销项税额中抵扣。

（1）从销售方取得的增值税专用发票（含税控机动车销售统一发票，下同）上注明

增值税进项税额转出方法

的增值税税额。

（2）从海关取得的海关进口增值税专用缴款书上注明的增值税税额。

（3）自境外单位或者个人购进劳务、服务、无形资产或者境内不动产，从税务机关或者扣缴义务人取得的解缴税款的完税凭证上注明的增值税税额。

（4）纳税人购进农产品，按下列规定抵扣进项税额：

① 纳税人购进农产品，取得一般纳税人开具的增值税专用发票或海关进口增值税专用缴款书的，以增值税专用发票或海关进口增值税专用缴款书上注明的增值税税额为进项税额。

② 从按照简易计税法依照3%的征收率计算缴纳增值税的小规模纳税人处取得增值税专用发票的，以增值税专用发票上注明的金额和9%的扣除率计算进项税额。

③ 取得（开具）农产品销售发票或收购发票的，以农产品销售发票或收购发票上注明的农产品买价和9%的扣除率计算进项税额。

④ 纳税人购进用于生产销售或委托加工13%税率货物的农产品，按照10%的扣除率计算进项税额，在生产领用时加计10%扣除。

⑤ 纳税人购进农产品既用于生产销售或委托受托加工13%税率货物又用于生产销售其他货物服务的，应当分别核算用于生产销售或委托受托加工13%税率货物和其他货物服务的农产品进项税额。未分别核算的，统一以增值税专用发票或海关进口增值税专用缴款书上注明的增值税税额为进项税额，或以农产品收购发票或销售发票上注明的农产品买价和9%的扣除率计算进项税额。

🔲 — 温馨提示 —

纳税人从批发、零售环节购进适用免征增值税政策的蔬菜、部分鲜活肉蛋而取得的增值税普通发票，不得作为计算抵扣进项税额的凭证。

⑥ 对烟叶税纳税人按规定缴纳的烟叶税，准予并入烟叶产品的买价计算增值税的进项税额，并在计算缴纳增值税时予以抵扣。购进烟叶准予抵扣的增值税进项税额，按照收购烟叶实际支付的价款总额和烟叶税及法定扣除率计算。计算公式为：

烟叶税应纳税额=收购烟叶实际支付的价款总额×税率（20%）

准予抵扣的进项税额=（收购烟叶实际支付的价款总额+烟叶税应纳税额）×扣除率

上述购进农产品抵扣进项税额的办法，不适用于《农产品增值税进项税额核定扣除试点实施办法》中购进的农产品。

（5）纳税人购进国内旅客运输服务，其进项税额允许从销项税额中抵扣。纳税人未取得增值税专用发票的，暂按照以下规定确定进项税额：

① 取得增值税电子普通发票的，为发票上注明的税额。

② 取得注明旅客身份信息的航空运输电子客票行程单的，按照下列公式计算进项税额：

$$航空旅客运输进项税额=（票价+燃油附加费）÷（1+9\%）×9\%$$

③ 取得注明旅客身份信息的铁路车票的，按照下列公式计算进项税额：

$$铁路旅客运输进项税额=票面金额÷（1+9\%）×9\%$$

④ 取得注明旅客身份信息的公路、水路等其他客票的，按照下列公式计算进项税额：

$$公路、水路等其他旅客运输进项税额=票面金额÷（1+3\%）×3\%$$

（6）收费公路通行费增值税抵扣规定，纳税人支付的道路、桥、闸通行费，按照以下规定抵扣进项税额：

① 纳税人支付的道路通行费，按照收费公路通行费增值税电子普通发票上注明的增值税税额抵扣进项税额。

② 纳税人支付的桥、闸通行费，暂凭取得的通行费发票上注明的收费金额按照下列公式计算可抵扣的进项税额：

$$桥、闸通行费可抵扣进项税额=桥、闸通行费发票上注明的金额÷（1+5\%）×5\%$$

（7）按照规定不得抵扣且未抵扣进项税额的固定资产、无形资产、不动产，发生用途改变，用于允许抵扣进项税额的应税项目，可在用途改变的次月按照下列公式计算可以抵扣的进项税额：

$$可以抵扣的进项税额=固定资产、无形资产、不动产净值÷（1+适用税率）×适用税率$$

上述可以抵扣的进项税额应取得合法有效的增值税扣税凭证。

（8）纳税人租入固定资产、不动产，既用于一般计税法计税项目，又用于简易计税法计税项目、免征增值税项目、集体福利或者个人消费的，其进项税额准予从销项税额中全额抵扣。

📇 引例分析2-3

计算盛湖公司6月可抵扣进项税额。

业务2，购进原材料，取得增值税专用发票，可抵扣进项税额156 000元。

业务5，从境外进口一批原材料，可抵扣进项税额=200 000×（1+15\%）×13\%=29 900（元）。

业务12，接受B公司提供的设计服务，取得增值税专用发票，可抵扣进项税额6 000元。

业务14，通过EMS向所有客户寄出邀请函，取得邮政部门开具的增值税专用发票，可抵扣进项税额405元。

业务15，报销本月差旅费用，取得增值税专用发票一张，可抵扣进项税额120元；取得注明旅客身份信息的火车票2张，可抵扣进项税额=218÷（1+9%）×9%×2=36（元）。

🎋 价值引领

增值税助企纾困、保障民生

企业是国家的经济命脉和活力源泉，助企纾困，既是实现企业稳定发展的关键，也是稳定就业岗位、维护社会稳定的必然要求。税收作为国家财政收入的主要来源和宏观调控的重要经济杠杆，与民生息息相关、密不可分。增值税作为我国的第一大税种，在助企纾困、保障民生中起到了关键作用。

一是2022年国家发展和改革委员会等14部门印发《关于促进服务业领域困难行业恢复发展的若干政策》的通知，帮助服务业领域困难行业渡过难关、恢复发展，其中涉及的增值税政策包括：

（1）服务业普惠性纾困扶持措施。延续服务业增值税加计抵减政策，2022年对生产、生活性服务业纳税人当期可抵扣进项税额继续分别按10%和15%加计抵减应纳税额。

（2）公路、水路、铁路运输业纾困扶持措施。2022年暂停铁路运输企业预缴增值税一年；2022年免征轮客渡、公交客运、地铁、城市轻轨、出租车、长途客运、班车等公共交通运输服务增值税。

（3）民航业纾困扶持措施。2022年暂停航空运输企业预缴增值税一年。

二是自2022年7月纳税申报期起，将批发和零售业，住宿和餐饮业，居民服务、修理和其他服务业，教育，文化、体育和娱乐业，卫生和社会工作，农、林、牧、渔业七大行业纳入增值税留抵退税新政范围，实施按月全额退还增量留抵税额以及一次性退还存量留抵税额，增值税留抵退税政策的实施力度和广度进一步加大，衣、食、住、行等民生领域将进一步获益。

除此之外，针对重点群体创业就业，我国出台大量增值税支持政策，如随军家属创业、军队转业干部创业、残疾人创业免征增值税；安置随军家属就业的企业、

第二章　增值税法　　　　　　　　　　　　　　　　　　　　　061

安置军队转业干部就业的企业免征增值税；安置残疾人就业的单位和个体工商户、特殊教育校办企业安置残疾人就业增值税即征即退等。

助企纾困是一场切实管用的"及时雨"。从中小企业发展的现实难题着眼，项项有针对、招招纾痛点地作出政策安排，提振的是市场的信心，温暖的是市场参与者的内心。

2. 不得从销项税额中抵扣的进项税额

（1）用于简易计税方法计税项目、免征增值税项目、集体福利或者个人消费的购进货物、劳务、服务、无形资产和不动产。

其中涉及的固定资产、无形资产、不动产，仅指专用于上述项目的固定资产、无形资产（不包括其他权益性无形资产）、不动产；发生兼用于上述不允许抵扣项目情况的，该进项税额准予全部抵扣；另外，纳税人购进其他权益性无形资产无论是专用于简易计税方法计税项目、免征增值税项目、集体福利或者个人消费，还是兼用于上述不允许抵扣项目，均可以抵扣进项税额；纳税人的交际应酬消费属于个人消费，即交际应酬消费不属于生产经营中的生产投入和支出。

（2）非正常损失的购进货物的进项税额。

①非正常损失的购进货物，以及相关的加工、修理修配劳务和交通运输服务。

②非正常损失的在产品、产成品所耗用的购进货物（不包括固定资产），加工、修理修配劳务和交通运输服务。

③非正常损失的不动产，以及该不动产所耗用的购进货物、设计服务和建筑服务。

④非正常损失的不动产在建工程所耗用的购进货物、设计服务和建筑服务。纳税人新建、改建、扩建、修缮、装饰不动产，均属于不动产在建工程。

非正常损失，是指因管理不善造成货物被盗、丢失、霉烂变质，以及因违反法律法规造成货物或者不动产被依法没收、销毁、拆除的情形。这些非正常损失是由纳税人自身原因导致征税对象实体的灭失，为保证税负公平，其损失不应由国家承担，因而纳税人无权要求抵扣进项税额。

📖 引例分析2-4

计算盛湖公司6月因非正常损失转出的进项税额。

业务4，因仓管人员管理不当，一批电视机发生人为损坏，需转出进项税额6 000元。

（3）购进的贷款服务、餐饮服务、居民日常服务和娱乐服务。

（4）纳税人接受贷款服务向贷款方支付的与该笔贷款直接相关的投融资顾问费、手续费、咨询费等费用，其进项税额不得从销项税额中抵扣。

（5）适用一般计税法的纳税人，兼营简易计税法计税项目、免征增值税项目而无法划分不得抵扣的进项税额，按照下列公式计算不得抵扣的进项税额：

$$\text{不得抵扣的进项税额} = \text{当期无法划分的全部进项税额} \times \left(\frac{\text{当期简易计税法}}{\text{计税项目销售额}} + \frac{\text{免征增值税}}{\text{项目销售额}} \right) \div \frac{\text{当期全部}}{\text{销售额}}$$

做中学 2-8

（计算分析题）益兴公司为增值税一般纳税人，兼营增值税一般计税方法计税项目和免税项目。12月应税项目取得不含税销售额1 200万元，免税项目取得销售额1 000万元；当月购进应税项目和免税项目共同使用的货物支付进项税额6万元。计算当月不得抵扣的进项税额。

［解析］不得抵扣的进项税额=6×1 000÷（1 200+1 000）=2.73（万元）

（6）一般纳税人已抵扣进项税额的不动产发生非正常损失，或者改变用途，专用于简易计税方法、免征增值税项目、集体福利或者个人消费的，按照下列公式计算不得抵扣的进项税额：

$$\text{不得抵扣的进项税额} = \text{已抵扣进项税额} \times \text{不动产净值率}$$
$$\text{不动产净值率} = （\text{不动产净值} \div \text{不动产原值}） \times 100\%$$

做中学 2-9

（计算分析题）益兴公司为增值税一般纳税人，2022年9月购买一栋楼用于办公，增值税专用发票注明价款2 000万元，进项税额180万元，并已通过认证。2023年9月，纳税人将办公楼改造成员工食堂。该固定资产按20年计提折旧，无残值。计算2023年9月不得抵扣的进项税额。

［解析］不动产净值率=（2 000−2 000/20）/2 000×100%=95%

不得抵扣的进项税额=180×95%=171（万元）

（7）财政部和国家税务总局规定的其他情形。

3. 销售折让、中止或者退回涉及销项税额和进项税额的税务处理

纳税人适用一般计税法计税的，销售单位因销售折让、中止或者退回而退还给购买

方的增值税税额，应当从当期的销项税额中扣减。购买单位因销售折让、中止或者退回而收回的增值税税额，应当从当期的进项税额中扣减。

一般纳税人发生应税销售行为，开具增值税专用发票后，应税销售行为发生退回或者折让、开票有误等情形，应按国家税务总局的规定开具红字增值税专用发票。未按规定开具红字增值税专用发票的不得扣减销项税额或者销售额。

4. 增值税加计抵减

自2023年1月1日至2023年12月31日，允许生产性服务业纳税人按照当期可抵扣进项税额加计5%抵减应纳税额。生产性服务业纳税人，是指提供邮政服务、电信服务、现代服务、生活服务取得的销售额占全部销售额的比重超过50%的纳税人。允许生活性服务业纳税人按照当期可抵扣进项税额加计10%抵减应纳税额。生活性服务业纳税人，是指提供生活服务取得的销售额占全部销售额的比重超过50%的纳税人。

做中学 2-10

（计算分析题）某生产企业为增值税一般纳税人，其生产的货物适用13%增值税税率，8月该企业的有关生产经营业务如下：

（1）销售甲产品给某大商场，开具了增值税专用发票，取得不含税销售额80万元；同时取得销售甲产品的送货运输费收入5.65万元（含增值税价格，与销售货物不能分别核算）。

（2）销售乙产品，开具了增值税普通发票，取得含税销售额为22.6万元。

（3）将自产的一批应税新产品用于本企业集体福利项目，成本价为20万元，该新产品无同类产品市场销售价格，国家税务总局确定该产品的成本利润率为10%。

（4）销售2016年10月购进的作为固定资产使用的进口摩托车5辆，开具增值税专用发票，发票上注明每辆摩托车不含税销售额为1万元。

（5）购进货物取得增值税专用发票，发票上注明的货款金额为60万元，税额为7.8万元；另外支付购货的运输费用为6万元，取得运输公司开具的增值税专用发票，发票上注明的税额为0.54万元。

（6）从农产品经营者（小规模纳税人）购进农产品一批作为生产货物的原材料，取得的增值税专用发票上注明的不含税金额为30万元，税额为0.9万元，同时支付给运输单位的运费为5万元（不含增值税），取得运输部门开具的增值税专用发票，发票上注明的税额为0.45万元。本月下旬将购进的农产品的20%用于本企业职工福利。

（7）当月租入商用楼房一层，取得对方开具的增值税专用发票上注明的税额为5.22万元。该楼房的1/3用于工会的集体福利项目，其余为企业管理部门使用。

以上相关票据均符合税法的规定。请计算并回答下列问题。

（1）计算销售甲产品的销项税额。

（2）计算销售乙产品的销项税额。

（3）计算自产自用新产品的销项税额。

（4）计算销售使用过的摩托车销项税额。

（5）计算当月允许抵扣的进项税额。

（6）计算该企业8月合计应缴纳的增值税税额。

［解析］（1）销售甲产品的销项税额=80×13% +5.65÷（1+13%）×13%=11.05（万元）

（2）销售乙产品的销项税额=22.6÷（1+13%）×13%=2.60（万元）

（3）自产自用新产品的销项税额=20×（1+10%）×13%=2.86（万元）

（4）销售使用过的摩托车销项税额=1×13%×5=0.65（万元）

（5）允许抵扣的进项税额=7.8+0.54+（30×10% +0.45）×（1-20%）+5.22=16.32（万元）

（6）该企业8月应缴纳的增值税税额=11.05+2.60+2.86+0.65-16.32=0.84（万元）

引例分析2-5

计算盛湖公司6月一般计税法应纳税额。

当期销项税额=65+30 000+1 240+455 000+45 500+910+4 550+11 100=548 365（元）

当期准予抵扣的进项税额=29 900+156 000+6 000+405+120+36-6 000=186 461（元）

一般计税法应纳税额=当期销项税额-当期准予抵扣的进项税额=361 904（元）

二、简易计税法应纳税额的计算

（一）应纳税额计算方法

纳税人发生应税销售行为适用简易计税法的，应该按照销售额和征收率计算应纳增值税税额，并且不得抵扣进项税额。其应纳税额的计算公式为：

应纳税额=销售额×征收率

◯ — 温馨提示 —

小规模纳税人销售额与一般纳税人销售额所包含的内容是一致的。

小规模纳税人一律采用简易计税法计税，一般纳税人发生应税销售行为可以选择适用简易计税法的情形见本章第一节。

（二）含税销售额的换算

按简易计税法计税的销售额不包括其应纳的增值税税额，纳税人采用销售额和应纳增值税税额合并定价方法的，按照下列公式计算销售额：

$$不含税销售额=含税销售额÷（1+征收率）$$

📊 引例分析2-6

计算盛湖公司6月简易计税法应纳税额。

业务8，销售本公司自用的2012年购进的小汽车一辆，可采用简易计税法，应纳税额=50 000÷（1+3%）×2%=970.87（元）。

纳税人适用简易计税法计税的，因销售折让、中止或者退回而退还给购买方的销售额，应当从当期销售额中扣减。扣减当期销售额后仍有余额造成多缴的税款，可以从以后的应纳税额中扣减。

对小规模纳税人发生上述情况而退还销售额给购买方，依照规定将所退的款项扣减当期销售额的，如果小规模纳税人已就该项业务委托税务机关为其代开了增值税专用发票的，应按规定申请开具红字增值税专用发票。

✦ 价值引领

增值税助力
"大众创业
万众创新"

增值税助力"大众创业、万众创新"

推进"大众创业、万众创新"，是发展的动力之源，也是富民之道、公平之计、强国之策。作为促进国内国际双循环的新引擎，激发亿万群众的智慧和创造力，推动新旧动能转换和经济结构升级，扩大就业和改善民生，营造公平营商环境和创新社会氛围，走创新驱动发展道路具有重要意义。

"十四五"时期，"大众创业、万众创新"持续向更大范围、更高层次和更深程度推进。向纵深推进"大众创业、万众创新"，需从三个方面重点发力：

一是"植树育林"，让市场"青山"更加绿意葱茏。二是"锄草护苗"，营造更加优质的双创发展生态。三是"浇水施肥"，强化创业创新政策激励。

党中央、国务院根据经济发展形势出台了组合式税费支持政策，增值税优惠政策措施作为其中的"主菜"，围绕创新创业的主要环节和关键领域，覆盖了企业整个生命周期，助力"大众创业、万众创新"的增值税政策主要有：

1. 企业初创期增值税优惠政策

包括小微企业增值税期末留抵退税政策；符合条件的增值税小规模纳税人免征增值税政策；增值税小规模纳税人阶段性免征增值税政策等。

2. 企业成长期增值税优惠政策

包括生产性、生活性服务业增值税加计抵减政策；进口科研技术装备用品增值税优惠政策，如重大技术装备进口免征增值税；科学研究机构、技术开发机构、学校等单位进口免征增值税、消费税；科技成果转化税收优惠政策，如技术转让、技术开发和与之相关的技术咨询、技术服务免征增值税等。

3. 企业成熟期增值税优惠政策

包括符合条件的制造业等行业纳税人增值税期末留抵退税政策；软件企业增值税优惠政策，软件产品增值税超税负即征即退政策；集成电路企业增值税优惠政策，如集成电路重大项目企业增值税留抵税额退税，承建集成电路重大项目的企业进口新设备可分期缴纳进口增值税等；动漫企业增值税优惠政策，如销售自主开发生产动漫软件增值税超税负即征即退，符合条件的动漫设计等服务可选择适用简易计税法计算缴纳增值税，动漫软件出口免征增值税。

出台一系列"大众创业、万众创新"税收优惠政策，有助于降低制造业企业与中小微企业的经营成本，提高盈利能力，可以促使企业将更多的资金投入到创新研发与扩大再生产中，进而推动整体产业转型升级，提升产业竞争力与经济增长质量。真心实意暖企惠企，落实各项税收优惠政策，才能为创新创业营造更优良的发展生态，从而激发市场活力，促发展、扩就业、惠民生。

三、进口货物应纳税额的计算

纳税人进口货物，应按照组成计税价格和适用税率计算应纳税额，其计算公式为：

应纳税额=组成计税价格×税率

其中组成计税价格按以下办法确定：

不属于应征消费税的进口货物，计算公式为：

组成计税价格=关税完税价格+关税税额

属于应征消费税的进口货物，计算公式为：

$$组成计税价格=关税完税价格+关税税额+消费税税额$$

$$=关税完税价格×（1+关税税率）÷（1-消费税税率）$$

在计算进口货物的增值税时应该注意以下问题：

（1）进口货物增值税的组成计税价格中包括已纳关税税额，如果进口货物属于消费税应税消费品，其组成计税价格中还要包括进口环节已纳消费税税额。

（2）在计算进口环节的应纳增值税税额时不得抵扣任何税额，即在计算进口环节的应纳增值税税额时，不得抵扣发生在我国境外的各种税金。

（3）按照《中华人民共和国海关法》和《中华人民共和国进出口关税条例》的规定，一般贸易下进口货物的关税完税价格以海关审定的成交价格为基础的到岸价格作为完税价格。成交价格是指一般贸易项下进口货物的买方为购买该项货物向卖方实际支付或应当支付的价格。到岸价格包括货价，加上货物运抵我国关境内输入地点起卸前的包装费、运费、保险费和其他劳务费等费用构成的一种价格。特殊贸易下进口的货物，由于进口时没有"成交价格"可作依据，为此《中华人民共和国进出口关税条例》对这些进口货物制定了确定其完税价格的具体办法。

（4）纳税人进口货物取得的海关进口增值税专用缴款书，是计算增值税进项税额的唯一依据，其价格差额部分以及从境外供应商取得的退还或返还的资金，不作进项税额转出处理。

（5）跨境电子商务零售进口商品按照货物征收关税和进口环节增值税、消费税，以实际交易价格（包括货物零售价格、运费和保险费）作为完税价格。

（6）跨境电子商务零售进口商品的进口环节增值税、消费税取消免征税额，暂按法定应纳税额的70%征收。完税价格超过5 000元单次交易限值但低于26 000元年度交易限值，且订单下仅一件商品时，可以自跨境电子商务零售渠道进口，按照货物税率全额征收关税和进口环节增值税、消费税，交易额计入年度交易总额，但年度交易总额超过年度交易限值的，应按一般贸易管理。

❖ **做中学 2-11**

（计算分析题）益联商贸公司（有进出口经营权）10月进口货物一批。该批货物在国外的买价为40万元，另该批货物运抵我国海关前发生的包装费、运输费、保险费等共计20万元。货物报关后，公司按规定缴纳了进口环节的增值税并取得了海关开具的海关进口增值税专用缴款书。假定该批进口货物在国内全部销售，取得不含税销售额80万元。

相关资料：货物进口关税税率为15%，增值税税率为13%。请回答下列问题：

（1）计算关税完税价格。

（2）计算进口环节应纳进口关税。

（3）计算进口环节应纳增值税的组成计税价格。

（4）计算进口环节应缴纳增值税税额。

（5）计算国内销售环节的销项税额。

（6）计算国内销售环节应缴纳增值税税额。

［解析］（1）关税完税价格=40+20=60（万元）

（2）应纳进口关税=60×15%=9（万元）

（3）进口环节应纳增值税的组成计税价格=60+9=69（万元）

（4）进口环节应缴纳增值税税额=69×13%=8.97（万元）

（5）国内销售环节的销项税额=80×13%=10.4（万元）

（6）国内销售环节应缴纳增值税税额=10.4−8.97=1.43（万元）

第三节 增值税的征收管理

一、纳税义务发生时间

（一）纳税义务发生时间的一般规定

（1）纳税人发生应税销售行为，其纳税义务发生时间为收讫销售款项或者取得索取销售款项凭据的当天；先开具发票的，为开具发票的当天。

收讫销售款项，是指纳税人发生应税销售行为过程中或者完成后收到的款项。

取得索取销售款项凭据的当天，是指书面合同确定的付款日期；未签订书面合同或者书面合同未确定付款日期的，为应税销售行为完成的当天或者不动产权属变更的当天。

（2）纳税人进口货物，其纳税义务发生时间为报关进口的当天。

（3）增值税扣缴义务发生时间为纳税人增值税纳税义务发生的当天。

（二）纳税义务发生时间的具体规定

由于纳税人销售结算方式的不同，《增值税暂行条例实施细则》及相关法律法规规定了具体的纳税义务发生时间。

（1）采取直接收款方式销售货物，不论货物是否发出，均为收到销售款或者取得索取销售款凭据的当天。

纳税人生产经营活动中采取直接收款方式销售货物，已将货物移送对方并暂估销售收入入账，但既未取得销售款或取得索取销售款凭据，也未开具销售发票的，其增值税纳税义务发生时间为取得销售款或取得索取销售款凭据的当天；先开具发票的，为开具发票的当天。

（2）采取托收承付和委托银行收款方式销售货物，为发出货物并办妥托收手续的当天。

（3）采取赊销和分期收款方式销售货物，为书面合同约定的收款日期的当天，无书面合同的或者书面合同没有约定收款日期的，为货物发出的当天。

（4）采取预收货款方式销售货物，为货物发出的当天，但生产销售生产工期超过12个月的大型机械设备、船舶、飞机等货物，为收到预收款或者书面合同约定的收款日期的当天。

（5）委托其他纳税人代销货物，为收到代销单位的代销清单或者收到全部或者部分货款的当天。未收到代销清单及货款的，为发出代销货物满180天的当天。

（6）销售劳务，为提供劳务同时收讫销售款或者取得索取销售款的凭据的当天。

（7）纳税人发生除将货物交付其他单位或者个人代销和销售代销货物以外的视同销售货物行为，为货物移送的当天。

（8）纳税人提供租赁服务采取预收款方式的，其纳税义务发生时间为收到预收款的当天。例如，某纳税人出租一辆小轿车，租金5 000元/月，一次性预收了对方一年的租金共60 000元，该纳税人则应在收到60 000元租金的当天确认纳税义务发生，并按60 000元计算缴纳增值税。

（9）纳税人从事金融商品转让的，为金融商品所有权转移的当天。

（10）纳税人发生视同销售服务、无形资产或者不动产情形的，其纳税义务发生时间为服务、无形资产转让完成的当天或者不动产权属变更的当天。

二、纳税期限

（1）增值税的纳税期限分别为1日、3日、5日、10日、15日、1个月或者1个季度。纳税人的具体纳税期限，由主管税务机关根据纳税人应纳税额的大小分别核定；不能按照固定期限纳税的，可以按次纳税。

（2）纳税人以1个月或者1个季度为1个纳税期的，自期满之日起15日内申报纳税；以1日、3日、5日、10日或者15日为1个纳税期的，自期满之日起5日内预缴税款，于次月1日起15日内申报纳税并结清上月应纳税款。

扣缴义务人解缴税款的期限，依照上述（1）、（2）规定执行。

以1个季度为纳税期限的规定适用于小规模纳税人、银行、财务公司、信托投资公司、信用社，以及财政部和国家税务总局规定的其他纳税人。

按固定期限纳税的小规模纳税人可以选择以1个月或1个季度为纳税期限，一经选择，1个会计年度内不得变更。

纳税人进口货物，应当自海关填发海关进口增值税专用缴款书之日起15日内缴纳税款。

三、纳税地点

（1）固定业户应当向其机构所在地的主管税务机关申报纳税。机构所在地是指纳税人的注册登记地。总机构和分支机构不在同一县（市）的，应当分别向各自所在地的主管税务机关申报纳税；经国务院财政、税务主管部门或者其授权的财政、税务机关批准，可以由总机构汇总向总机构所在地的主管税务机关申报纳税。具体审批权限如下：

① 总机构和分支机构不在同一省、自治区、直辖市的，经财政部和国家税务总局批准，可以由总机构汇总向总机构所在地的主管税务机关申报纳税。

② 总机构和分支机构不在同一县（市），但在同一省、自治区、直辖市范围内的，经省、自治区、直辖市财政厅（局）、国家税务总局审批同意，可以由总机构汇总向总机构所在地的主管税务机关申报纳税。

（2）固定业户到外县（市）销售货物或者劳务，应当向其机构所在地的主管税务机关报告外出经营事项，并向其机构所在地的主管税务机关申报纳税；未报告的，应当向销售地或者劳务发生地的主管税务机关申报纳税；未向销售地或者劳务发生地的主管税务机关申报纳税的，由其机构所在地的主管税务机关补征税款。

（3）非固定业户销售货物或者劳务，应当向销售地或者劳务发生地的主管税务机关申报纳税；未向销售地或者劳务发生地的主管税务机关申报纳税的，由其机构所在地或者居住地的主管税务机关补征税款。

（4）进口货物，应当向报关地海关申报纳税。

（5）扣缴义务人应当向其机构所在地或者居住地的主管税务机关申报缴纳其扣缴的税款。

四、增值税专用发票的管理

增值税专用发票是一般纳税人销售货物、提供应税劳务或者发生应税行为开具的发票，是购买方支付增值税税额并可按照增值税有关规定据以抵扣进项税额的凭证。

一般纳税人应通过增值税防伪税控系统（简称防伪税控系统）使用增值税专用发票。使用，包括领购、开具、缴销、认证纸质增值税专用发票及其相应的数据电文。

（一）增值税专用发票的联次

增值税专用发票由基本联次或者基本联次附加其他联次构成。基本联次为3联：发票联、抵扣联和记账联。

（1）发票联，作为购买方核算采购成本和增值税进项税额的记账凭证。

（2）抵扣联，作为购买方报送税务机关认证和留存备查的扣税凭证。

（3）记账联，作为销售方核算销售收入和增值税销项税额的记账凭证。

其他联次的用途，由一般纳税人自行确定。

（二）增值税专用发票的领购

一般纳税人领购专用设备后，凭《发票领购簿》、金税盘（或IC卡）和经办人身份证明领购增值税专用发票。一般纳税人有下列情形之一的，不得领购开具增值税专用发票：

（1）会计核算不健全，不能向税务机关准确提供增值税销项税额、进项税额、应纳税额数据及其他有关增值税税务资料的。

（2）有《中华人民共和国税收征收管理法》规定的税收违法行为，拒不接受税务机关处理的。

（3）有下列行为之一，经税务机关责令限期改正而仍未改正的：

① 虚开增值税专用发票。

② 私自印制增值税专用发票。

③ 向税务机关以外的单位和个人买取增值税专用发票。

④ 借用他人增值税专用发票。

⑤ 未按规定开具增值税专用发票。

⑥ 未按规定保管增值税专用发票和专用设备。有下列情形之一的，为未按规定保管增值税专用发票和专用设备：

A. 未设专人保管增值税专用发票和专用设备。

B. 未按税务机关要求存放增值税专用发票和专用设备。

C. 未将认证相符的增值税专用发票抵扣联、"认证结果通知书"和"认证结果清单"装订成册。

D. 未经税务机关查验，擅自销毁增值税专用发票基本联次。

⑦ 未按规定申请办理防伪税控系统变更发行。

⑧ 未按规定接受税务机关检查。

有上列情形的，如已领购增值税专用发票，主管税务机关应暂扣其结存的增值税专用发票和IC卡。

（三）增值税专用发票的开具

1. 增值税专用发票的开具限额

增值税专用发票实行最高开票限额管理。最高开票限额，是指单份增值税专用发票开具的销售额合计数不得达到的上限额度。

最高开票限额由一般纳税人申请，税务机关依法审批。最高开票限额为10万元及10万元以下的，由区县级税务机关审批；最高开票限额为100万元的，由地市级税务机关审批；最高开票限额为1 000万元及以上的，由省级税务机关审批。防伪税控系统的具体发行工作由区县级税务机关负责。

2. 增值税专用发票的开具范围

纳税人发生应税销售行为，应当向索取增值税专用发票的购买方开具增值税专用发票，并在增值税专用发票上分别注明销售额和税额。

属于下列情形之一的，不得开具增值税专用发票：

（1）应税销售行为的购买方为消费者个人的。

（2）发生应税销售行为适用免税规定的。

（3）商业企业一般纳税人零售的烟、酒、食品、服装、鞋帽（不包括劳保专用部分）、化妆品等消费品的。

3. 增值税专用发票的开具要求

（1）项目齐全，与实际交易相符。

（2）字迹清楚，不得压线、错格。

（3）发票联和抵扣联加盖发票专用章。

（4）按照增值税纳税义务的发生时间开具。

4. 增值税专用发票开具的其他情形

增值税小规模纳税人（其他个人除外）发生增值税应税行为，需要开具增值税专用发票的，可以自愿使用增值税发票管理系统自行开具。选择自行开具增值税专用发票的小规模纳税人，税务机关不再为其代开增值税专用发票。

增值税小规模纳税人应当就开具增值税专用发票的销售额计算增值税应纳税额，并在规定的纳税申报期内向主管税务机关申报缴纳。

❖ 做中学 2-12

（判断题）增值税小规模纳税人不得领用增值税专用发票。（　　　）

［答案］×

［解析］增值税小规模纳税人（其他个人除外）发生增值税应税行为，需要开具增值税专用发票的，可以自愿使用增值税发票管理系统自行开具。

📑 推荐阅读

1.《中华人民共和国增值税暂行条例》（2009年1月1日起施行，2017年11月19日修订）

2.《中华人民共和国增值税暂行条例施行细则》（2009年1月1日起施行，2011年10月28日修订）

3.《关于增值税发票管理等有关事项的公告》（国家税务总局公告2019年第33号）

📖 职业能力训练

1. 某公司为增值税一般纳税人，11月销售钢材一批，开出增值税专用发票中注明销售额为90 000元，税额为11 700元；另开出一张增值税普通发票，收取包装费1 130元。当月购入生产用原材料一批，取得增值税专用发票列明价款60 000元，税率13%。计算该公司11月份销项税额、进项税额和应纳增值税税额。

2. 某大型商场为增值税一般纳税人，11月零售各类商品销售额为1 130万元（含增值税）。本月购进商品600万元，增值税专用发票上注明增值税78万元；支付水电费5万元，增值税专用发票上注明增值税0.61万元；10月份留抵进项税额为1.2万元。计算该商场当月应纳增值税税额。

3. 某纺织厂是一般纳税人，11月棉布产品销售300万元，化纤产品销售200万元，本厂产品用于职工福利50万元。同期收购免税棉花60万元，取得收购发票，全部投入使用。从化工厂购入化纤原料不含税价为100万元（已验收入库并取得增值税专用发票，适用13%税率）。计算该纺织厂当月应纳增值税税额。

4. 某个体户开设的修车店系小规模纳税人，11月修车取得营业收入51 500元，本月购入修车配件30 000元，增值税专用发票上注明税额5 100元。计算其当月应纳增值税税额。

5. 某电器厂为一般纳税人，11月发生下列经济业务：① 当月实现产品销售收入1 000 000元；② 为改善职工生活条件发放自产油烟机一批，同类产品销售价格是200 000元；③ 当月购进生产用原材料，购货金额500 000元，取得增值税专用发票，注明税额65 000元，原材料已验收入库；④ 支付运输企业运输费10 900万元（增值税专用发票上注明运费10 000元，增值税900元）；⑤ 当月购进计算机一批用作固定资产，取得的增值税专用发票上注明的税额是1.3万元。计算该电器厂当月销项税额、进项税额和应纳增值税税额。

6. 某商店系小规模纳税人，适用3%征收率。10月发生以下经济业务：① 销售服装开具的增值税普通发票上加税合计金额2 369元；② 购进办公用品一批，支付货款10 000元，增值税税款1 300元；③ 销售办公用品开具的增值税普通发票上价税合计金额8 446元；④ 销售给一般纳税人某公司仪器两台，取得不含增值税的销售额30 000元，增值税税款900元，增值税专用发票已由税务所代开。计算该商店10月份应纳增值税税额。

7. 某进出口公司10月进口一批货物，海关审定的关税完税价格为1 400万元，缴纳关税140万元，当月进出口公司又将该批货物全部销售给国内企业，销售额为3 600万元，该货物增值税税率为13%，计算该进出口公司应纳的进口环节增值税和国内销售环节增值税。

8. 某家具厂为增值税一般纳税人，11月初增值税留抵税额为零，11月该厂发生以下经济业务：① 外购用于生产家具的木材一批，全部价款已付并验收入库，取得对方开具的增值税专用发票注明的货款（不含增值税）为50万元，运输单位开具的增值税专用发票注明的运费金额为1万元；② 外购建筑涂料用于装饰厂办公楼，取得对方开具的增值税专用发票上注明的增值税税额为5.2万元，该批涂料已办理验收入库手续；③ 销售家具一批，取得销售额（含增值税）90.4万元。计算该家具厂11月份应缴纳的增值税税额。

第二章
交互式习题
自测

消费税法

第 三 章

学习目标

✥ 素养目标

- 明确消费税在促进产业结构调整、发展绿色低碳产业中的作用，培养绿色低碳、环保、健康的生活方式；
- 通过对消费税立法过程的了解，培养税收法治思维，树立诚实守信、依法纳税意识；
- 积极学习消费税及相关产业新知识，结合实际独立思考经济社会问题，具有创新意识。

✥ 知识目标

- 理解消费税的概念、特点；
- 掌握消费税的征收范围、纳税人、税目、税率等基本要素；
- 掌握应税消费品生产、销售和委托加工应税消费品的计税依据和适用税率的确定；
- 理解消费税的纳税义务发生时间、纳税期限、纳税地点等征收管理规定；
- 掌握增值税与消费税的区别与联系。

✥ 技能目标

- 能正确计算生产和销售应税消费品应纳消费税税额；
- 能正确计算委托加工应税消费品应纳消费税税额；
- 能正确计算零售及进口应税消费品应纳消费税税额。

思维导图

消费税法
- 消费税的基本要素
  - 消费税的概念与特点
  - 消费税的纳税人
  - 消费税的征税范围
  - 消费税的税目和税率
  - 消费税的纳税环节
- 消费税应纳税额的计算
  - 从价定率
  - 从量定额
  - 复合计税
- 消费税的征收管理
  - 纳税义务发生时间
  - 纳税期限
  - 纳税地点

学习计划

● 素养提升计划

_____

● 知识学习计划

_____

● 技能训练计划

_____

第一节　消费税的基本要素

一、消费税的概念与特点

（一）概念

消费税是对在我国境内生产、委托加工、零售及进口的应税消费品征收的一种税。目前，我国应税消费品15类，消费税属于流转税。消费税法是国家制定的调整消费税征收与缴纳之间权利及义务关系的法律规范。

我国现行消费税法的基本规范，是2008年11月经国务院第34次常务会议修订通过并颁布，自2009年1月1日起施行的《中华人民共和国消费税暂行条例》（简称《消费税暂行条例》），以及2008年12月财政部和国家税务总局修订的《中华人民共和国消费税暂行条例实施细则》（简称《消费税暂行条例实施细则》）。

广义上看，消费税应对所有消费品包括生活必需品和日用品普遍征税。但从征收实践上看，消费税主要指对特定消费品或特定消费行为等征税，属于间接税，税收随价格转嫁给消费者负担，消费者是税款的实际负担者。

消费税法与
我国税收法
治建设

（二）特点

1. 征税对象的选择性

我国消费税的征税对象虽然是消费品，但并不是对所有的消费品都征收消费税，而只是选择了一部分特殊消费品、奢侈品、高能耗消费品和不可再生的稀缺资源消费品作为征收范围。

2. 征收环节的单一性

只在生产销售环节、委托加工环节和进口环节征税，个别消费品是在零售环节征收，如金银首饰。

3. 适用税率的差别性

消费税税率的设计有明显的政策意图，现有14个档次的税率（税额），其中，比例税率10档，最高为56%，最低1%。平均税率水平比较高且税负差异大。消费税的平均税率水平比较高，并且不同征税项目的税负差异较大。如小汽车按排气量大小划分，最低税率1%，最高税率40%。

4. 征收方法的多样性

既采用对消费品规定单位税额，以消费品的数量实行从量定额的计税方法，也采用对消费品制定比例税率，以消费品的价格实行从价定率的计税方法。对卷烟、白酒还采用了从量征收与从价征收相结合的复合计税方式。

消费税对谁征

二、消费税的纳税人

在中华人民共和国境内生产、委托加工、零售及进口应税消费品的单位和个人，为消费税纳税义务人。

单位是指国有企业、集体企业、私有企业、股份制企业、外商投资企业和外国企业、其他企业和行政单位、事业单位、军事单位、社会团体及其他单位。

个人是指个体经营者及其他个人。

在中华人民共和国境内是指生产、委托加工和进口属于应当征收消费税的消费品的起运地或所在地在境内。

三、消费税的征税范围

消费税征税范围的确定，立足于我国的经济发展水平、国家的消费政策和产业政策，充分考虑人民的生活水平、消费水平和消费结构状况，注重保证国家财政收入的稳定增长，并适当借鉴国外征收消费税的成功经验和国际通行做法。

我国现行消费税的征税范围为生产、委托加工、零售和进口的应税消费品。主要包括：

（1）一些过度消费会对身体健康、社会秩序、生态环境等方面造成危害的特殊消费品，如烟，酒，鞭炮、焰火；

（2）奢侈品和非生活必需品，如贵重首饰及珠宝玉石、高档化妆品；

（3）高能耗及高档消费品，如摩托车、小汽车、高尔夫球及球具、游艇；

（4）不可再生和替代的石油类消费品，如成品油、木制一次性筷子、实木地板；

消费税的征税范围不是一成不变的，随着我国市场经济的发展，还会根据国家的经济政策、经济情况及消费结构的变化进行适当的调整。

❖ 价值引领

消费税促进产业结构调整，倡导绿色消费

党的二十大报告指出，加快发展方式绿色转型，加快推动产业结构调整优化，发展绿色低碳产业，倡导绿色消费，推动形成绿色低碳的生产方式和生活方式。到2035年广泛形成绿色生产生活方式，碳排放达峰后稳中有降，生态环境根本好转，美丽中国目标基本实现。

消费税促进产业结构调整，倡导绿色消费

消费税是在对货物普遍征收增值税的基础上，选择一些过度消费会对身体健康、社会秩序、生态环境等方面造成危害，奢侈品和非生活必需品，高能耗及高档消费品，不可再生和替代的石油类消费品，再征收一道消费税，具有优化产业调控功能、引导社会合理消费。

消费税对产业的调控功能体现在对应税消费品的"特殊对待"，即对特定消费品加征消费税，因而影响了该类消费品的价格机制，从而影响生产者和消费者的选择，最终引导消费税对产业进行调控。从消费者的选择看，消费税为间接税，其税负最终由消费者承担，一般情况下，消费者更会选择那些低税负的消费品来降低自己的消费成本。从生产者角度看，由于目前我国消费税的征税环节大多集中在生产环节，对特定商品征税，从而激发生产者的生产策略，生产者一方面会改革生产技术，减少征税的资源性材料的消耗；另一方面会愿意去投资生产那些低税负的消费品，而减少对高税负消费品的投入。这样即对我国的产业进行了调控，在一定程度上体现了国家的政策意志要求。如通过对成品油和小汽车征收消费税，目的就是希望通过消费税来优化产业调控，倒逼高污染产业进行技术革新和生产升级，也可以使得消费者选择低污染、低耗能的产品，引导绿色消费。

1994年消费税应税消费品11类：烟；酒及酒精；化妆品；护肤护发品；贵重首饰及珠宝玉石；鞭炮、焰火；汽油；柴油；汽车轮胎；摩托车；小汽车。

2006年3月21日国家税务总局发布《关于调整和完善消费税政策的通知》，将税目由原来的11个调整为13个：烟；酒；高档化妆品；贵重首饰及珠宝玉石；鞭炮、焰火；成品油；摩托车；小汽车；高尔夫球及球具；高档手表；游艇；木制一次性筷子；实木地板。

为促进节能环保，经国务院批准，自2015年2月1日起对电池、涂料征收消费税。消费税税目变为现在的15个税目。

由于税负的转嫁性以及消费税间接税的因素，消费税的生产者以及中间者都会将税负依托于商品价格之中转嫁给消费者承担，因此消费税最终体现在消费者身上。我国消费税针对特定消费品的征税，通过对这些消费品加征消费税，使其价格上升，可以使部分消费者转而寻找其他消费品替代，从而达到消费税引导其合理消费的功能价值。消费税的引导作用也是政府干预市场经济的一种手段，其意在引导居民合理消费、健康消费，抑制超前消费、污染消费。

四、消费税的税目和税率

(一) 税目

我国现行消费税设置了15个税目、33个征税子项目。消费税税目具体包括：

1. 烟

凡是以烟叶为原料加工生产的产品，不论使用何种辅料，均属于本税目的征收范围，包括卷烟、雪茄烟、烟丝和电子烟4个子目。其中"卷烟"又分"甲类卷烟"和"乙类卷烟"。

2. 酒

酒是酒精度在1度以上的各种酒类饮料，包括白酒、黄酒、啤酒和其他酒4个子目。其中"啤酒"又分为"甲类啤酒"和"乙类啤酒"。

对饮食业、商业、娱乐业举办的啤酒屋（或啤酒坊）利用啤酒生产设备生产的啤酒，应当征收消费税。果啤属于啤酒，按啤酒征收消费税。

3. 高档化妆品

高档化妆品包括高档美容、修饰类化妆品、高档护肤类化妆品和成套化妆品。

高档美容、修饰类化妆品和高档护肤类化妆品是指生产（进口）环节销售（完税）价格（不含增值税）在10元/毫升（克）或15元/片（张）及以上的美容、修饰类化妆品和护肤类化妆品。美容、修饰类化妆品是指香水、香水精、香粉、口红、指甲油、胭脂、眉笔、唇笔、蓝眼油、眼睫毛以及成套化妆品。

舞台、戏剧、影视演员化妆用的上妆油、卸妆油和油彩，不属于本税目的征收范围。

4. 贵重首饰及珠宝玉石

本税目征收范围包括以金、银、白金、宝石、珍珠、钻石、翡翠、珊瑚、玛瑙等高贵稀有物质以及其他金属、人造宝石等制作的各种纯金银首饰及镶嵌首饰和经采掘、打磨、加工的各种珠宝玉石。对出国人员免税商店销售的金银首饰应当征收消费税。

5. 鞭炮、焰火

本税目征收范围包括各种鞭炮、焰火。体育上用的发令纸、鞭炮药引线，不按本税目征收。

6. 成品油

本税目征收范围包括汽油、柴油、石脑油、溶剂油、航空煤油、润滑油、燃料油7个子目。目前，航空煤油暂缓征收消费税。

7. 小汽车

小汽车是指由动力驱动，具有4个或4个以上车轮的非轨道承载的车辆，包括乘用车、中轻型商用客车和超豪华小汽车3个子税目。

电动汽车不属于本税目征收范围。车身长度大于7米（含），并且座位在10~23座（含）以下的商用客车，不属于中轻型商用客车征税范围，不征收消费税。沙滩车、雪地车、卡丁车、高尔夫车不属于消费税征收范围，不征收消费税。

8. 摩托车

本税目征收范围包括气缸容量为250毫升（含）以上的摩托车和气缸容量在250毫升（不含）以上的摩托车两种。气缸容量在250毫升（不含）以下的小排量摩托车不征收消费税。

9. 高尔夫球及球具

高尔夫球及球具是指从事高尔夫球运动所需的各种专用装备，包括高尔夫球、高尔夫球杆及高尔夫球包（袋）等。

本税目征收范围包括高尔夫球、高尔夫球杆、高尔夫球包（袋）。高尔夫球杆的杆头、杆身和握把也属于本税目的征收范围。

10. 高档手表

本税目征收范围包括销售价格（不含增值税）每只在10 000元（含）以上的各类手表。

11. 游艇

本税目征收范围包括长度大于8米（含）小于90米（含），船体由玻璃钢、钢、铝合金、塑料等多种材料制作，可以在水上移动的水上浮载体。按照动力划分，游艇分为无动力艇、帆艇和机动艇。

12. 木制一次性筷子

木制一次性筷子，又称卫生筷子，是指以木材为原料经过锯段、浸泡、旋切、刨切、烘干、筛选、打磨、倒角、包装等环节加工而成的各类供一次性使用的筷子。未经打磨、倒角的木制一次性筷子属于本税目征税范围。

13. 实木地板

实木地板是指以木材为原材料，经锯割、干燥、刨光、截断、开榫、涂漆等工序加工而成的块状或条状的地面装饰材料。

本税目征收范围包括各类规格的实木地板、实木指接地板、实木复合地板及用于装饰墙壁、天棚的侧端面为榫、槽的实木装饰板。未经涂饰的素板也属于本税目征税范围。

14. 电池

本税目征收范围包括原电池、蓄电池、燃料电池、太阳能电池和其他电池。

15. 涂料

涂料是指涂于物体表面能形成具有保护、装饰或特殊性能的固态涂膜的一类液体或固体材料的总称。

❖ **做中学 3-1**

（单选题）下列消费品中，征收消费税的是（　　　　）。

A. 高档茶叶　　　　　B. 酒　　　　C. 汽车轮胎　　　　D. 高档电视机

[答案] B

[解析] 根据《消费税暂行条例》的规定，列入征收消费税范围的税目有烟、酒等15类。

（二）税率

消费税采用比例税率（定率）、定额税率（定额）和复合税率（比例和定额）三种形式。

1. 比例税率（定率）

比例税率分为12个档次，1%、3%、4%、5%、9%、10%、12%、15%、30%、36%、40%、56%，最低为1%、最高为56%。例如，雪茄烟税率为36%、烟丝税率为30%，高档化妆品税率为15%等。

2. 定额税率（定额）

采用定额税率的有黄酒、啤酒、成品油，按单位重量或单位体积确定单位税额，其中黄酒每吨240元，啤酒每吨250元或220元，成品油每升1.2元，柴油每升1.52元。

3. 复合税率（比例和定额）

复合税率即采用比例税率和定额税率双重征收形式的，如卷烟和白酒。甲类卷烟按56%，再加0.003元/支征收，乙类卷烟按36%，再加0.003元/支征收；白酒按20%，再加0.5元/500克（或者500毫升）征收。

消费税税目税率（税额）表，如表3-1所示。

表3-1　消费税税目税率（税额）表

税目		税率		
		生产（进口）环节	批发环节	零售环节
一、烟	1. 卷烟			
	（1）甲类卷烟［每标准条（200支，下同）调拨价格在 70元（不含增值税）以上（含70元）的卷烟］	56% 加 0.003元/支	11% 加 0.005元/支	
	（2）乙类卷烟［指每标准条调拨价格在 70 元（不含增值税）以下的卷烟］	36% 加 0.003元/支		
	2. 雪茄烟	36%		
	3. 烟丝	30%		
	4. 电子烟	36%	11%	
二、酒	1. 白酒	20% 加0.5元/500克（或者500毫升）		
	2. 黄酒	240元/吨		
	3. 啤酒			
	（1）甲类啤酒［每吨出厂价（含包装物及包装物押金）在3 000元（含3 000元，不含增值税）以上的］	250元/吨		
	（2）乙类啤酒［每吨出厂价（含包装物及包装物押金）在3 000元（不含增值税）以下的］	220元/吨		
	4. 其他酒	10%		
三、高档化妆品		15%		

税目		税率		
		生产（进口）环节	批发环节	零售环节
四、贵重首饰及珠宝玉石	1. 金银首饰、铂金首饰和钻石及钻石饰品			5%
	2. 其他贵重首饰及珠宝玉石	10%		
五、鞭炮、焰火		15%		
六、成品油	1. 汽油	1.52元/升		
	2. 柴油	1.2元/升		
	3. 航空煤油	1.2元/升		
	4. 石脑油	1.52元/升		
	5. 溶剂油	1.52元/升		
	6. 润滑油	1.52元/升		
	7. 燃料油	1.2元/升		
七、摩托车	1. 气缸容量（排气量，下同）250毫升（含）以下的	3%		
	2. 气缸容量250毫升（不含）以上的	10%		
八、小汽车	1. 乘用车			
	（1）气缸容量在1.0升（含1.0升）以下的	1%		
	（2）气缸容量在1.0升以上至1.5升（含1.5升）的	3%		
	（3）气缸容量在1.5升以上至2.0升（含2.0升）的	5%		
	（4）气缸容量在2.0升以上至2.5升（含2.5升）的	9%		
	（5）气缸容量在2.5升以上至3.0升（含3.0升）的	12%		

税目	税率		
	生产（进口）环节	批发环节	零售环节
八、小汽车 （6）气缸容量在3.0升以上至4.0升（含4.0升）的	25%		
（7）气缸容量在4.0升以上的	40%		
2. 中轻型商用客车	5%		
3. 超豪华小轿车			10%
九、高尔夫球及球具	10%		
十、高档手表	20%		
十一、游艇	10%		
十二、木制一次性筷子	5%		
十三、实木地板	5%		
十四、电池	4%		
十五、涂料	4%		

做中学 3-2

（多选题）下列应税消费品中，采用从价从量复合计征消费税的有（　　　　　）。

A. 卷烟　　　　　B. 柴油　　　　　C. 啤酒　　　　　D. 白酒

［答案］AD

［解析］采用复合计征即比例税率和定额税率双重征收形式的，有卷烟和白酒，其中甲类卷烟按56%，再加0.003元/支征收，乙类卷烟36%，再加0.003元/支征收；白酒按20%，再加0.5元/500克（或者500毫升）征收。

　　纳税人兼营不同税率的应税消费品，应当分别核算不同税率应税消费品的销售额、销售数量。未分别核算销售额、销售数量，或者将不同税率的应税消费品组成成套消费品销售的，从高适用税率。例如，某酒厂既生产税率为20%的粮食白酒，又生产税率为10%的其他酒，如汽酒、药酒等，该酒厂应分别核算白酒与其他酒的销售额，然后按各自适用的税率计税；如不分别核算各自的销售额，其他酒也按白酒的税率计算纳税。如果该酒厂还生产白酒与其他酒小瓶装礼品套酒，就是税法所指的成套消费品，应将全部销售额按白酒20%的税率计算应纳消费税税额，而不能以其他酒10%的税率计算其中任何一部分的应纳税额。对未分别核算的销售额按高税率计税，意在督促企业对不同税率应税消费品的销售额分别核算，准确计算纳税。

五、消费税的纳税环节

消费税属于价内税，与增值税多环节征税相比，实行单一环节征收。

（一）纳税环节的一般规定

消费税一般在应税消费品的生产、委托加工、进口和销售环节缴纳。

（1）生产销售应税消费品的纳税环节。纳税人生产的应税消费品，于销售时纳税。

（2）自产自用应税消费品的纳税环节。纳税人自产自用的应税消费品，用于连续生产应税消费品的，不纳税；用于生产非应税消费品和在建工程、管理部门、非生产机构、提供劳务，以及用于馈赠、赞助、集资、广告、样品、职工福利、奖励等方面的应税消费品，于移送使用时纳税。

（3）委托加工应税消费品的纳税环节。委托加工的应税消费品，由受托方在向委托方交货时代收代缴税款；纳税人委托个体经营者加工应税消费品，一律于委托方收回后在委托方所在地缴纳消费税。对于委托加工收回的应税消费品，若委托方用于连续生产应税消费品，则所纳税款准予按规定抵扣；若直接出售的，则不再征收消费税。

（4）进口应税消费品的纳税环节。进口的应税消费品，于报关进口时纳税。

做中学 3-3

（判断题）委托加工应税消费品的，一律由受托方代收代缴消费税。（　　）

［答案］×

［解析］委托加工的应税消费品，由受托方在向委托方交货时代收代缴税款；纳税人委托个体经营者加工应税消费品，一律于委托方收回后在委托方所在地缴纳消费税。

（二）纳税环节的特殊规定

金银首饰（含镶嵌首饰）从1995年1月1日起，钻石及钻石饰品从2002年1月1

日起由生产销售环节征税改为零售环节征税。

　　需要注意的是，对既销售金银首饰，又销售非金银首饰的生产经营单位，应将两类商品划分清楚，分别核算销售额。凡划分不清楚或不能分别核算的，在生产环节销售的，一律从高适用税率征收消费税；在零售环节销售的，一律按金银首饰征收消费税。金银首饰与其他产品组成成套消费品销售的，应按销售额全额征收消费税。

第二节　消费税应纳税额的计算

❖ 引例

　　汇通商贸公司为增值税一般纳税人，兼营商品加工、批发、零售和进出口业务，5月发生经济业务如下：

　　1. 进口高档化妆品一批，海关核定的关税完税价格为170万元，按规定申报缴纳进口环节关税、消费税和增值税。

　　2. 受托加工高档化妆品一批，委托方提供的原材料成本55万元，加工完成后收取含增值税的加工费和辅助材料费共计33.9万元，该高档化妆品在当地无同类产品市场价格。

　　3. 收购免税农产品一批，支付价款60万元；支付购买农产品的运输费用，取得增值税专用发票注明金额2万元，税额0.18万元。当月将购回免税农产品的30%用于职工食堂。

　　4. 购进其他商品，取得增值税专用发票注明金额200万元，税额26万元。

　　5. 将进口化妆品的85%重新加工制作成套装化妆品，当月销售给其他商场，取得不含增值税销售额450万元；销售给消费者个人，取得含增值税销售额56.5万元。

　　6. 销售除化妆品以外的其他商品，取得不含增值税销售额300万元。

　　7. 没收化妆品的逾期包装物押金11.3万元。

　　已知：关税税率为10%，高档化妆品消费税税率为15%，农产品的扣除率为9%；当月取得的票据符合税法规定，并在当月勾选认证。

1. 分别计算该公司进口环节应缴纳的关税税额、消费税税额和增值税税额。

2. 计算该公司加工环节应代收代缴的消费税税额。

3. 计算该公司境内销售环节应缴纳的消费税税额。

4. 计算该公司境内销售环节增值税销项税额。

5. 计算该公司境内销售环节准予抵扣的增值税进项税额。

按现行税法规定，消费税应纳税额的计算分为从价定率、从量定额、复合计税三种方法。

一、从价定率

纳税人在生产销售环节应缴纳的消费税，包括直接对外销售应税消费品应缴纳的消费税和自产自用应税消费品应缴纳的消费税。

从价定率计税方法下，应纳税额等于应税消费品的销售额乘以适用税率，应纳税额的多少取决于应税消费品的销售额和适用税率两个因素。计算公式为：

$$应纳税额=销售额×比例税率$$

（一）自产自销应纳消费税的计算

1. 销售额的确定

销售额为纳税人销售应税消费品向购买方收取的全部价款和价外费用。与增值税销售额的确定相同。

应税消费品的销售额，不包括应向购买方收取的增值税税款。如果纳税人应税消费品的销售额中未扣除增值税税款或者因不得开具增值税专用发票而发生价款和增值税税款合并收取的，应将含增值税的销售额换算为不含增值税税款的销售额。其换算公式为：

$$应税消费品的销售额=含增值税的销售额/（1+增值税税率或征收率）$$

公式中增值税税率或征收率是指，如果消费税的纳税人是增值税一般纳税人的，应适用13%的增值税税率；如果消费税的纳税人是增值税小规模纳税人的，应适用3%的征收率。

需要注意的是：

（1）实行从价定率法计算应纳税额的应税消费品连同包装物销售的，不论包装物是否单独计价，也不论在会计上如何核算，均应并入应税消费品的销售额中征收消费税。

（2）如果包装物不作价随同产品销售，而是收取押金，此项押金则不应并入应税消费品的销售额中征税。但对因逾期未收回的包装物不再退还的或者已收取的时间超过12个月的押金，应并入应税消费品的销售额，按照应税消费品的适用税率缴纳消费税。

（3）对既作价随同应税消费品销售，又另外收取押金的包装物，凡纳税人在规定的期限内没有退还的，均应并入应税消费品的销售额，按照应税消费品的适用税率缴纳消费税。

（4）对销售啤酒、黄酒外的其他酒类产品而收取的包装物押金，无论是否返还以及会计上如何核算，均应并入当期销售额征税。

（5）白酒生产企业向商业销售单位收取的"品牌使用费"是随着应税白酒的销售而向购买方收取的，属于应税白酒销售价款的组成部分，因此，不论企业采取何种方式或以何种名义收取价款，均应并入白酒的销售额中缴纳消费税。

（6）纳税人销售的应税消费品，以外汇结算销售额的，其销售额的人民币折合率可以选择结算的当天或者当月1日的国家外汇牌价（原则上为中间价）。纳税人应在事先确定采取何种折合率，确定后1年内不得变更。

做中学 3-4

（计算分析题）丽人化妆品有限公司为增值税一般纳税人。6月15日向某大型商场销售高档化妆品一批，开具增值税专用发票，取得不含增值税销售额50万元，增值税税额6.5万元；6月20日向某单位销售高档化妆品一批，开具增值税普通发票，取得含增值税销售额4.64万元。计算该公司上述业务应缴纳的消费税税额。

［解析］高档化妆品适用消费税税率15%。

化妆品的应税销售额=50+4.64/（1+13%）≈54.11（万元）

应缴纳的消费税税额=54.11×15%≈8.12（万元）

2. 纳税人通过自设非独立核算门市部销售应税消费品的计税

纳税人通过自设非独立核算门市部销售的自产应税消费品，应当按照门市部对外销售额或者销售数量征收消费税。

做中学 3-5

（计算分析题）某摩托车生产企业为增值税一般纳税人，6月份将生产的某型号摩托车30辆，以每辆出厂价12 000元（不含增值税）给自设非独立核算的门市部；门市部又以每辆16 950元（含增值税）销售给消费者。计算摩托车生产企业6月应缴纳的消费税税额。

［解析］应缴纳的消费税税额=16 950÷（1+13%）×30×10%=450 000×10%=45 000（元）

3. 外购应税消费品连续生产应税消费品

由于某些应税消费品是用外购已缴纳消费税的应税消费品连续生产出来的，在对这些连续生产出来的应税消费品计算征税时，为了避免重复征税，税法规定可从其应纳消费税税额中扣除当期生产领用的外购已税消费品的已纳税额。扣除范围包括：

（1）外购已税烟丝生产的卷烟。

（2）外购已税高档化妆品为原料生产的高档化妆品。

（3）外购已税珠宝、玉石为原料生产的贵重首饰及珠宝、玉石。

（4）外购已税鞭炮、焰火为原料生产的鞭炮、焰火。

（5）外购已税杆头、杆身和握把为原料生产的高尔夫球杆。

（6）外购已税木制一次性筷子为原料生产的木制一次性筷子。

（7）外购已税实木地板为原料生产的实木地板。

（8）外购已税汽油、柴油、石脑油、燃料油、润滑油为原料连续生产的应税成品油。

上述当期准予扣除外购应税消费品已纳消费税税款的计算公式为：

$$\begin{array}{l}\text{当期准予扣除的外购}\\\text{应税消费品已纳税款}\end{array}=\begin{array}{l}\text{当期准予扣除的}\\\text{外购应税消费品买价}\end{array}\times\begin{array}{l}\text{外购应税消费品}\\\text{适用税率}\end{array}$$

$$\begin{array}{l}\text{当期准予扣除的外购}\\\text{应税消费品买价}\end{array}=\begin{array}{l}\text{期初库存的外购}\\\text{应税消费品的买价}\end{array}+\begin{array}{l}\text{当期购进的应税}\\\text{消费品的买价}\end{array}-\begin{array}{l}\text{期末库存的外购}\\\text{应税消费品的买价}\end{array}$$

需要说明的是，不是所有的应购已税消费品税额都可扣除，只有上述8项扣除范围的才准扣除。

外购应税消费品的买价是指购货发票上注明的销售额（不包括增值税税款）。

纳税人用外购已税珠宝玉石生产的在零售环节征收消费税的金银首饰（镶嵌首饰），在计税时一律不得扣除外购珠宝玉石的已纳税款。

做中学 3-6

（计算分析题）某卷烟生产企业，某月初库存外购应税烟丝金额40万元，当月又外购应税烟丝金额100万元（不含增值税），月末库存烟丝金额20万元，其余被当月生产卷烟领用。计算当月准予扣除的外购烟丝已纳的消费税税款。

［解析］烟丝适用的消费税税率为30%。

当月准予扣除的外购烟丝买价=40+100−20=120（万元）

当月准予扣除的外购烟丝已纳消费税税款=120×30%=36（万元）

（二）自产自用应纳消费税的计算

自产自用是指纳税人生产应税消费品后，不是用于直接对外销售，而是用于自己连续生产应税消费品或用于其他方面。

（1）纳税人自产自用的应税消费品，用于连续生产应税消费品的不纳税。所谓"纳税人自产自用的应税消费品，用于连续生产应税消费品的"，是指作为生产最终应税消费品的直接材料，并构成最终产品实体的应税消费品。例如：卷烟厂生产出烟丝，烟丝已是应税消费品，卷烟厂再用生产出的烟丝连续生产卷烟，这样，用于连续生产卷烟的烟丝就不缴纳消费税，只对生产的卷烟征收消费税。当然，生产出的烟丝如果是直接销售的，则烟丝还是要缴纳消费税的。对自产自用的应税消费品，用于连续生产应税消费品的不征税，体现了税不重征且计税简便的原则。

（2）纳税人自产自用的应税消费品，用于其他方面的，于移送使用时纳税。纳税人自产自用的应税消费品，除用于连续生产应税消费品外，凡用于其他方面的是指纳税人用于生产非应税消费品、在建工程、管理部门、非生产机构、提供劳务，以及用于馈赠、赞助、集资、广告、样品、职工福利、奖励等方面的应税消费品。其销售额按以下顺序确定：

① 按纳税人当月销售同类消费品的销售价格计算；如果当月同类消费品当期销售价格高低不同，按销售数量加权平均计算。但销售价格明显偏低又无正当理由的，或者无销售价格的，不能列入加权平均计算。

做中学 3-7

（计算分析题）利民公司为日化生产企业9月份分三批销售同一高档化妆品，第一批销售3 000箱，销售额为280万元；第二批销售1 000箱，销售额为260万元；第三批销售4 000箱，销售额为240万元。计算该化妆品当月的加权平均销售价格。

[解析]加权平均销售价格=（2 800 000+2 600 000+2 400 000）÷（3 000+1 000+4 000）

=975（元/箱）

② 如果当月无销售或当月未完结的，按照同类消费品上月或最近月份的销售价格计算。

③ 如果没有同类消费品销售价格的，按组成计税价格计算，其计算公式为：

组成计税价格=（成本+利润）÷（1-消费税税率）

上述公式中，"成本"是指应税消费品的产品生产成本。"利润"是指根据应税消费品的全国平均成本利润率计算的利润。应税消费品全国平均成本利润率由国家税务总局确定（见表3-2）。

表3-2 应税消费品全国平均成本利润率

1. 甲类卷烟	10%	11. 贵重首饰及珠宝玉石	6%
2. 乙类卷烟	5%	12. 摩托车	6%
3. 雪茄烟	5%	13. 高尔夫球及球具	10%
4. 烟丝	5%	14. 高档手表	20%
5. 电子烟	10%	15. 游艇	10%
6. 粮食白酒	10%	16. 木制一次性筷子	5%
7. 薯类白酒	5%	17. 实木地板	5%
8. 其他酒	5%	18. 乘用车	8%
9. 高档化妆品	5%	19. 中轻型商用客车	5%
10. 鞭炮、焰火	5%		

做中学 3-8

（计算分析题）丽人化妆品公司将自制高档化妆品一批分给本厂职工，无同类产品销售价，已知这批高档化妆品的成本为50 000元。计算其应纳消费税税额。

[解析]有同类产品售价的按同类产品售价计算，没有同类产品售价的按组成计税价格计算。

组成计税价格=（50 000+50 000×5%）÷（1-15%）=61 764.71（元）

应纳消费税税额=61 764.71×15%=9 264.71（元）

④ 纳税人用于换取生产资料和消费资料、投资入股和抵偿债务等方面的应税消费

品，以纳税人同类应税消费品的最高销售价格为计税依据。

议一议

纳税人自产自用应税消费品，用于连续生产应税消费品的，不纳税；用于其他方面要纳税。为什么？

做中学 3-9

（计算分析题）某汽车制造厂以自产小汽车（气缸容量1.8升）20辆换取某钢厂生产的钢材400吨，每吨钢材3 200元。该厂生产的同一型号小汽车销售价格分别为9.5万元/辆、9万元/辆和8.5万元/辆，计算用于换取钢材的小汽车应纳消费税税额（以上价格不含增值税）。

[解析] 小汽车（气缸容量1.8升）适用的消费税税率为5%。

应纳消费税税额=销售额×税率=9×20×5%=9（万元）

（三）委托加工环节应纳消费税的计算

企业、单位或个人由于设备、技术、人力等方面的局限或其他方面的原因，常常要委托其他单位代为加工应税消费品，然后将加工好的应税消费品收回，直接销售或自己使用。例如，某企业将购来的小客车底盘和零部件提供给某汽车改装厂，加工组装成小客车供自己使用，则加工、组装成的小客车就需要缴纳消费税。

按照规定，委托加工的应税消费品，由受托方（受托方是个人的除外，下同）在向委托方交货时代收代缴消费税税款。

1. 委托加工应税消费品的确定

委托加工的应税消费品是指由委托方提供原料和主要材料，受托方只收取加工费和代垫部分辅助材料加工的应税消费品。

议一议

委托加工应税消费品与自制应税消费品有何不同？

需要注意的是，委托加工的认定条件：必须是原料和主要材料由委托方提供，受托方只收取加工费和辅助材料。下列情况不属于消费税所说的委托加工：① 由受托方提供原材料生产的应税消费品。② 受托方先将原材料卖给委托方，然后再接受加工的应税消费品。③ 由受托方以委托方名义购进原材料生产的应税消费品。上述三种情况，不论纳税人在财务上是否做销售处理，都不得作为委托加工应税消费品，而应当按照销售自制应税消费品缴纳消费税。

— 温馨提示 —

> 税法对委托方提供原料和主要材料，并要以明确的方式如实提供材料成本，其目的是防止假冒委托加工应税消费品或少报材料成本，逃避纳税的现象。

2. 计税依据的确定及应纳税额的计算

委托加工的应税消费品，按照受托方的同类消费品的销售价格计算纳税。"同类消费品的销售价格"是指受托方（即代收代缴义务人）当月销售的同类消费品的销售价格，如果当月同类消费品各期销售价格高低不同，应按销售数量加权平均计算。但销售的应税消费品有下列情况之一的，不得列入加权平均计算：

（1）销售价格明显偏低又无正当理由的。

（2）无销售价格的。如果当月无销售或者当月未完结，应按照同类消费品上月或最近月份的销售价格计算纳税。没有同类消费品销售价格的，按照组成计税价格计算纳税。

实行从价定率法计算纳税的组成计税价格，其计算公式为：

组成计税价格=（材料成本+加工费）÷（1−比例税率）

实行复合计税法计算纳税的组成计税价格，其计算公式为：

组成计税价格=（材料成本+加工费+委托加工数量×定额税率）÷（1−比例税率）

上述组成计税价格计算公式中有两个重要的专用名词解释如下：

① 材料成本。材料成本是指委托方所提供加工材料的实际成本。委托加工应税消费品的纳税人，必须在委托加工合同上如实注明（或以其他方式提供）材料成本，凡未提供材料成本的，受托方所在地主管税务机关有权核定其材料成本。

② 加工费。加工费是指受托方加工应税消费品向委托方所收取的全部费用（包括代垫辅助材料的实际成本，不包括增值税税额），这是税法对受托方的要求。受托方必须如实提供向委托方收取的全部费用，这样才能既保证组成计税价格及代收代缴消费税准确地计算出来，同时也使受托方按加工费应纳的增值税得以正确计算。

做中学 3-10

（计算分析题）甲企业委托乙企业加工某产品，甲企业提供的材料成本为50 000元，支付加工费2 500元（含乙企业代垫辅助材料成本6 000元），计算该企业应纳消费税税额（消费税税率为10%）。

［解析］乙企业代垫的辅助材料作为材料成本。

组成计税价格=（50 000+25 000+6 000）÷（1−10%）=90 000（元）

应纳消费税税额=90 000×10%=9 000（元）

3. 委托加工收回的应税消费品

消费税为单环节征收，委托加工应税消费品已由受托方代收代缴税款。因此，加工完成收回后，应区分两种情况：

（1）委托方将委托加工的应税消费品收回后直接出售的，不再征收消费税；

（2）收回后用于连续生产应税消费品的，其已纳税款准予按当期投入生产的比例抵扣，但委托加工的已税酒和酒精生产的酒不能抵扣。

委托加工的应税消费品因为已由受托方代收代缴消费税，因此委托方收回货物后用于连续生产应税消费品的，其已纳税款准予按照规定从连续生产的应税消费品应纳消费税税额中抵扣。按现行规定，下列连续生产的应税消费品准予从应纳消费税税额中按当期生产领用数量计算扣除委托加工收回的应税消费品已纳消费税税款：

① 以委托加工收回的已税烟丝为原料生产的卷烟。

② 以委托加工收回的已税高档化妆品为原料生产的高档化妆品。

③ 以委托加工收回的已税珠宝、玉石为原料生产的贵重首饰及珠宝、玉石。

④ 以委托加工收回的已税鞭炮、焰火为原料生产的鞭炮、焰火。

⑤ 以委托加工收回的已税杆头、杆身和握把为原料生产的高尔夫球杆。

⑥ 以委托加工收回的已税木制一次性筷子为原料生产的木制一次性筷子。

⑦ 以委托加工收回的已税实木地板为原料生产的实木地板。

⑧ 以委托加工收回的已税汽油、柴油、石脑油、燃料油、润滑油为原料用于连续生产的应税成品油。

上述当期准予扣除委托加工收回的应税消费品已纳消费税税款的计算公式是：

$$\begin{array}{c}\text{当期准予扣除的委} \\ \text{托加工应税消费品} \\ \text{已纳税款}\end{array} = \begin{array}{c}\text{期初库存的委托} \\ \text{加工应税消费品} \\ \text{已纳税款}\end{array} + \begin{array}{c}\text{当期收回的委托} \\ \text{加工应税消费品} \\ \text{已纳税款}\end{array} - \begin{array}{c}\text{期末库存的委托} \\ \text{加工应税消费品} \\ \text{已纳税款}\end{array}$$

纳税人以进口、委托加工收回应税油品连续生产应税成品油，分别依据"海关进口消费税专用缴款书""税收缴款书（代扣代收专用）"，按照现行政策规定计算扣除应税油品已纳消费税税款。

纳税人以外购、进口、委托加工收回的应税消费品（简称外购应税消费品）为原料连续生产应税消费品，准予按现行政策规定抵扣外购应税消费品已纳消费税税款。

经主管税务机关核实上述外购应税消费品未缴纳消费税的，纳税人应将已抵扣的消费税税款，从核实当月允许抵扣的消费税中冲减。

需要注意的是，纳税人用委托加工收回的已税珠宝玉石生产的改在零售环节征收消费税的金银首饰（镶嵌首饰），在计税时一律不得扣除委托加工收回的珠宝玉石的已纳消费税税款。

（四）进口环节应纳消费税的计算

进口的应税消费品实行从价定率的，按照组成计税价格和规定的税率计算应纳税额。其计算公式为：

组成计税价格=（关税完税价格+关税）÷（1-消费税比例税率）

应纳税额=组成计税价格×消费税比例税率

公式中所称"关税完税价格"，是指海关核定的关税计税价格。

❖ **做中学 3-11**

（计算分析题）某外贸企业2023年9月从国外进口一批汽车，已知该批汽车的关税完税价格为180万元，按规定应缴纳关税36万元，汽车消费税税率为25%。计算进口环节应纳的消费税。

［解析］进口货物一律按组成计税价格计算应纳税额。

组成计税价格=（180+36）÷（1-25%）=288（万元）

应纳税额=288×25%=72（万元）

❝ —议一议—

自产自用、委托加工、进口应税消费品组成计税价格有何不同？

二、从量定额

在从量定额计算方法下，应纳税额等于应税消费品的销售数量乘以单位税额，应纳税额的多少取决于应税消费品的销售数量和单位税额两个因素。计算公式为：

应纳税额=销售数量×定额税率

（一）销售数量的确定

销售数量是指纳税人生产、加工和进口应税消费品的数量。具体规定为：

（1）销售应税消费品的，为应税消费品的销售数量。

（2）自产自用应税消费品的，为应税消费品的移送使用数量。

（3）委托加工应税消费品的，为纳税人收回的应税消费品数量。

（4）进口的应税消费品，为海关核定的应税消费品进口征税数量。

（二）计量单位的换算标准

按照税法规定，黄酒、啤酒以吨为税额单位；汽油、柴油以升为税额单位。但是，考虑到在实际销售过程中，一些纳税人会把吨与升这两个计量单位混用，为了规范不同产品的计量单位，以准确计算应纳税额，各类应税消费品吨与升计量单位的换算标准，如表3-3所示。

表3-3　各类应税消费品吨与升计量单位的换算标准

序号	名称	计量单位的换算标准
1	黄酒	1吨=962升
2	啤酒	1吨=988升
3	汽油	1吨=1 388升
4	柴油	1吨=1 176升
5	航空煤油	1吨=1 246升
6	石脑油	1吨=1 385升
7	溶剂油	1吨=1 282升
8	润滑油	1吨=1 126升
9	燃料油	1吨=1 015升

 做中学 3-12

（计算分析题）某啤酒厂5月销售啤酒1 000吨，取得不含增值税销售额295万元，增值税税款38.35万元，另收取包装物押金23.4万元。计算该啤酒厂应纳消费税税额。

［解析］每吨啤酒出厂价=［295+23.4/（1+13%）］×10 000/1 000=3 157.08（元），大于3 000元，属于销售甲类啤酒，适用定额税率每吨250元。

应纳消费税税额=销售数量×定额税率=1 000×250=250 000（元）

三、复合计税

现行消费税的征税范围中，只有卷烟、白酒采用复合计算方法。基本计算公式为：

$$应纳税额=应税消费品的销售数量×定额税率+应税销售额×比例税率$$

做中学 3-13

（计算分析题）某白酒生产企业为增值税一般纳税人，4月销售白酒50吨，取得不含增值税的销售额200万元。计算白酒生产企业4月应缴纳的消费税税额。

[解析]白酒适用比例税率20%，定额税率每500克0.5元。

应纳消费税税额=50×2 000×0.00 005+200×20%=450 000（元）

做中学 3-14

（计算分析题）某卷烟厂10月销售A卷烟2 000标准箱，每箱售价22 000元；销售B卷烟600标准箱，每箱售价6 800元。计算该卷烟厂当月应纳的增值税税额。

[解析]卷烟实行从价从量计征。

A卷烟每标准条调拨价格=22 000÷50 000×200=88（元），适用比例税率56%。

B卷烟每标准条调拨价格=6 800÷50 000×200=27.2（元），适用比例税率36%。

卷烟厂当月应纳税额=（2 000+600）×150+（2 000×22 000×56%+600×6 800×36%）
=390 000+19 800 000+1 224 000=21 414 000（元）

引例分析3

1. 进口环节应缴纳的关税税额=170×10%=17（万元）

进口环节应缴纳的消费税税额=（170+17）÷（1-15%）×15%=33（万元）

进口环节应缴纳的增值税税额=（170+17）÷（1-15%）×13%=28.6（万元）

2. 加工环节应代收代缴的消费税税额=[55+33.9÷（1+13%）]÷（1-15%）×15%=15（万元）

3. 境内销售环节应缴纳的消费税税额=[450+56.5÷（1+13%）+11.3÷（1+13%）]×15%-33×85%=76.5-28.05=48.45（万元）

4. 境内销售环节增值税销项税额=[33.9÷（1+13%）+450+56.5÷（1+13%）+300+11.3÷（1+13%）]×13%=109.2（万元）

5. 境内销售环节准予抵扣的增值税进项税额=28.6+（60×9%+2×9%）×（1-30%）+26=58.506（万元）

第三节　消费税的征收管理

一、纳税义务发生时间

消费税纳税业务发生时间同增值税。纳税人销售的应税消费品，纳税义务发生时间按不同的销售结算方式分别确定：

（1）纳税人采取赊销和分期收款结算方式的，纳税义务发生时间为书面合同约定的收款日期的当天；书面合同没有约定收款日期或者无书面合同的，纳税义务发生时间为发出应税消费品的当天。

（2）纳税人采取预收货款结算方式的，纳税义务发生时间为发出应税消费品的当天。

（3）纳税人采取托收承付和委托银行收款结算方式的，纳税义务发生时间为发出应税消费品并办妥托收手续的当天。

（4）纳税人采取其他结算方式的，纳税义务发生时间为收讫销售款或者取得索取销售款凭据的当天。

（5）纳税人自产自用的应税消费品，纳税义务发生时间为移送使用的当天。

（6）纳税人委托加工应税消费品的，纳税义务发生时间为纳税人提货的当天。

（7）纳税人进口应税消费品的，纳税义务发生时间为报关进口的当天。

二、纳税期限

（1）按照税法规定，消费税的纳税期限分别为10日、15日、1个月、1个季度或者半年。纳税人的具体纳税期限，由主管税务机关根据纳税人应纳税额的大小分别核定。不能按照固定期限纳税的，可以按次纳税。

（2）纳税人以1个月、1个季度或者半年为一个计税期间的，自期满之日起15日内申报纳税；以10日或者15日为一个计税期间的，自期满之日起5日内预缴税款，于次月1日起15日内申报纳税并结清上月应纳税款。

扣缴义务人解缴税款的计税期间和申报纳税期限，依照前两条规定执行。

纳税人进口应税消费品，应当自海关填发海关进口消费税专用缴款书之日起15日内缴纳税款。

三、纳税地点

（1）纳税人销售的应税消费品，以及自产自用的应税消费品，除国务院财政、税务主管部门另有规定外，应当向纳税人机构所在地或者居住地的主管税务机关申报纳税。

（2）委托加工的应税消费品，除受托方为个人外，由受托方向机构所在地或者居住地的主管税务机关解缴消费税税款。

（3）进口的应税消费品，由进口人或者其代理人向报关地海关申报纳税。

（4）纳税人到外县（市）销售或者委托外县（市）代销自产应税消费品的，于应税消费品销售后，向机构所在地或者居住地主管税务机关申报纳税。

（5）纳税人的总机构与分支机构不在同一县（市），但在同一省（自治区、直辖市）范围内，经省（自治区、直辖市）财政厅（局）、税务局审批同意，可以由总机构汇总向总机构所在地的主管税务机关申报缴纳消费税。

省（自治区、直辖市）财政厅（局）、税务局应将审批同意的结果，上报财政部、国家税务总局备案。

（6）纳税人销售的应税消费品，因质量等原因发生退货的，其已缴纳的消费税税款可予以退还。

纳税人办理退税手续时，应将开具的红字增值税发票、退税证明等资料报主管税务机关备案。主管税务机关核对无误后办理退税。

（7）纳税人直接出口的应税消费品办理免税后，发生退关或者国外退货，复进口时已予以免税的，可暂不办理补税，待其转为国内销售的当月申报缴纳消费税。

📄 推荐阅读

1.《中华人民共和国消费税暂行条例》（2009年1月1日起施行）

2.《中华人民共和国消费税暂行条例实施细则》（2009年1月1日修订）

3.《中华人民共和国消费税法（征求意见稿）》（2019年12月3日）

职业能力训练

1. 某化妆品生产企业为增值税一般纳税人。11月向某商场销售高档化妆品一批，开具增值税专用发票，取得不含增值税销售额60万元，增值税税额7.8万元；11月23日向某单位销售化妆品一批，开具增值税普通发票，取得含增值税销售额2.26万元。计算该化妆品生产企业11月应缴纳的消费税税额。该高档化妆品适用消费税税率30%。

2. 某化妆品厂生产化妆品和护肤护发品。为了促销，该厂将化妆品和护肤护发品组成套装销售，当月销售套装3 800盒，每套单价180元（不含增值税），套装中护肤护发品的价值占20%。计算该化妆品厂当月应纳消费税税款。

3. 甲卷烟厂为增值税一般纳税人。5月，有关生产经营情况如下：

（1）从乙烟丝厂购进已税烟丝20吨，每吨不含增值税单价为2万元，取得增值税专用发票注明金额40万元、税额5.2万元，烟丝已验收入库。

（2）委托丙烟丝厂加工一批烟丝，卷烟厂提供的烟叶成本为10万元。烟丝加工完毕后，取得增值税专用发票注明加工费金额1万元，税额0.13万元。甲卷烟厂收回烟丝时，丙烟丝厂未代收代缴消费税。

（3）甲卷烟厂生产领用外购已税烟丝15吨，生产卷烟2 000标准箱。当月销售给卷烟专卖商1 800箱，取得不含增值税销售额1 800万元。

已知：烟丝适用的消费税税率为30%；卷烟适用的消费税比例税率为36%，定额税率为150元/箱。计算甲卷烟厂当月应缴纳消费税税额。

4. 某酒厂为增值税一般纳税人。5月，购进免税粮食一批，支付价款30 000元，验收入库后本月全部生产领用；购进设备一台，取得增值税专用发票注明金额100 000元，税额13 000元。本月销售粮食白酒5吨，取得不含增值税销售额200 000元；销售啤酒100吨，不含增值税出厂价格为2 500元/吨。

已知：免税农产品的扣除率为10%；白酒的消费税比例税率为20%，定额税率为1元/千克；啤酒消费税税率为220元/吨；增值税税率为13%。根据上述资料计算该酒厂当月应缴纳增值税税额和消费税税额。

5. 某外贸公司8月从国外进口一批摩托车，到岸价格和关税共90万元。当月全部售出，取得含增值税的销售收入1 482 390元。已知：摩托车消费税比例税率为10%。分别计算该公司进口和销售摩托车应缴纳的消费税税额和增值税税额。

6. 某白酒生产企业为增值税一般纳税人。5月，有关生产经营情况如下：

（1）向某烟酒专卖店销售粮食白酒15吨，取得不含增值税价款200万元，另收取品牌使用费30万元，包装物租金2万元。

（2）提供8万元的原材料，委托乙企业加工散装药酒1 000千克。收回时向乙企业支付不含增值税加工费1万元，乙企业代收代缴消费税。

（3）委托加工药酒收回后，将其中900千克散装药酒加工成瓶装药酒1 800瓶，以每瓶不含增值税价格100元通过非独立核算门市部销售完毕；将剩余的100千克散装药酒作为福利发给职工，同类药酒不含税销售价格为每千克150元。

已知：药酒适用的消费税税率为10%；白酒适用的消费税比例税率为20%，定额税率为0.5元/500 克；增值税税率为13%；1吨=1 000千克。根据上述资料完成下列计算：

（1）计算该白酒生产企业当月向专卖店销售白酒应缴纳消费税税额。

（2）计算乙企业代收代缴的消费税税额。

（3）计算该白酒生产企业当月销售药酒应缴纳消费税税额。

第四章 城市维护建设税法、教育费附加和地方教育附加

学习目标

素养目标

- 明确城市维护建设税及教育费附加取之于民，用之于城市建设，增强制度自信、道路自信；
- 感受改革开放以来，城市维护建设税及教育费附加助力我国城市建设及教育改善，增强民族自豪感和社会责任感；
- 通过对相关法律法规的学习，树立税收法治思维，增强诚实守信、依法纳税的公民意识。

知识目标

- 理解城市维护建设税的概念、特点；
- 掌握城市维护建设税的纳税人、税率、税收优惠等基本内容；
- 理解教育费附加的计征依据和征收比例等内容；
- 掌握城市维护建设税和教育费附加的征收管理。

技能目标

- 能正确地进行城市维护建设税应纳税额的计算；
- 能正确地进行教育费附加的计算。

思维导图

城市维护建设税法、教育费附加和地方教育附加

- 城市维护建设税的基本要素
  - 城市维护建设税的概念与特点
  - 城市维护建设税的纳税人
  - 城市维护建设税的税率
  - 城市维护建设税的税收优惠
- 城市维护建设税应纳税额的计算
  - 城市维护建设税的计税依据
  - 城市维护建设税的计算
- 城市维护建设税的征收管理
  - 纳税环节
  - 纳税期限
  - 纳税地点
- 教育费附加和地方教育附加
  - 教育费附加和地方教育附加的基本内容
  - 教育费附加和地方教育附加的计算

学习计划

- 素养提升计划

_____

- 知识学习计划

_____

- 技能训练计划

_____

第一节　城市维护建设税的基本要素

一、城市维护建设税的概念与特点

（一）概念

城市维护建设税（简称城建税），是对缴纳增值税、消费税的单位和个人，就其实际缴纳的"两税"税额为计税依据而征收的一种税。城市维护建设税是一种具有受益性质的行为税。

我国现行城市维护建设税的基本法律规范，是2020年8月十三届全国人大常委会第二十一次会议表决通过，并于2021年9月1日施行的《中华人民共和国城市维护建设税法》（简称《城市维护建设税法》）。

城市维护建设税法与我国税收法治建设

（二）特点

城市维护建设税是国家为加强城市的维护建设，扩大和稳定城市维护建设资金的来源而采取的一项税收措施，属于特定目的税。与其他税种相比较具有以下特点：

1. 具有附加税性质

城市维护建设税与其他税种的显著不同，在于它没有自己独立的征税对象，而是以纳税人实际缴纳的增值税、消费税（简称"两税"）税额之和为计税依据，附加于"两税"税额，随"两税"同时征收，其征管方法也完全比照"两税"的有关规定办理。

2. 具有特定目的

城市维护建设税所征税款专门用于城市的公用事业和公共设施的维护和建设。城市维护建设税为开发建设新兴城市，扩展、改造旧城市，发展城市公用事业，以及维护公共设施等提供了稳定的资金来源，使城市的维护建设随着经济的发展而不断发展，体现了对受益者课税，权利与义务相一致的原则。

小税种带来大幸福：城市发展带动乡村振兴

3. 采用地区差别比例税率

城市维护建设税的负担水平，是根据纳税人所在城镇的规模及其资金需要设计的，采用的是差别比例税率。城镇规模大的，税率高一些；反之，则要低一些。这样能够使市政建设任务及其资金需求量不同的地区，获得相应的城市维护与建设资金，因地制宜地进行城市的维护与建设。

4. 征收范围较广

增值税、消费税是我国流转环节的主体税种，其征税范围基本包括了我国境内所有

第四章　城市维护建设税法、教育费附加和地方教育附加　　107

有经营行为的单位和个人。城市维护建设税以"两税"税额作为税基，意味着对所有纳税人都要征收城市维护建设税。因此，它的征税范围比其他任何税种的征税范围都要广。

二、城市维护建设税的纳税人

城市维护建设税的纳税义务人，是指负有缴纳增值税、消费税"两税"纳税义务的单位和个人，包括国有企业、集体企业、私营企业、股份制企业、其他企业和行政单位、事业单位、军事单位、社会团体、其他单位，以及个体工商户及其他个人。

城市维护建设税的扣缴义务人为负有增值税、消费税"两税"扣缴义务的单位和个人，在扣缴增值税、消费税的同时扣缴城市维护建设税。

📖 — 温馨提示 —

对进口货物或者境外单位和个人向境内销售劳务、服务、无形资产缴纳的增值税、消费税税额，不征收城市维护建设税。

三、城市维护建设税的税率

城市维护建设税按纳税人所在地的不同，设置了三档地区差别比例税率，即：

（1）纳税人所在地在市区的，税率为7%；

（2）纳税人所在地在县城、镇的，税率为5%；

（3）纳税人所在地不在市区、县城或者镇的，税率为1%。

👥 — 议一议 —

你所在地的纳税人应适用哪种税率？

确定城市维护建设税的适用税率时，应当以纳税人所在地为依据来确定。纳税人所在地，是指纳税人住所地或者与纳税人生产经营活动相关的其他地点，具体地点由省、自治区、直辖市确定。

但是，对下列两种情况，可按缴纳"两税"所在地确定适用税率，并就地缴纳城市维护建设税。

（1）由受托方代征代扣"两税"的单位和个人，其代征代扣的，按受托方所在地适用税率计算代扣代缴的城市维护建设税。

（2）流动经营等无固定纳税地点的单位和个人，在经营地缴纳"两税"的，按经营地适用税率计算缴纳城市维护建设税。

四、城市维护建设税的税收优惠

城市维护建设税原则上不单独减免，但因城市维护建设税具附加税性质，当减免主税（增值税、消费税）时，相应的城市维护建设税也要减免。

根据国民经济和社会发展的需要，国务院对重大公共基础设施建设、特殊产业和群体以及重大突发事件应对等情形可以规定减征或者免征城市维护建设税，报全国人民代表大会常务委员会备案。

小微企业"六税两费"减免政策：自2022年1月1日至2024年12月31日，由省、自治区、直辖市人民政府根据本地区实际情况，以及宏观调控需要确定，对增值税小规模纳税人、小型微利企业和个体工商户可以在50%的税额幅度内减征城市维护建设税、资源税、房产税、城镇土地使用税、印花税（不含证券交易印花税）、耕地占用税和教育费附加、地方教育附加。

增值税小规模纳税人、小型微利企业和个体工商户已依法享受资源税、城市维护建设税、房产税、城镇土地使用税、印花税、耕地占用税、教育费附加、地方教育附加其他优惠政策的，可叠加享受此项优惠政策。

第二节　城市维护建设税应纳税额的计算

❖ 引例

某化妆品有限责任公司位于青岛市，为增值税一般纳税人，适用税率为13%，消费税税率为15%，2023年11月有关生产经营业务如下：

（1）销售A化妆品给某大商场，开具增值税专用发票，取得不含税销售额220万元；另外，取得销售A产品的送货运输收入7.91万元，开具增值税专用发票。

（2）销售B产品，开具增值税专用发票，取得含税销售额40.68万元。

（3）购进原材料取得增值税专用发票，注明支付的货款130万元，进项税额16.9万元，货物验收入库；另外，支付购货的运输费用7万元，税率9%，取得运输公司开具的增值税专用发票。

【问题与思考】

1. 计算该公司11月应纳的增值税税额和消费税税额。
2. 计算该公司11月应纳的城市维护建设税和教育费附加。

一、城市维护建设税的计税依据

城市维护建设税的计税依据，是指纳税人实际缴纳的增值税、消费税税额相加之和，即实际缴纳的"两税"税额之和。

确定时需要注意以下几点：

（1）城市维护建设税的计税依据应当按照规定扣除期末留抵退税退还的增值税税额。

（2）纳税人违反增值税、消费税有关税法而加收的滞纳金和罚款，是税务机关对纳税人违法行为的经济制裁，不作为城市维护建设税的计税依据；但纳税人在被查补增值税、消费税并被处以罚款时，应同时对其偷漏的城市维护建设税进行补税，征收滞纳金，并处罚款。

（3）城市维护建设税以增值税、消费税税额为计税依据并同时征收，如果要免征或者减征增值税、消费税，也就要同时免征或者减征城市维护建设税。

但对出口产品退还增值税、消费税的，不退还已缴纳的城市维护建设税。

城市维护建设税计税依据的具体确定办法，由国务院依据有关税收法律、行政法规规定，报全国人民代表大会常务委员会备案。

二、城市维护建设税的计算

城市维护建设税纳税人的应纳税额是由纳税人实际缴纳的"两税"税额决定的。其计算公式是：

应纳税额=（实际缴纳的增值税税额+实际缴纳的消费税税额）×适用税率

做中学 4-1

（计算分析题）某市区甲企业2023年8月份实际缴纳增值税300 000元，缴纳消费税

400 000元。计算该企业8月份应纳城市维护建设税税额。

［解析］城市维护建设税实行纳税人所在地差别比例税率，应根据纳税人所在地来确定适用税率。

应纳城市维护建设税=（300 000+400 000）×7%=49 000（元）

第三节　城市维护建设税的征收管理

一、纳税环节

城市维护建设税的纳税环节，实际就是纳税人缴纳"两税"的环节。纳税人只要发生"两税"的纳税义务，就要在同样的环节，分别计算缴纳城市维护建设税。

二、纳税期限

城市维护建设税的纳税义务发生时间与增值税、消费税的纳税义务发生时间一致，分别与增值税、消费税同时缴纳。

由于城市维护建设税是由纳税人在缴纳增值税、消费税时同时缴纳的，所以其纳税期限分别与增值税、消费税的纳税期限一致。

三、纳税地点

城市维护建设税以纳税人实际缴纳的增值税税额和消费税税额为计税依据，分别与"两税"同时缴纳。所以，纳税人缴纳"两税"的地点，就是该纳税人缴纳城市维护建设税的地点。但是，属于下列情况的，纳税地点为：

（1）代征代扣"两税"的单位和个人，其城市维护建设税的纳税地点在代征代扣地；

（2）对流动经营无固定纳税地点的单位和个人，应随同"两税"在经营地按适用税率缴纳。

议一议

"两税"的纳税地点、纳税期限是怎样规定的？

第四节 教育费附加和地方教育附加

教育费附加
和地方教育
附加与我国
税收法治建
设

一、教育费附加和地方教育附加的基本内容

教育费附加和地方教育附加，是对缴纳增值税、消费税的单位和个人，就其实际缴纳的"两税"税额为计算依据征收的一种附加费。教育费附加是为加快地方教育事业、扩大地方教育经费的资金而征收的一项专用基金。

（一）征收范围及计征依据

教育费附加和地方教育附加对缴纳增值税、消费税的单位和个人征收，并以其实际缴纳的"两税"税额为计征依据，分别与增值税、消费税同时缴纳。

温馨提示

教育费附加和地方教育附加的计征依据与城市维护建设税是一致的。

（二）教育费附加的计征比率

教育费附加的征收比率为3%。地方教育附加征收比率为2%。

（三）教育费附加和地方教育附加的减免规定

（1）对海关进口的产品征收的增值税、消费税，不征收教育费附加和地方教育附加。

（2）对由于减免增值税、消费税而发生退税的，可同时退还征收的教育费附加。但对出口产品退还增值税、消费税的，不退还已征的教育费附加和地方教育附加。

（3）对国家重大水利工程建设基金免征教育费附加和地方教育附加。

（4）自2016年2月1日起，按月纳税的月销售额或营业额不超过10万元（按季度纳税的季度销售额或营业额不超过30万元）的缴纳义务人，免征教育费附加和地方教育附加。

二、教育费附加和地方教育附加的计算

教育费附加和地方教育附加的计算公式为：

$$\begin{matrix}应纳教育费附加或\\地方教育附加\end{matrix} = \left(\begin{matrix}实际缴纳的\\增值税税额\end{matrix} + \begin{matrix}实际缴纳的\\消费税税额\end{matrix}\right) \times 征收比率（3\%或2\%）$$

做中学 4-2

（计算分析题）某市区甲企业2023年8月份实际缴纳增值税300 000元，缴纳消费税400 000元。计算该企业8月份应纳教育费附加和地方教育附加。

[解析]　应纳教育费附加=（300 000+400 000）×3%=21 000（元）

应纳地方教育附加=（300 000+400 000）×2%=14 000（元）

引例分析4

（1）计算应纳增值税：

销售额=220+7.91÷（1+13%）+40.68÷（1+13%）=263（万元）

销项税额=263×13%=34.19（万元）

外购货物应抵扣的进项税额=16.9+7×9%=17.53（万元）

该公司11月份应纳的增值税税额=34.19−17.53=16.66（万元）

（2）应纳消费税税额=263×15%=39.45（万元）

（3）应纳城市维护建设税=（16.66+39.45）×7%=3.927 7（万元）

（4）应纳教育费附加=（16.66+39.45）×3%=1.683 3（万元）

（5）应纳地方教育附加=（16.66+39.45）×2%=1.122 2（万元）

📋 推荐阅读

1.《中华人民共和国城市维护建设税法》（自2021年9月1日起施行）

2.《财政部　税务总局关于城市维护建设税计税依据确定办法等事项的公告》（2021

年第28号）

3. 国家税务总局《关于城市维护建设税征收管理有关事项的公告》（国家税务总局公告2021年第26号）

📖 职业能力训练

1. 位于市区的益民公司7月销售产品缴纳增值税和消费税共计50万元，被税务机关查补增值税15万元并处罚款5万元。计算该公司7月应缴纳的城市维护建设税。

2. 位于市区的佳奇公司属于增值税期末留抵退税的纳税人。3月留底退还增值税18万元。当月向税务机关缴纳消费税和向海关缴纳进口环节税款合计462万元，其中关税102万元，进口环节缴纳的增值税和消费税260万元。计算该公司3月份应缴纳的城市维护建设税。

3. 甲酒厂为增值税一般纳税人，5月，购进一批原材料，取得增值税专用发票注明税款26 000元，材料已验收入库；购进一台设备，取得增值税专用发票注明税款13 000元；销售5吨粮食白酒，取得不含增值税销售额20 000元；销售啤酒100吨，每吨不含增值税出厂价格为2 500元。

已知：增值税税率为13%；白酒消费税比例税率为20%，定额税率为1元/千克；1吨=1 000千克；啤酒消费税税率为220元/吨；城市维护建设税税率为7%。根据上述资料完成下列计算。

（1）计算甲酒厂当月应缴纳增值税税额。

（2）计算甲酒厂当月应缴纳消费税税额。

（3）计算甲酒厂当月应缴纳城市维护建设税税额。

4. 广东明台酒业股份有限公司为增值税一般纳税人，10月经营情况如下：

（1）向某烟酒专卖店销售粮食白酒20吨，开具增值税普通发票，取得含税收入200万元，另收取品牌使用费50万元，包装物租金20万元。

（2）提供10万元（不含税）的原材料委托乙企业加工散装药酒1 000公斤，收回时向乙企业支付不含增值税的加工费1万元，收到增值税专用发票，乙企业已代收代缴消费税。

（3）委托加工收回后将其中900公斤散装药酒继续加工成瓶装药酒1 800瓶，以每瓶不含税售价100元销售完毕。

（4）进口一批散装葡萄酒，关税完税价格25万元，关税税率20%。

（5）将进口散装葡萄酒连续加工成瓶装葡萄酒销售，取得不含税销售额60万元。

已知：白酒消费税税率：20%加0.5元/斤；其他酒类消费税税率：10%；城市维护建设税税率：7%；教育费附加征收率：3%；地方教育附加征收率：2%。根据背景资料完成下列计算：

（1）计算该公司10月应缴纳增值税税额；

（2）计算该公司10月应缴纳消费税税额；

（3）计算该公司10月应缴纳城市维护建设税、教育费附加和地方教育附加；

（4）计算乙企业代收代缴消费税、城市维护建设税、教育费附加和地方教育附加。

第四章
交互式习题
自测

关税法和船舶吨税法

第五章

学习目标

素养目标

- 了解我国关税制度的历史沿革，认识关税在对外经济政策，理解国家政治经济目的，了解高质量发展和高水平开放中的重要作用；

- 关税政策充分展现了我国共享发展理念，展现了中国维护自由贸易和推动经济全球化健康发展的决心和诚意，反映了中国对世界和善、包容和合作的态度；

- 通过学习，培养积极思考、勇于探索的创新思维习惯。

知识目标

- 明确关税的概念、特点；

- 掌握关税的征税对象、纳税人、税目、税率、税收优惠、征收管理等基本要素；

- 掌握船舶吨税的征税对象、纳税人、税目、税率、税收优惠、征收管理等基本要素；

- 理解关税、船舶吨税的征收管理。

技能目标

- 能正确计算进口关税、出口关税应纳税额；

- 能正确计算船舶吨税应纳税额。

思维导图

关税法和船舶吨税法

- 关税的基本要素
  - 关税的概念与特点
  - 关税的纳税人
  - 关税的征税对象
  - 关税税目与税率
  - 关税的税收优惠

- 关税应纳税额的计算
  - 进口货物关税的计算
  - 出口货物关税的计算
  - 进境物品进口税
  - 跨境电子商务零售进口税收政策

- 关税的征收管理
  - 纳税义务发生时间
  - 纳税期限
  - 纳税地点
  - 关税补征、追征和退还

- 船舶吨税法
  - 船舶吨税的基本要素
  - 船舶吨税应纳税额的计算
  - 船舶吨税的税收优惠
  - 船舶吨税的征收管理

学习计划

- 素养提升计划

_____

- 知识学习计划

_____

- 技能训练计划

_____

第一节　关税的基本要素

一、关税的概念与特点

（一）概念

关税是海关依法对进出国境或关境的货物和物品征收的一种流转税。关税法，是指国家制定的调整关税征收与缴纳之间权利及义务关系的法律规范。我国现行关税法律规范，是2021年4月第十三届全国人民代表大会常务委员会第二十八次会议修正的《中华人民共和国海关法》（简称《海关法》）为法律依据，以国务院于2017年3月修订的《中华人民共和国进出口关税条例》（简称《进出口关税条例》），以及由国务院关税税则委员会审定并报国务院批准，作为条例组成部分的《中华人民共和国海关进出口税则》（简称《海关进出口税则》）和《中华人民共和国海关入境旅客行李物品和个人邮递物品征收进口税办法》为基本法规，由负责关税政策制定和征收管理的主管部门依据基本法规拟订的管理办法和实施细则为主要内容。

关税法与我国税收法治建设

● —— 温馨提示 ——

关境和国境是不一样的概念。

这里的"境"是指关境，又称"海关境域"或"关税领域"，是一个国家海关法全面实施的领域。在通常情况下，一国关境与其国境是一致的，包括国家全部的领土、领海、领空。但当某一国家在国境内设立了自由港、自由贸易区时，这些区域就进出口关税而言处在关境之外，这时，该国家的关境小于国境；当几个国家结成关税同盟时，成员国之间互相取消关税，只对来自或运往其他国家的货物进出共同关境时征收关税，这些国家的关境大于国境。

关税是国际通行的税种，它包括进口关税、出口关税和过境关税。我国目前对进出境货物征收的关税分为进口关税和出口关税两类。

（二）特点

1. 以进出境的货物和物品为征税对象

关税的征税对象是进出国境或关境的货物和物品。关税不同于因商品交换或提供劳务取得收入而课征的流转税，也不同于因取得所得或拥有财产而课征的所得税或财产税，而是对特定货物和物品途经海关通道进出口而征收的一种税，以货物进出统一的国境或关境为征税环节。

2. 实行复式税则

复式税则又称多栏税则，是指一个税目设有两个或两个以上的税率，根据进口货物原产国的不同，分别适用高低不同的税率。复式税则是一个国家对外贸易政策的体现。目前，在国际上除少数国家外，各国关税普遍实行复式税则。

3. 关税具有涉外统一性

关税是一个国家的重要税种。征收关税不仅仅是为了取得财政收入，更重要的是利用关税来贯彻执行统一的对外经济政策，实现国家的政治经济目的。在我国现阶段，关税被用来争取实现平等互利的对外贸易，保护并促进国内工农业生产发展，为社会主义市场经济服务。

4. 关税由海关机构代表国家征收

关税由海关总署及所属机构具体管理和征收，征收关税是海关工作的一个重要组成部分。《海关法》规定："中华人民共和国海关是国家的进出关境监督管理机关，海关依照本法和其他有关法律、法规，监督进出境的运输工具、货物、行李物品，征收关税和其他税费，查缉走私，并编制海关统计和其他海关业务。"

👥 — 议一议 —

如何利用关税实现国家的政治经济目的？

二、关税的纳税人

进口货物的收货人、出口货物的发货人、进境物品的所有人，是关税的纳税义务人。

进出口货物的收发货人，指依法取得对外贸易经营权并发生进出口业务的法人或其他社会团体，包括外贸进出口公司、工贸或农贸结合的进出口公司、其他经批准经营进出口商品的企业。

进境物品的所有人包括入境旅客随身携带的行李、物品的持有人，各种运输工具上服务人员入境时携带自用物品的持有人，馈赠物品及以其他方式入境的个人物品的所有人，个人邮递物品的收件人。

做中学 5-1

（单选题）根据关税相关法律制度的规定，下列人员中，不属于进境物品的关税纳税人的是（　　）。

A. 携带物品进境的入境人员　　　　B. 进境物品的收件人

C. 以其他方式进口物品的收件人　　D. 进境物品的邮寄人

［答案］D

［解析］进口货物的收货人、出口货物的发货人、进境物品的所有人，是关税的纳税义务人。进境物品的所有人包括入境旅客随身携带的行李、物品的持有人，各种运输工具上服务人员入境时携带自用物品的持有人，馈赠物品及以其他方式入境的个人物品的所有人，个人邮递物品的收件人。故D选项不属于进境物品的关税纳税人。

三、关税的征税对象

关税的征税对象，是准许进出境的货物和物品。货物是指贸易性商品，物品是指入境旅客随身携带的行李物品、个人邮递物品、各种运输工具上的服务人员携带进口的自用物品、馈赠物品以及其他方式进境的个人物品。

四、关税税目与税率

（一）进口关税税目与税率

1. 关税税目

关税税目以世界海关组织《商品名称及编码协调制度》（简称《协调制度》）为基础，由税则号列和目录条文等组成。其中，税号在税则号列栏中列示，目录条文在货品名称栏中列示。税号采用8位数字编码结构，前6位数字及对应的目录条文与《协调制度》保持一致；第7、8位数字及对应的目录条文是依据《协调制度》的分类原则和方法，根据我国实际需要而制定的。

关税税目适用规则包括归类规则等。进出口货物的商品归类，应当按照《进出口税则》规定的目录条文和归类总规则、类注、章注、子目注释、本国子目注释，以及其他归类注释确定，并归入相应的税号。

2. 关税税率

自2002年起，我国进口税则设有最惠国税率、协定税率、特惠税率、普通税率、关税配额税率、暂定税率等多种税率。

（1）最惠国税率。原产于与我国共同适用最惠国待遇条款的世界贸易组织成员方或者地区的进口货物，或原产于与我国签订含有相互给予最惠国待遇条款的双边贸易协定的国家或者地区的进口货物，以及原产于我国境内的进口货物，适用最惠国税率。

（2）协定税率。原产于与我国签订含有关税优惠条款的区域性贸易协定的国家或者地区的进口货物，适用协定税率。

（3）特惠税率。原产于与我国签订含有特殊关税优惠条款的贸易协定的国家或者地区的进口货物，适用特惠税率。

（4）普通税率。原产于除适用最惠国税率、协定税率、特惠税率国家或者地区以外的国家或者地区的进口货物，以及原产地不明的进口货物，适用普通税率。

（5）关税配额税率。实行关税配额管理的进口货物，关税配额内的，适用关税配额税率，关税配额外的依照《进出口关税条例》有关规定执行。

（6）暂定税率。适用最惠国税率、协定税率、特惠税率、关税配额税率的进口货物在一定期限内可以实行暂定税率。

上述关税税率的适用顺序如下：

当最惠国税率低于或等于协定税率时，协定有规定的，按相关协定的规定执行；协定无规定的，二者从低适用。

适用最惠国税率的进口货物有暂定税率的，应当适用暂定税率；适用协定税率、特惠税率的进口货物有暂定税率的，应当从低适用税率；适用普通税率的进口货物，不适用暂定税率。

（二）出口关税税目与税率

1. 关税税目

关税税目与进口税目相同。税目税率表中仅标示征收出口税率或实行暂定税率的税目。

2. 暂定税率

适用出口税率的出口货物在一定期限内可以实行暂定税率。适用出口税率的出口货物有暂定税率的，适用暂定税率。

（三）其他规则与说明

1. 进境物品的进口税

进境物品的关税以及进口环节海关代征税合并为进口税。

规定数额以内的个人自用进境物品，免征进口税。超过规定数额但仍在合理数量以内的个人自用进境物品，由进境物品的纳税义务人在进境物品放行前按照规定缴纳进口税。超过合理、自用数量的进境物品应当按照进口货物依法办理相关手续。国务院关税税则委员会规定按货物征税的进境物品，按照进口货物相关规定征收关税。

进境物品进口税应当按照《中华人民共和国进境物品进口税税率表》确定适用税率。国务院关税税则委员会负责《中华人民共和国进境物品进口税税率表》的税目、税率的调整和解释。中华人民共和国进境物品进口税税率表如表5-1所示。

表5-1 中华人民共和国进境物品进口税税率表

税目序号	物品名称	税率/%
1	书报、刊物、教育用影视资料；计算机、视频摄录一体机、数字照相机等信息技术产品；食品、饮料；金银；家具；玩具，游戏品、节日或其他娱乐用品；药品①	13
2	运动用品（不含高尔夫球及球具）、钓鱼用品；纺织品及其制成品；电视摄像机及其他电器用具；自行车；税目1、3中未包含的其他商品	20
3②	烟、酒；贵重首饰及珠宝玉石；高尔夫球及球具；高档手表；高档化妆品	50

注：① 对国家规定减按3%征收进口环节增值税的进口药品，按照货物税率征税。
② 税目3所列商品的具体范围与消费税征收范围一致。

2. 其他关税措施

（1）反倾销税、反补贴税、保障措施关税。按照有关法律、行政法规的规定对进口货物采取反倾销、反补贴、保障措施的，其税率的适用按照《中华人民共和国反倾销条例》《中华人民共和国反补贴条例》和《中华人民共和国保障措施条例》的有关规定执行。征收反倾销税、反补贴税、保障措施关税，由国务院关税税则委员会另行决定。

（2）报复性关税。任何国家或者地区违反与我国签订或者共同参加的贸易协定及相关协定，对我国在贸易方面采取禁止、限制、加征关税或者其他影响正常贸易措施的，对原产于该国家或者地区的进口货物可以征收报复性关税，适用报复性关税税率。征收报复性关税及实施相关排除措施，由国务院关税税则委员会另行规定。

（3）出口货物，应当适用海关接受该货物申报进口或者出口之日实施的税率。进口货物到达前，经海关核准先行申报的，应当适用装载该货物的运输工具申报进境之日实施的税率。

有下列情形之一，需缴纳税款的，应当适用海关接受申报办理纳税手续之日实施的税率：

① 保税货物经批准不复运出境的；

② 减免税货物经批准转让或者移作他用的；

③ 暂准进境货物经批准不复运出境，以及暂准出境货物经批准不复运进境的；

④ 租赁进口货物，分期缴纳税款的。

关税"杠杆"助力高质量发展和高水平开放

价值引领

关税"杠杆"助力高质量发展和高水平开放

关税是国家重要的经济杠杆，通过关税政策的调节，可以影响进出口规模、结构，从而调节国民经济。面对百年变局交织的严峻形势，我国发挥关税宏观调控作用，出台"十四五"及中长期进口税收政策，推动经济高质量发展；支持国家重大区域性战略实施，统筹多双边经贸规则博弈，推动高水平开放。

1. 关税"杠杆"助力高质量发展

2021年3月，《关于支持集成电路产业和软件产业发展进口税收政策的通知》发布，其中明确，对符合条件的相关企业进口自用设备、零配件、原材料等免征关税，对符合条件的企业进口新设备涉及的进口环节增值税实施分期纳税。这一政策出台后，封装测试企业首次享受优惠政策，材料企业首次纳入享受范围，集成电路重大项目的企业进口新设备享受分期缴纳进口环节增值税。进口税收优惠政策助力升级"中国芯"，众多企业从中受益。

为支持产业链供应链自主可控，财政部还出台2021—2030年支持新型显示产业发展进口税收政策并组织实施，扩大享受政策企业范围，支持新型显示产业锻长板、补短板；出台2021—2030年支持民用航空维修用航空器材进口税收政策，扩大享受政策市场主体范围；会同相关部门制定重大技术装备进口税收政策相关目录，支持建设重大技术装备创新和应用生态，加快重大技术装备高质量发展。

2. 关税"杠杆"助力高水平开放

随着离岛免税购物的火热，海南正逐渐成为"购物达人"的天堂。为稳步推进海南自由贸易港建设，我国积极落实《海南自由贸易港建设总体方案》，推动多项财税政策落地实施，有力支持海南国际旅游消费中心建设，推动海南构建现代化体系，推进区域性航运中心、航空枢纽发展，助力海南自由贸易港建设不断取得新成效、迈上新台阶。

党的二十大报告提出，推进高水平对外开放。依托我国超大规模市场优势，以国内大循环吸引全球资源要素，增强国内国际两个市场、两种资源联动效应，提升贸易投资合作质量和水平。加快建设海南自由贸易港，实施自由贸易试验区提升战略，扩大面向全球的高标准自由贸易区网络。

合理的关税政策有利于国家之间比较优势的发挥，形成有力的国际分工，提高市场资源的配置效率。支持海南国际旅游消费中心建设，推动海南构建现代化体系，推进区域性航运中心、航空枢纽发展，助力海南自由贸易港建设不断取得新成效、迈上新台阶。

五、关税的税收优惠

关税减免分为法定减免税、特定减免税和临时减免税。除法定减免税之外的其他减免税均由国务院决定。

（一）法定减免税

法定减免税是根据《海关法》和《进出口关税条例》的法定条文规定的减免税。下列进出口货物，免征关税：

（1）关税税额在人民币50元以下的一票货物。

（2）无商业价值的广告品和货样。

（3）外国政府、国际组织无偿赠送的物资。

（4）在海关放行前损失的货物。

（5）进出境运输工具装载的途中必需的燃料、物料和饮食用品。

在海关放行前遭受损坏的货物，可以根据海关认定的受损程度减征关税。有下列情形之一的进口货物，海关可以酌情减免税。

（1）在境外运输途中或者在起卸时，遭受损坏或者损失的。

（2）起卸后海关放行前，因不可抗力遭受损坏或者损失的。

（3）海关查验时已经破漏、损坏或者腐烂，经证明不是保管不慎造成的。

纳税义务人进出口减免税货物的，除另有规定外，应当在进出口该货物之前，按照规定持有关文件向海关办理减免税审批手续。经海关审查符合规定的，予以减征或者免征关税。

 做中学 5-2

（单选题）下列项目中，可以免征关税的是（   ）。

A. 关税税额在人民币100元以下的一票货物

B. 广告品和货样

C. 外国企业无偿赠送的物资

D. 进出境运输工具装载的途中必需的燃料、物料和饮食用品

[答案] D

[解析] 关税税额在人民币50元以下的一票货物免征关税，A选项错误；无商业价值的广告品和货样免征关税，B选项错误；外国政府、国际组织无偿赠送的物资免征关税，C选项错误。

（二）特定减免税

特定减免税也称政策性减免税。在法定减免税之外，国家按照国际通行规则和我国实际情况，制定发布的有关进出口货物减免关税的政策，称为特定或政策性减免税。特定减免税货物一般有地区、企业和用途的限制，海关需要进行后续管理，也需要进行减免税统计。

1. 科教用品

为有利于我国科研、教育事业发展，推动科教兴国战略的实施，经国务院批准，财政部、海关总署、国家税务总局制定了《科学研究和教学用品免征进口税收规定》，对科学研究机构和学校，以科学研究和教学为目的，在合理数量范围内进口国内不能生产或者性能不能满足需要的科学研究和教学用品，免征进口关税和进口环节增值税、消费税。

该规定对享受该优惠的科研机构和学校资格、类别以及可以免税的物品都作了明确规定。

2. 残疾人专用品

为支持残疾人的康复工作，经国务院批准，海关总署发布了《残疾人专用品免征进口税收暂行规定》，对规定的残疾人个人专用品，免征进口关税和进口环节增值税、消费税；对康复、福利机构、假肢厂和荣誉军人康复医院进口国内不能生产的、该规定明确的残疾人专用品，免征进口关税和进口环节增值税、消费税。

3. 慈善捐赠物资

为促进慈善事业的健康发展，支持慈善事业发挥扶贫济困积极作用，经国务院批准，财政部、海关总署、国家税务总局发布了《慈善捐赠物资免征进口税收暂行办法》。对境外自然人、法人或者其他组织等境外捐赠人，无偿向国务院有关部门和各省、自治区、直辖市人民政府，中国红十字会总会、中华全国妇女联合会、中国残疾人联合会、中华慈善总会、中国初级卫生保健基金会、中国宋庆龄基金会和中国癌症基金会，以及经民政部或省级民政部门登记注册且被评定为5A级的以人道救助和发展慈善事业为宗

旨的社会团体或基金会等受赠人捐赠的直接用于慈善事业的物资，免征进口关税和进口环节增值税。

4. 重大技术装备

为继续支持我国重大技术装备制造业发展，财政部会同工业和信息化部、海关总署、国家税务总局、能源局发布了《重大技术装备进口税收政策管理办法》（财关税〔2020〕2号），自2020年1月8日起实施。对符合规定条件的企业及核电项目业主为生产国家支持发展的重大技术装备或产品而确有必要进口的部分关键零部件及原材料，免征关税和进口环节增值税。

（三）临时减免税

临时减免税是指以上法定减免税和特定减免税以外的其他减免税，即由国务院根据《中华人民共和国海关法》对某个单位、某类商品、某个项目或某批进出口货物的特殊情况，给予特别照顾，一案一批，专文下达的减免税。

✦ 价值引领

关税中的共享发展理念

党的十八届五中全会提出了新发展理念，即创新、协调、绿色、开放、共享。党的二十大报告强调，"构建人类命运共同体是世界各国人民前途所在。中国坚持对话协商，推动建设一个持久和平的世界；坚持共建共享，推动建设一个普遍安全的世界；坚持合作共赢，推动建设一个共同繁荣的世界；坚持交流互鉴，推动建设一个开放包容的世界；坚持绿色低碳，推动建设一个清洁美丽的世界。"共享理念表明了我国和平、友好、合作的国际姿态和精神。"推动构建人类命运共同体"，充分反映了中国对世界的和善、包容和合作的态度。

一个国家采取什么样的关税政策，实行自由贸易还是采用保护关税政策，是由该国的经济发展水平、产业结构状况、国际贸易收支状况以及参与国际经济竞争的能力等多种因素决定的。关税措施体现一国对外贸易政策和发展理念。

中国加入世贸组织以来，关税水平不断下降。到2010年，中国平均关税税率降到9.8%，全面履行了加入世贸组织的关税减让承诺。到目前为止，中国平均关税水平进一步降到了7.4%，这在发展中国家是一个偏低的关税水平，接近发达国家的平均税率。近年来全球关税水平的下降极其有限，在这种背景下，中国的自主降税尤为可贵。

国务院关税税则委员会发布的2022年《中华人民共和国进出口税则》，对954项商品实施了低于最惠国税率的进口暂定税率，通过暂定税率降税的范围比往年更宽。《中国—柬埔寨自贸协定》和《区域全面经济伙伴关系协定》（RCEP）正式生效，特别是RCEP协定关税的实施，带动了许多产品进口关税的下降，最终将使中国与其他RCEP伙伴之间实现90%以上的产品零关税。

中国对原产于与中国建交的44个最不发达国家的95%或97%的产品给予了零关税特惠待遇。这一特惠关税的范围将在中国与相关国家完成换文之后进一步扩大到98%的产品。对最不发达国家的零关税特惠待遇反映了中国对最不发达国家扩大开放使其共享中国发展红利的愿望，充分展现了我国共享发展理念，也展现了中国维护自由贸易和推动经济全球化健康发展的决心和诚意。

第二节　关税应纳税额的计算

❖ 引例

甲公司为增值税一般纳税人。6月发生经济业务如下：

1. 6月1日，从国外进口日本丰田皇冠轿车10辆，成交价格为120 000美元，支付运抵我国入关前发生的运输费5 000美元，保险费800美元。已知该小轿车适用的关税税率为25%，适用中国银行的外汇折算价为1美元=6.571 8元。

2. 6月12日，从美国购进柴油船用发动机2台，成交价格为680 000美元，甲公司支付运抵我国入关前发生的运输费2 000美元，保险费1 000美元，支付购货佣金5 000美元。已知该发动机适用的关税税率为5%，减按1%计征，适用中国银行的外汇折算价为1美元=6.571 8元。

3. 6月19日，出口货物一批，申报出口量为86吨，离岸价格为98美元每吨。已知出口关税税率为25%，适用中国银行的外汇折算价为1美元=7.064 8元。

4. 6月30日，出口货物一批，离岸价格为500 000美元，其中支付离境口岸至境外口岸之间的运输费为离岸价格的2%，保险费为离岸价格的1%，该货物出口关税税率为10%，适用中国银行的外汇折算价为1美元=7.776 5元。

【问题与思考】

    1. 计算甲公司6月进口小轿车应缴纳关税税额。

    2. 计算甲公司6月进口发动机应缴纳关税税额。

    3. 计算甲公司6月出口货物应缴纳关税税额。

    关税的计税依据是关税的完税价格或者货物数量，完税价格是由海关确定或估计的纳税义务人用以缴纳关税税款的进出口货物的价格。

    进出口货物关税，以从价计征、从量计征或者国家规定的其他方式征收。

    从价计征的计算公式为：

$$应纳关税税额 = 完税价格 \times 关税税率$$

    从量计征的计算公式为：

$$应纳关税税额 = 货物数量 \times 单位税额$$

一、进口货物关税的计算

（一）进口货物完税价格的确定

1. 以成交价格为基础的完税价格

    （1）进口货物的完税价格以该货物成交价格以及该货物运抵中华人民共和国境内输入地点起卸前的运输及其相关费用、保险费为基础审查确定。

    进口货物的成交价格，是指卖方向中华人民共和国境内销售该货物时，买方为进口该货物向卖方实付、应付的，按照规定调整后的价款总额，包括直接支付的价款和间接支付的价款。

    （2）进口货物的下列费用应当计入完税价格：

    ① 由买方负担的购货佣金以外的佣金和经纪费；

    ② 由买方负担的在审查确定完税价格时与该货物视为一体的容器的费用；

    ③ 由买方负担的包装材料费用和包装劳务费用；

    ④ 与该货物的生产和向中华人民共和国境内销售有关的，由买方以免费或者以低于成本的方式提供并可以按适当比例分摊的料件、工具、模具、消耗材料及类似货物的价款，以及在境外开发、设计等相关服务的费用；

    ⑤ 作为该货物向中华人民共和国境内销售的条件，买方必须支付的、与该货物有关的特许权使用费；

    ⑥ 卖方直接或者间接从买方获得的该货物进口后转售、处置或者使用的收益。

（3）进口时在货物的价款中列明的下列税收、费用，不计入该货物的完税价格：

① 厂房、机械、设备等货物进口后进行建设、安装、装配、维修和技术服务的费用；

② 进口货物运抵境内输入地点起卸后的运输及其相关费用、保险费；

③ 进口关税及国内税收。

（4）进口货物完税价格中的运输及相关费用、保险费的确定。

① 进口货物的运输及其相关费用，应当按照由买方实际支付或者应当支付的费用计算。如果进口货物的运输及其相关费用无法确定的，海关应当按照该货物进口同期的正常运输成本审查确定。

运输工具作为进口货物，利用自身动力进境的，海关在审查确定完税价格时，不再另行计入运输及其相关费用。

② 进口货物的保险费，应当按照实际支付的费用计算。如果进口货物的保险费无法确定或者未实际发生，海关应当按照"货价加运费"两者总额的3‰计算保险费，其计算公式为：

$$保险费 = (货价 + 运费) \times 3‰$$

邮运进口的货物，应当以邮费作为运输及其相关费用、保险费。

2. 海关估价方法

进口货物的价格不符合成交价格条件或者成交价格不能确定的，海关经了解有关情况，并与纳税义务人进行价格磋商后，依次以下列价格估定该货物的完税价格：

（1）相同货物成交价格估价方法，是指海关以与进口货物同时或者大约同时向中华人民共和国境内销售的相同货物的成交价格为基础，审查确定进口货物的完税价格的估价方法。

（2）类似货物成交价格估价方法，是指海关以与进口货物同时或者大约同时向中华人民共和国境内销售的类似货物的成交价格为基础，审查确定进口货物的完税价格的估价方法。

（3）倒扣价格估价方法，是指海关以进口货物、相同或者类似进口货物在境内的销售价格为基础，扣除境内发生的有关费用后，审查确定进口货物完税价格的估价方法。按照倒扣价格估价方法审查确定进口货物完税价格的，下列各项应当扣除：

① 同等级或者同种类货物在境内第一销售环节销售时，通常的利润和一般费用（包括直接费用和间接费用）以及通常支付的佣金；

② 货物运抵境内输入地点起卸后的运输及其相关费用、保险费；

③ 进口关税、进口环节海关代征税及其他国内税。

（4）计算价格估价方法，是指海关以下列各项的总和为基础，审查确定进口货物完税价格的估价方法：

① 生产该货物所使用的料件成本和加工费用；

② 向境内销售同等级或者同种类货物通常的利润和一般费用（包括直接费用和间接费用）；

③ 该货物运抵境内输入地点起卸前的运输及相关费用、保险费。

（5）合理方法，是指当海关不能根据成交价格估价方法、相同货物成交价格估价方法、类似货物成交价格估价方法、倒扣价格估价方法和计算价格估价方法确定完税价格时，海关遵循客观、公平、统一的原则，以客观量化的数据资料为基础审查确定进口货物完税价格的估价方法。海关在采用合理方法确定进口货物的完税价格时，不得使用以下价格：

① 境内生产的货物在境内的销售价格；

② 可供选择的价格中较高的价格；

③ 货物在出口地市场的销售价格；

④ 以计算价格估价方法规定之外的价值或者费用计算的相同或者类似货物的价格；

⑤ 出口到第三国或者地区的货物的销售价格；

⑥ 最低限价或者武断、虚构的价格。

做中学 5-3

（多选题）进口货物的价格不符合成交价格条件的，海关可以采用估定完税价格的方法有（   ）。

A. 相同货物成交价格估价方法　　　B. 类似货物成交价格估价方法

C. 倒扣价格估价方法　　　　　　　D. 计算价格估价方法

［答案］ABCD

［解析］进口货物的价格不符合成交价格条件或者成交价格不能确定的，海关经了解有关情况，并与纳税义务人进行价格磋商后，依次以下列价格估定该货物的完税价格：① 相同货物成交价格估价方法。② 类似货物成交价格估价方法。③ 倒扣价格估价方法。④ 计算价格估价方法。⑤ 其他合理方法。

（二）特殊进口货物的完税价格的确定

1. 运往境外修理的货物

运往境外修理的机械器具、运输工具或者其他货物，出境时已向海关报明，并在海关规定的期限内复运进境的，应当以境外修理费和料件费审查确定完税价格。

2. 运往境外加工的货物

运往境外加工的货物，出境时已向海关报明，并在海关规定的期限内复运进境的，应当以境外加工费和料件费以及该货物复运进境的运输及其相关费用和保险费为基础审查确定完税价格。

3. 暂时进境的货物

经海关批准暂时进境的货物，应当按照一般进口货物完税价格确定的有关规定，审查确定完税价格。

4. 租赁方式进口的货物

租赁方式进口的货物中，以租金方式对外支付的租赁货物，在租赁期间以海关审定的租金作为完税价格，利息应当予以计入；留购的租赁货物，以海关审定的留购价格作为完税价格；承租人申请一次性缴纳税款的，可以选择按照进口货物海关估价方法的相关内容确定完税价格，或者按照海关审查确定的租金总额作为完税价格。

5. 留购的进口货样

对于境内留购的进口货样、展览品和广告陈列品，以海关审定的留购价格作为完税价格。

6. 不存在成交价格的进口货物

易货贸易、寄售、捐赠、赠送等不存在成交价格的进口货物，海关与纳税人进行价格磋商后，按照进口货物海关估价方法的规定，估定完税价格。

（三）进口货物应纳关税税额的计算

进口货物的应纳关税税额是由进口货物的完税价格和进口关税税率确定的，其计算公式为：

进口货物的应纳关税税额=进口货物的完税价格×进口关税税率

做中学 5-4

（计算分析题）某企业进口商品一批，支付境外的买价为215万元，支付境外的经纪费为5万元，支付运抵我国海关地前的运输费为18万元，保险费和装卸费为12万元，支付海关地再运往该企业的运输费用为6万元，装卸费和保险费共计2万元，关税税率为10%。计算该企业在进口环节应缴纳的关税税额。

[解析] 进口货物的完税价格由成交价格以及该货物运抵我国境内输入地点起卸前的运费及其相关费用、保险费等组成。海关地再运往该企业的各项费用不得计算在内。

应纳关税税额=进口货物的完税价格×税率=（215+5+18+12）×10%=25（万元）

税法基础

做中学 5-5

（计算分析题）某进出口公司进口一批化工原料100吨，货物以境外口岸离岸价格成交，单价为人民币20 000元，已知该货物运抵我国关境输入地点起卸前的包装、运输、保险费用为每吨3 000元人民币，关税税率10%。计算该公司在进口该批化工原料应缴纳的关税税额。

［解析］进口货物的完税价格包括货价，加上货物运抵我国关境内输入地点起卸前的包装、运输、保险和其他劳务等费用。不能误用题目中给出境外口岸离岸价格作为完税价格。

完税价格=100×（20 000+3 000）=2 300 000（元）

应纳关税税额=2 300 000×10%=230 000（元）

引例分析 5-1

计算甲公司6月进口小轿车应缴纳关税税款。

业务1：关税完税价格=120 000+5 000+800=125 800（美元）

外币价格折算成人民币=125 800×6.571 8=826 732.44（元）

进口小轿车应纳关税税额=826 732.44×25%=206 683.11（元）

引例分析 5-2

计算甲公司6月进口发动机应缴纳关税税额。

业务2：关税完税价格=680 000+2 000+1 000=683 000（美元）

外币价格折算成人民币=683 000×6.571 8=4 488 539.4（元）

进口发动机应纳关税税额=4 488 539.4×1%=44 885.39（元）

二、出口货物关税的计算

（一）出口货物完税价格的确定

1. 以成交价格为基础的完税价格

出口货物的完税价格由海关以该货物的成交价格以及该货物运至中华人民共和国境内输出地点装载前的运输及其相关费用、保险费为基础审查确定。

出口货物的成交价格，是指该货物出口时，卖方为出口该货物应当向买方直接收取和间接收取的价款总额。

出口货物完税价格的计算公式为：

出口货物的完税价格＝离岸价格÷（1＋出口关税税率）

离岸价格不包含离境口岸至境外口岸之间的运输费、保险费。出口货物的销售价格若包含离境口岸至境外口岸之间的运输费、保险费，该运输费、保险费应当予以扣除。

2. 由海关估价的完税价格

出口货物的成交价格不能确定的，海关经了解有关情况，并与纳税义务人进行价格磋商后，依次以下列价格审查确定该货物的完税价格：

（1）同时或者大约同时向同一国家或者地区出口的相同货物的成交价格；

（2）同时或者大约同时向同一国家或者地区出口的类似货物的成交价格；

（3）根据境内生产相同或者类似货物的成本、利润和一般费用（包括直接费用和间接费用）、境内发生的运输及其相关费用、保险费计算所得的价格；

（4）按照合理方法估定的价格。

（二）出口货物应纳关税税额的计算

出口货物关税税额是由出口货物的完税价格和出口关税税率确定的，其计算公式为：

出口货物的应纳关税税额＝出口货物的完税价格×出口关税税率

做中学 5-6

（计算分析题）某外贸企业出口产品一批，离岸价格为220万元，关税税率为10%，计算该企业应缴纳的关税税额。

［解析］完税价格＝220÷（1＋10%）＝200（万元）

应纳关税税额＝200×10%＝20（万元）

做中学 5-7

（计算分析题）某商场于2月进口一批高档美容修饰类化妆品。该批货物在国外的买价为120万元，货物运抵我国入关前发生的运输费、保险费和其他费用分别为10万元、6万元、4万元。货物报关后，该商场按规定缴纳了进口环节的增值税和消费税并取得了海关开具的缴款书。将该批化妆品从海关运往商场所在地取得增值税专用发票，注明运输费用5万元，增值税进项税额0.45万元，该批化妆品当月在国内全部销售，取得不含税销售额520万元。已知：化妆品进口关税税率为20%，增值税税率为13%，消费税税率为15%。计算该批化妆品进口环节应缴纳的关税税额、增值税税额、消费税税额和国内销售环节应缴纳的增值税税额。

［解析］（1）关税完税价格=120+10+6+4=140（万元）

（2）进口环节应缴纳关税税额=140×20%=28（万元）

（3）进口环节的组成计税价格=（140+28）÷（1−15%）=197.65（万元）

（4）进口环节应缴纳增值税税额=197.65×13%=25.69（万元）

（5）进口环节应缴纳消费税税额=197.65×15%=29.65（万元）

（6）国内销售环节应缴纳增值税税额=520×13%−0.45−25.69=41.46（万元）

📊 引例分析5-3

计算甲公司6月出口货物应缴纳关税税额。

业务3：离岸价格=86×98=8 428（美元）

外币价格折算成人民币=8 428×7.064 8=59 542.13（元）

关税完税价格=59 542.13÷（1+25%）=47 633.71（元）

出口货物应纳关税税额=47 633.71×25%=11 908.43（元）

业务4：审定离岸价格=500 000×（1−2%−1%）=485 000（美元）

外币价格折算成人民币=485 000×7.776 5=3 771 602.5（元）

关税完税价格=3 771 602.5÷（1+10%）=3 428 729.55（元）

出口货物应纳关税税额=3 428 729.55×10%=342 872.96（元）

三、进境物品进口税

进境物品进口税从价计征，计算公式为：

进口税税额=完税价格×进口税税率

进境物品适用海关填发税款缴款书之日实施的税率和完税价格。

海关应当按照《中华人民共和国进境物品进口税税率表》及海关总署制定的《中华人民共和国进境物品归类表》《中华人民共和国进境物品完税价格表》对进境物品进行归类、确定完税价格和适用税率。

四、跨境电子商务零售进口税收政策

自2016年4月8日起，跨境电子商务零售进口商品按照货物征收关税和进口环节增值税、消费税，购买跨境电子商务零售进口商品的个人作为纳税义务人，实际交易价格（包括货物零售价格、运费和保险费）作为完税价格，电子商务企业、电子商务交易平台企业或物流企业可作为代收代缴义务人。

（一）适用范围

跨境电子商务零售进口税收政策适用于从其他国家或地区进口的、《跨境电子商务零售进口商品清单》范围内的以下商品：

（1）所有通过与海关联网的电子商务交易平台交易，能够实现交易、支付、物流电子信息"三单"比对的跨境电子商务零售进口商品。

（2）未通过与海关联网的电子商务交易平台交易，但快递、邮政企业能够统一提供交易、支付、物流等电子信息，并承诺承担相应法律责任进境的跨境电子商务零售进口商品。不属于跨境电子商务零售进口的个人物品以及无法提供交易、支付、物流等电子信息的跨境电子商务零售进口商品，按现行规定执行。

（二）计征限额

跨境电子商务零售进口商品的单次交易限值为人民币5 000元，个人年度交易限值为人民币26 000元。在限值以内进口的跨境电子商务零售进口商品，关税税率暂设为0%；进口环节增值税、消费税取消免征税额，暂按法定应纳税额的70%征收。超过单次限值、累加后超过个人年度限值的单次交易，以及完税价格超过5 000元限值的单个不可分割商品，均按照一般贸易方式全额征税。

（三）计征规定

跨境电子商务零售进口商品自海关放行之日起30日内退货的，可申请退税，并相应调整个人年度交易总额。

第三节 关税的征收管理

一、纳税义务发生时间

进口货物的纳税义务人应当自运输工具申报进境之日起14日内，出口货物的纳税义务人除海关特准的外，应当在货物运抵海关监管区后装货的24小时以前，向货物的进出境地海关申报。进出口货物转关运输的，按照海关总署的规定执行。

进口货物到达前，纳税义务人经海关核准可以先行申报。具体办法由海关总署另行规定。

二、纳税期限

纳税义务人应当自海关填发税款缴款书之日起15日内向指定银行缴纳税款。纳税义务人未按期缴纳税款的，从滞纳税款之日起，按日加收滞纳税款万分之五的滞纳金。

海关征收关税、滞纳金等，应当按人民币计征。进出口货物的成交价格以及有关费用以外币计价的，以中国人民银行公布的基准汇率折合为人民币计算完税价格；以基准汇率币种以外的外币计价的，按照国家有关规定套算为人民币计算完税价格。适用汇率的日期由海关总署规定。

纳税义务人因不可抗力或者在国家税收政策调整的情形下，不能按期缴纳税款的，经海关批准，可以延期缴纳税款，但是最长不得超过6个月。

三、纳税地点

关税的纳税地点是报关地海关。为方便纳税义务人，经申请且海关同意，进（出）口货物的纳税义务人可以在设有海关的指运地（启运地）办理海关申报、纳税手续。

四、关税补征、追征和退还

（一）补征、追征

进出口货物放行后，海关发现少征或者漏征税款的，应当自缴纳税款或者货物放行之日起1年内，向纳税义务人补征税款。

但因纳税义务人违反规定造成少征或者漏征税款的，海关可以自缴纳税款或者货物放行之日起3年内追征税款，并从缴纳税款或者货物放行之日起按日加收少征或者漏征税款0.05‰的滞纳金。

需由海关监管使用的减免税进口货物，在监管年限内转让或者移作他用需要补税的，海关应当根据该货物进口时间折旧估价，补征进口关税。特定减免税进口货物的监管年限由海关总署规定。

（二）退还

海关发现多征税款的，应当立即通知纳税义务人办理退还手续。

纳税义务人发现多缴税款的，自缴纳税款之日起1年内，可以以书面形式要求海关退还多缴的税款并加算银行同期活期存款利息；海关应当自受理退税申请之日起30日内查实并通知纳税义务人办理退还手续。

纳税义务人应当自收到通知之日起3个月内办理有关退税手续。

有下列情形之一的，纳税义务人自缴纳税款之日起1年内，可以申请退还关税，并应当以书面形式向海关说明理由，提供原缴款凭证及相关资料：

（1）已征进口关税的货物，因品质或者规格原因，原状退货复运出境的；

（2）已征出口关税的货物，因品质或者规格原因，原状退货复运进境，并已重新缴纳因出口而退还的国内环节有关税收的；

（3）已征出口关税的货物，因故未装运出口，申报退关的。

海关应当自受理退税申请之日起30日内查实并通知纳税义务人办理退还手续。纳税义务人应当自收到通知之日起3个月内办理有关退税手续。

第四节　船舶吨税法

一、船舶吨税的基本要素

（一）征税对象和纳税人

自中华人民共和国境外港口进入境内港口的船舶（应税船舶），应当缴纳船舶吨税（简称吨税）。应纳税船舶的负责人为纳税人。

（二）税目和税率

吨税设置优惠税率和普通税率。

中华人民共和国籍的应税船舶，船籍国（地区）与中华人民共和国签订含有相互给予船舶税费最惠国待遇条款的条约或者协定的应税船舶，适用优惠税率。

其他应税船舶适用普通税率。吨税税目税率表如表5-2所示。

表5-2　吨税税目税率表

税目 （按船舶净吨位划分）	税率/（元/净吨）						备注
	普通税率 （按执照期限划分）			优惠税率 （按执照期限划分）			
	1年	90日	30日	1年	90日	30日	
不超过2 000净吨位	12.6	4.2	2.1	9.0	3.0	1.5	（1）拖船按照发动机功率每千瓦折合净吨位0.67吨。 （2）无法提供净吨位证明文件的游艇，按照发动机功率每千瓦折合净吨位0.05吨。 （3）拖船和非机动驳船分别按相同净吨位船舶税率的50%计征税款
超过2 000净吨，但不超过10 000净吨位	24.0	8.0	4.0	17.4	5.8	2.9	
超过10 000净吨，但不超过50 000净吨位	27.6	9.2	4.6	19.8	6.6	3.3	
超过50 000净吨位	31.8	10.6	5.3	22.8	7.6	3.8	

二、船舶吨税应纳税额的计算

吨税按照船舶净吨位和吨税执照期限征收。

应税船舶负责人在每次申报纳税时，可以按照《吨税税目税率表》选择申领一种期限的吨税执照。应纳税额的计算公式为：

$$应纳税额=船舶净吨位×适用税率$$

✿ 做中学 5-8

（单选题）A国和我国签订了相互给予船舶税费最惠国待遇条款的协议，2月自A国港口进入我国港口船舶两艘，一艘净吨位为10 000吨的货轮，一艘为发动机功率为4 000千瓦的拖船，这两艘船舶的执照期限均为1年。根据船舶吨税的相关规定，应缴纳船舶吨税为（　　　）元。已知超过2 000净吨位，但不超过10 000净吨位的，执照期限为1年，其税率为17.4元/净吨位。

　　A. 197 316　　　　　B. 112 587　　　　C. 168 422　　　　D. 220 632

[答案] A

[解析] 应纳税额=船舶净吨位×适用税率，拖船按照发动机功率每千瓦折合净吨位0.67吨，拖船和非机动驳船分别按相同净吨位船舶税率的50%计征税款。

　　应缴纳船舶吨税税额=10 000×17.4+4 000×0.67×17.4×50%

　　　　　　　　　　　　=174 000+23 316=197 316（元）

三、船舶吨税的税收优惠

（一）下列船舶免征吨税

（1）应纳税额在人民币50元以下的船舶。

（2）自境外以购买、受赠、继承等方式取得船舶所有权的初次进口到港的空载船舶。

（3）吨税执照期满后24小时内不上下客货的船舶。

（4）非机动船舶（不包括非机动驳船）。

（5）捕捞、养殖渔船。

（6）避难、防疫隔离、修理、改造、终止运营或者拆解，并不上下客货的船舶。

（7）军队、武装警察部队专用或者征用的船舶。

（8）警用船舶。

（9）依照法律规定应当予以免税的外国驻华使领馆、国际组织驻华代表机构及其有关人员的船舶。

（10）国务院规定的其他船舶。

（二）其他情况

在吨税执照期限内，应税船舶发生下列情形之一的，海关按照实际发生的天数批注延长吨税执照期限：

（1）避难、防疫隔离、修理、改造，并不上下客货。

（2）军队、武装警察部队征用。

四、船舶吨税的征收管理

吨税由海关负责征收，海关征收吨税应当制发缴款凭证。

（一）吨税执照

应税船舶负责人缴纳吨税或者提供担保后，海关按照其申领的执照期限填发吨税执照。

应税船舶在进入港口办理入境手续时，应当向海关申报纳税领取吨税执照，或者交验吨税执照（或者申请核验吨税执照电子信息）。应税船舶在离开港口办理出境手续时，应当交验吨税执照（或者申请核验吨税执照电子信息）。

应税船舶负责人申领吨税执照时，应当向海关提供下列文件：

（1）船舶国籍证书或者海事部门签发的船舶国籍证书收存证明。

（2）船舶吨位证明。

应税船舶在吨税执照期限内，因修理、改造导致净吨位变化的，吨税执照继续有效。应税船舶办理出入境手续时，应当提供船舶经过修理、改造的证明文件。

应税船舶在吨税执照期限内，因税目税率调整或者船籍改变而导致适用税率变化的，吨税执照继续有效。因船籍改变而导致适用税率变化的，应税船舶在办理出入境手续时，应当提供船籍改变的证明文件。

吨税执照在期满前毁损或者遗失的，应当向原发照海关书面申请核发吨税执照副本，不再补税。

（二）纳税义务发生时间

吨税纳税义务发生时间为应税船舶进入港口的当日。应税船舶在吨税执照期满后尚未离开港口的，应当申领新的吨税执照，自上一次执照期满的次日起续缴吨税。

（三）纳税期限

应税船舶负责人应当自海关填发吨税缴款凭证之日起15日内缴清税款。未按期缴清税款的，自滞纳税款之日起至缴清税款之日止，按日加收滞纳税款万分之五的税款滞纳金。

应税船舶到达港口前，经海关核准先行申报并办结出入境手续的，应税船舶负责人应当向海关提供与其依法履行吨税缴纳义务相适应的担保；应税船舶到达港口后，依照规定向海关申报纳税。

（四）税款的退还、补征、追征

（1）海关发现少征或者漏征税款的，应当自应税船舶应当缴纳税款之日起1年内，补征税款。但因应税船舶违反规定造成少征或者漏征税款的，海关可以自应当缴纳税款之日起3年内追征税款，并自应当缴纳税款之日起按日加征少征或者漏征税款万分之五的税款滞纳金。

（2）海关发现多征税款的，应当在24小时内通知应税船舶办理退还手续，并加算银行同期活期存款利息。

（3）应税船舶发现多缴税款的，可以自缴纳税款之日起3年内以书面形式要求海关退还多缴的税款并加算银行同期活期存款利息；海关应当自受理退税申请之日起30日内查实并通知应税船舶办理退还手续。

（4）应税船舶有下列行为之一的，由海关责令限期改正，处2 000元以上3万元以下的罚款；不缴或者少缴应纳税款的，处不缴或者少缴税款50%以上5倍以下的罚款，但罚款不得低于2 000元：

① 未按照规定申报纳税、领取吨税执照；

② 未按照规定交验吨税执照（或者申请核验吨税执照电子信息）以及提供其他证明文件。

❖ **做中学 5-9**

（单选题）下列关于船舶吨税的说法，正确的有（　　　）。

A. 船舶吨税的纳税义务发生时间为应税船舶进入港口的当日

B. 应税船舶在吨税执照期限内，因修理导致净吨位变化的，吨税执照继续有效

C. 海关发现少征或者漏征税款的，应当自应税船舶应当缴纳税款之日起3年内，补征税款

D. 应税船舶未按照规定申报纳税、领取吨税执照的，由海关责令限期改正，处2 000元以上3万元以下罚款；不缴或者少缴应纳税款的，处不缴或者少缴税款50%以上5倍以下的罚款，但罚款不得低于2 000元

［答案］ABD

［解析］C选项，海关发现少征或者漏征税款的，应当自应税船舶应当缴纳税款之日起1年内，补征税款。

推荐阅读

1.《中华人民共和国海关法》（1987年7月1日起施行，2021年4月29日修订）

2.《中华人民共和国进出口关税条例》（2004年1月1日起施行）

3.《中华人民共和国进出口税则（2022）》（2022年1月1日起实施）

4.《中华人民共和国船舶吨税法》（2018年7月1日起施行）

职业能力训练

1. 某公司进口收音机1 000台，其单位完税价格为人民币80元，假定关税税率为20%，计算进口这批收音机应缴纳的关税税额。

2. 某进出口公司进口一批冰箱，境外口岸成交价格为500万元，这批货物运抵我国关境输入地点起卸前发生运输费用20万元、保险费用10万元、装卸费用10万元，假定关税税率为10%。计算进口该批冰箱应缴纳的关税税额。

3. 某进出口公司出口一批货物，向境外销售的成交价格共计122万元（包括支付给境外的佣金2万元），出口关税税率为20%。计算出口该批货物应缴纳的关税税额。

4. 甲商贸公司为增值税一般纳税人。5月发生如下经济业务：进口一批货物，境外买价为250万元，另支付该批货物运抵我国海关前发生的包装费3万元、运输费15万元、保险费13万元。货物报关时，按规定缴纳了进口环节的增值税并取得了海关进口增值税专用缴款书。随后又支付了境内运输费，取得增值税专用发票注明金额10万元，税额0.9万元。已知：货物进口关税税率为10%，增值税税率为13%。计算该公司进口环节应缴纳的关税税额和增值税税额。

第五章
交互式习题
自测

个人所得税法

学习目标

❖ 素养目标

- 明确个人所得税在调节收入分配、推动共同富裕等方面的作用，树立责任意识；
- 通过个人所得税附加扣除等方面的税收优惠，感受社会主义制度优越性，增强制度自信、道路自信；
- 结合个人所得税的相关知识，树立诚实守信、依法纳税意识。

❖ 知识目标

- 理解个人所得税的概念、特点；
- 掌握个人所得税的居民纳税人和非居民纳税人的确定及纳税义务；
- 掌握工资、薪金所得，劳务报酬所得，稿酬所得，特许权使用费所得，经营所得，利息、股息、红利所得，财产租赁所得，财产转让所得，偶然所得等征税范围的确定及适用税率；
- 掌握个人所得税7级超额累进税率和5级超额累进税率；
- 理解个人所得税纳税期限、纳税方式、纳税地点等征收管理规定。

❖ 技能目标

- 能正确计算个人所得税综合所得和分类所得应纳税所得额；
- 能正确地进行个人所得税的预缴和汇算清缴。

思维导图

个人所得税法
- 个人所得税的基本要素
  - 个人所得税的概念与特点
  - 个人所得税的纳税人
  - 个人所得税的征税范围
  - 个人所得税的税率
  - 个人所得税的税收优惠
- 个人所得税应纳税额的计算
  - 居民个人综合所得应纳税额的计算
  - 居民个人综合所得预扣预缴办法
  - 非居民个人综合所得应纳税额的计算
  - 经营所得应纳税额的计算
  - 财产租赁所得应纳税额的计算
  - 财产转让所得应纳税额的计算
  - 利息、股息、红利所得和偶然所得应纳税额的计算
  - 境外所得应纳税额的计算
- 个人所得税的征收管理
  - 纳税方式
  - 纳税期限
  - 纳税地点

学习计划

● 素养提升计划

_____

● 知识学习计划

_____

● 技能训练计划

_____

第一节　个人所得税的基本要素

❖ 引例

张先生任职于宏泰科技有限公司，是青岛户籍人口，有3个孩子，一个上小学二年级，一个上幼儿园，一个当年1月份出生，张先生夫妻二人均为独生子女家庭，父母已经年满60周岁，岳父岳母未满60岁，在青岛拥有住房一套，每月房贷利息为400元，夫妻商定扣除费用平均分摊。2023年取得的收入如下：

1. 每月工资薪酬30 000元，宏泰科技有限公司每月为其代扣代缴"五险一金"4 400元，企业年金600元。

2. 5月兼职为天资公司开发网络平台，获得报酬30 000元。

3. 6月撰写著作，取得稿费所得6 000元。

4. 6月购买体育彩票，中奖所得10 000元。

5. 12月取得公司发放的全年一次性奖金80 000元；捐赠希望工程1 000元。

【问题与思考】

1. 张先生属于个人所得税哪一类纳税义务人？其纳税义务如何界定？

2. 张先生取得的上述收入哪些属于应税所得项目？哪些属于综合所得？

3. 宏泰科技有限公司1—12月份各月及全年为张先生预扣预缴个人所得税税额为多少？

4. 张先生劳务报酬和稿酬所得预扣预缴个人所得税税额为多少？

5. 张先生取得的全年一次性奖金如何纳税？

6. 张先生年度综合所得汇算应退（或应补）税款多少？

7. 张先生取得的中奖所得如何纳税？

一、个人所得税的概念与特点

（一）概念

个人所得税法，是指国家制定的用以调整个人所得税征收与缴纳相关权利及义务关系的法律规范。个人所得税是以个人（自然人）取得的应税所得为征税对象所征收的一种所得税。作为征税对象的个人所得，是指个人在一定期间内，通过各种来源或方式所取得的一切利益，而不论这种利益是偶然的，是临时的，是货币、有价证券的，还是实

个人所得税
法与我国税
收法治建设

物的。个人所得税在组织财政收入、提高公民纳税意识，尤其在调节个人收入分配差距方面具有重要作用。

个人所得税法律规范是1980年9月10日第五届全国人民代表大会第三次会议制定的并经过了七次修改的《中华人民共和国个人所得税法》，现行适用的是2018年8月31日，由第十三届全国人民代表大会常务委员会第五次会议修改通过，并于2019年1月1日起施行的《中华人民共和国个人所得税法》（简称《个人所得税法》）。

（二）特点

个人所得税是世界各国普遍开征的税种，各国的个人所得税制不尽相同。我国个人所得税主要有以下几个特点：

1. 采取综合与分类相结合的混合征收制

从世界范围来看，个人所得税有分类征收制、综合征收制和混合征收制3种税制模式。2019年1月1日起，我国个人所得税将分类征收制，改为综合与分类征收相结合的混合征收制。即对工资、薪金所得，劳务报酬所得，稿酬所得，特许权使用费所得采取综合所得计税，按月预扣预缴，年终汇算清缴；而对经营所得，利息、股息、红利所得，财产租赁所得，财产转让所得，偶然所得五项所得则分别按比例税率计税。这样可以广泛采用源泉扣缴办法，加强控制和管理，简化纳税手续，方便征纳双方。

2. 累进税率与比例税率并用

比例税率计算简便，便于实行源泉扣缴；累进税率可以合理调节收入分配，体现公平。我国现行的个人所得税利用两种税率的优点，将其适当地运用到个人所得税制中。其中，对工资、薪金所得，劳务报酬所得，稿酬所得，特许权使用费所得采取综合计税，采用七级超额累进税率，经营所得采用五级超额累进税率，而对利息、股息、红利所得，财产租赁所得，财产转让所得，偶然所得则按比例税率计算，实行等比负担。

3. 基本减除项目、专项扣除、专项附加扣除、依法确定的扣除项目

各国的个人所得税均有费用扣除的规定，但扣除的方法及额度不尽相同，我国的个人所得税费用扣除额较宽，采用了费用定额扣除和定率扣除两种方法。对综合所得，每月减除费用5 000元；对劳务报酬所得，每次收入不超过4 000元的，定额减除800元，每次收入4 000元以上的，定率减除20%的费用。按照这样的标准减除费用，实际上就等于对绝大多数劳动者的工资、薪金所得及劳务报酬所得予以免税。

4. 采取源泉扣税、自行申报与汇算清缴方法

我国《个人所得税法》规定，对纳税人的应纳税额分别采取由支付单位源泉扣缴和纳税人自行申报两种方法，同时对综合所得采取按年度汇算清缴办法。对凡是可以在应

税所得的支付环节扣缴个人所得税的，均由扣缴义务人履行代扣代缴义务。对没有扣缴义务人以及在两处以上取得工资、薪金所得的，由纳税人自行申报纳税。此外，对其他不便于扣缴税款的，也规定由纳税人自行申报纳税。

二、个人所得税的纳税人

个人所得税的纳税人，包括中国公民，个体工商户、个人独资企业、合伙企业投资者，以及在中国有所得的外籍人员（包括无国籍人员，下同）和中国香港、澳门、台湾同胞。上述纳税人依据住所和居住时间两个标准，区分为居民个人和非居民个人，分别承担不同的纳税义务。

● ─ 温馨提示 ─

我国税法规定的住所标准和居住时间标准，是判定居民身份的两个并列性标准，个人只要符合或达到其中任何一个标准，就可以被认定为居民个人。

（一）居民个人

居民个人，是指在中国境内有住所的个人，或者无住所而一个纳税年度内在中国境内居住累计满183天的个人。

所谓在中国境内有住所的个人，是指因户籍、家庭、经济利益关系，而在中国境内习惯性居住的个人。所谓一个纳税年度在境内居住累计满183天的个人，是指在一个纳税年度（即公历1月1日起至12月31日止，下同）内，在中国境内居住累计满183天的个人。按纳税人一个纳税年度内在境内的实际居住时间确定。

居民个人包括以下两类：

（1）在中国境内定居的中国公民和外国侨民，但不包括虽具有中国国籍，却并没有在中国大陆定居，而是侨居海外的华侨和居住在中国香港、澳门、台湾的同胞。

（2）从公历1月1日起至12月31日止，在中国境内累计居住满183天的外国人、海外侨胞和中国香港、澳门、台湾同胞。

例如，一个外籍人员从2022年3月起到中国境内的公司任职，在2022年纳税年度内，在我国境内的居住停留时间累计达200天，期间该外籍个人曾多次离境回国，由于其已经超过了一个纳税年度内在境内累计居住满183天的标准，因此，该纳税义务人应为居民个人。

居民个人，因其享受了中国所有公共财政支出的福利，应该承担无限纳税义务，对来源于中国境内和中国境外的所得，应向中国缴纳个人所得税。

（二）非居民个人

非居民个人，是指不符合居民个人判定标准（条件）的纳税义务人，同时也指在中国境内无住所又不居住，或者无住所而一个纳税年度内在中国境内居住累计不满183天的个人。非居民个人是在一个纳税年度中，没有在中国境内居住，或者在中国境内居住天数累计不满183天的外籍人员、华侨或中国香港、澳门、台湾同胞。

非居民个人承担有限纳税义务，仅就其来源于中国境内的所得，向中国缴纳个人所得税。

居民个人和非居民个人判别标准和纳税义务对比表，如表6-1所示。

表6-1　居民个人和非居民个人判别标准和纳税义务对比表

纳税人	情况判定	纳税义务
居民个人	在中国境内有住所的个人	无限纳税义务（就来源于中国境内、境外所得纳税）
	在中国境内无住所，但在一个纳税年度内在中国境内居住累计满183天的个人	
非居民个人	在中国境内无住所又不居住的个人	有限纳税义务（仅就来源于中国境内所得纳税）
	在中国境内无住所，而在一个纳税年度内在中国境内居住累计不满183天的个人	

除国务院财政、税务主管部门另有规定外，下列所得，不论支付地点是否在中国境内，均为来源于中国境内的所得：

（1）因任职、受雇、履约等而在中国境内提供劳务取得的所得。

（2）将财产出租给承租人在中国境内使用而取得的所得。

（3）转让中国境内的不动产等财产或者在中国境内转让其他财产取得的所得。

（4）许可各种特许权在中国境内使用而取得的所得。

（5）从中国境内企业、事业单位、其他组织以及居民个人取得的利息、股息、红利所得。

🔲 引例分析6-1

张先生是青岛户籍人口，属于个人所得税纳税义务人中居民纳税义务人，负有无限纳税义务，应就其境内和境外所得缴纳个人所得税。

三、个人所得税的征税范围

个人所得税的征税范围是指应该缴纳个人所得税的个人所得项目，确定应税所得项目可以使纳税人明确自己都有哪些收入是需要纳税的。下列各项个人所得，应纳个人所得税。

（一）工资、薪金所得

工资、薪金所得，是指个人因任职或受雇而取得的工资、薪金、奖金、年终加薪、劳动分红、津贴、补贴，以及与任职或受雇有关的其他所得。

通常情况下，把直接从事生产、经营或服务的劳动者（工人）取得的收入称为工资，即所谓"蓝领阶层"所得；而将从事社会公职或管理活动的劳动者（公职人员）取得的收入称为薪金，即所谓"白领阶层"所得。奖金（不含免税奖金）是指所有具有工资性质的奖金。年终加薪、劳动分红不分种类和取得情况，一律按工资、薪金所得征税。津贴、补贴是指具有工资性质的津贴和补贴。

不属于工资、薪金性质的津贴、补贴，不征收个人所得税。包括：① 独生子女补贴。② 执行公务员工资制度未纳入基本工资总额的津贴、补贴差额和家属成员的副食品补贴。③ 托儿补助费。④ 差旅费津贴、误餐补助。⑤ 外国来华留学生领取的生活津贴费、奖学金。

❖ **做中学 6-1**

（多选题）下列各项中，应按"工资、薪金所得"缴纳个人所得税的有（　　　　）。

A. 年终加薪　　　　B. 劳动分红　　　C. 差旅费津贴　　　D. 误餐补助

［答案］AB

［解析］年终加薪、劳动分红不分种类和取得情况，一律按工资、薪金所得征税。差旅费津贴、误餐补助是不属于工资、薪金性质的津贴、补贴。

（二）劳务报酬所得

劳务报酬所得，是指个人独立从事各种非雇佣的劳务所取得的所得，包括设计、装潢、安装、制图、化验、测试、医疗、法律、会计、咨询、讲学、翻译、审稿、书画、雕刻、影视、录音、录像、演出、表演、广告、展览、技术服务、介绍服务、经纪服务、代办服务等劳务项目及其他劳务。

个人由于担任董事职务所取得的董事费收入，按照"劳务报酬所得"项目征收个人所得税，但仅适用于个人担任公司董事、监事，且不在公司任职、受雇的情形。

（三）稿酬所得

稿酬所得，是指个人因其作品以图书、报刊形式出版、发表而取得的所得。这里所说的作品，包括文学作品、书画作品、摄影作品以及其他作品。不以图书、报刊形式出版、发表的翻译、审稿、书画所得归为劳务报酬所得，不属于稿酬所得。

（四）特许权使用费所得

特许权使用费所得，是指个人提供专利权、商标权、著作权、非专利技术以及其他特许权的使用权取得的所得。提供著作权的使用权取得的所得，不包括稿酬所得。

（五）经营所得

（1）个体工商户从事生产、经营活动取得的所得，个人独资企业投资人、合伙企业的个人合伙人来源于境内注册的个人独资企业、合伙企业生产、经营的所得。个体工商户以业主为个人所得税纳税义务人。

（2）个人依法从事办学、医疗、咨询以及其他有偿服务活动取得的所得。

（3）个人对企业、事业单位承包经营、承租经营以及转包、转租取得的所得。

（4）个人从事其他生产、经营活动取得的所得。如个人因从事彩票代销业务而取得的所得，或者从事个体出租车运营的出租车驾驶员取得的收入，都应按照"经营所得"项目计征个人所得税。个体工商户和从事生产、经营的个人，取得与生产、经营活动无关的其他各项应税所得，应分别按照其他应税项目的有关规定，计算征收个人所得税。

（六）利息、股息、红利所得

利息、股息、红利所得，是指个人拥有债权、股权而取得的利息、股息、红利所得。

除个人独资企业、合伙企业以外的其他企业的个人投资者，以企业资金为本人、家庭成员及其相关人员支付与企业生产经营无关的消费性支出及购买汽车、住房等财产性支出，视为企业对个人投资者的红利分配，依照"利息、股息、红利所得"项目计征个人所得税。企业的上述支出不允许在所得税前扣除。

纳税年度内个人投资者从其投资企业（个人独资企业、合伙企业除外）借款，在该纳税年度终了后既不归还又未用于企业生产经营的，其未归还的借款可视为企业对个人投资者的红利分配，依照"利息、股息、红利所得"项目计征个人所得税。

（七）财产租赁所得

财产租赁所得，是指个人出租不动产、机器设备、车船以及其他财产取得的所得。个人取得的财产转租收入，属于"财产租赁所得"的征税范围，由财产转租人缴纳个人所得税。

（八）财产转让所得

财产转让所得，是指个人转让有价证券、股权、合伙企业中的财产份额、不动产、机器设备、车船以及其他财产取得的所得。

议一议

> 财产租赁所得和财产转让所得的区别。

（九）偶然所得

偶然所得，是指个人得奖、中奖、中彩以及其他偶然性质的所得。

偶然所得应缴纳的个人所得税税款，一律由发奖单位或机构代扣代缴。个人取得的所得，难以界定应纳税所得项目的，由国务院税务主管部门确定。

个人所得税采取"综合与分类相结合"的计税模式。居民个人取得上述第（一）项至第（四）项所得，称为"综合所得"，按纳税年度合并计算个人所得税；非居民个人取得上述第（一）项至第（四）项所得，按月或者按次分项计算个人所得税。纳税人取得上述第（五）项至第（九）项所得，称为"分类所得"，依法分别计算个人所得税。

做中学 6-2

（多选题）李某 202× 年取得的下列所得中属于综合所得的有（　　　　）。

A. 工资所得20万元　　　　　B. 审稿所得2万元

C. 年终奖金5万元　　　　　　D. 出租房屋租金所得3万元

[答案] ABC

[解析] 综合所得包括工资、薪金所得，稿酬所得，劳务报酬所得，特许权使用费所得4项所得；出租房屋租金所得属于财产租赁所得，不属于综合所得。

引例分析6-2

张先生取得的收入归属的应税项目具体如表6-2所示。

表6-2 张先生取得的收入归属的应税项目

序号	所得内容	应税项目	纳税
1	每月工资薪酬30 000元	工资、薪金	综合所得，预扣预缴，年终汇算清缴
2	兼职为其他公司开发网络平台，获得报酬30 000元	劳务报酬	
3	稿费所得6 000元	稿酬所得	
4	全年一次性奖金80 000元	工资、薪金	
5	购买体育彩票中奖10 000元	偶然所得	分类纳税

四、个人所得税的税率

个人所得税规定了超额累进税率和比例税率两种税率形式。各应税所得项目的适用税率，如表6-3所示。

表6-3 个人所得税适用税率表

税率		适用项目个人所得项目	
超额累进税率	七级超额累进税率（税率为3%、10%、20%、25%、30%、35%、45%七级）	1. 工资、薪金所得 2. 劳务报酬所得 3. 稿酬所得 4. 特许权使用费所得	综合所得计税
	五级超额累进税率（税率为5%、10%、20%、30%、35%五级）	5. 经营所得	分类所得计税
比例税率	税率为20%	6. 利息、股息、红利所得 7. 财产租赁所得 8. 财产转让所得 9. 偶然所得	

五、个人所得税的税收优惠

（一）免税项目

（1）省级人民政府、国务院部委和中国人民解放军军以上单位，以及外国组织、国际组织颁发的科学、教育、技术、文化、卫生、体育、环境保护等方面的奖金。

（2）国债和国家发行的金融债券利息。

（3）按照国家统一规定发给的补贴、津贴，是指按国务院规定发给的政府特殊津贴、院士津贴、资深院士津贴，以及国务院规定免征个人所得税的其他补贴、津贴。

（4）福利费、抚恤金、救济金。

（5）保险赔款。

（6）军人的转业费、复员费、退役金。

（7）按照国家统一规定发给干部、职工的安家费、退职费、基本养老金或者退休费、离休费、离休生活补助费。

（8）依照我国有关法律规定应予免税的各国驻华使馆、领事馆的外交代表、领事官员和其他人员的所得。

（9）中国政府参加的国际公约、签订的协议中规定免税的所得。

（10）国务院规定的其他免税所得，具体由国务院报全国人民代表大会常务委员会备案。

（二）减税项目

有下列情形之一的，可以减征个人所得税，具体幅度和期限由省、自治区、直辖市人民政府规定，并报同级人民代表大会常务委员会备案。

（1）残疾、孤老人员和烈属的所得。

（2）因自然灾害遭受重大损失的。

（3）国务院可以规定其他减税情形，报全国人民代表大会常务委员会备案。

（三）其他减免税项目

（1）个人举报、协查各种违法、犯罪行为而获得的奖金，暂免征收个人所得税。

（2）个人取得单张有奖发票奖金所得不超过800元（含800元）的，暂免征收个人所得税。

（3）个人转让境内上市公司的股票转让所得，暂免征收个人所得税。

（4）自2015年9月8日起，个人从公开发行和转让市场取得的上市公司股票，持股期限超过1年的，股息、红利所得，暂免征收个人所得税。

（5）自2008年10月9日起，对居民个人储蓄存款利息所得，暂免征收个人所得税。

（6）个人办理代扣代缴手续，按规定取得的扣缴手续费，暂免征收个人所得税。

（7）对个人购买福利彩票、体育彩票，一次中奖收入在1万元以下（含1万元）的，暂免征收个人所得税，超过1万元的，全额征收个人所得税。

（8）对国有企业职工，因企业依照《中华人民共和国企业破产法》宣告破产，从破产企业取得的一次性安置费收入，免征个人所得税。

（9）个人转让自用达5年以上，并且是唯一的家庭生活用房取得的所得，暂免征收个人所得税。

（10）以下情形的房屋产权无偿赠与，对当事双方不征收个人所得税：

① 房屋产权所有人将房屋产权无偿赠与配偶、父母、子女、祖父母、外祖父母、孙子女、外孙子女、兄弟姐妹；

② 房屋产权所有人将房屋产权无偿赠与对其承担直接抚养或者赡养义务的抚养人或赡养人；

③ 房屋产权所有人死亡，依法取得房屋产权的法定继承人、遗嘱继承人或受遗赠人。

（11）达到离休、退休年龄，但确因工作需要，适当延长离休、退休年龄的高级专家（指享受国家发放的政府特殊津贴的专家、学者），其在延长离休、退休期间的工资、薪金所得，视同离休、退休工资，免征个人所得税。

（四）扣除优惠

爱让世间温暖：公益救济性捐赠的扣除

个人将其所得通过中国境内的公益性社会组织、国家机关对教育、扶贫、济困等公益慈善事业进行捐赠，捐赠额未超过纳税人申报的应纳税所得额30%的部分，可以从其应纳税所得额中扣除，即免征个人所得税；国务院规定对公益慈善事业捐赠实行全额税前扣除的，从其规定。

做中学 6-3

（单选题）根据《中华人民共和国个人所得税法》的规定，下列各项中，应当征收个人所得税的是（　　）。

A. 转让A股某上市公司的股票转让所得2万元

B. 个人购买福利彩票中奖2万元

C. 个人举报环境污染而获得的奖金

D. 个人取得单张有奖发票奖金500元

［答案］B

［解析］对个人购买福利彩票、体育彩票，一次中奖收入在1万元以下（含1万元）的，暂免征收个人所得税，超过1万元的，全额征收个人所得税。

第二节　个人所得税应纳税额的计算

一、居民个人综合所得应纳税额的计算

（一）应纳税所得额

居民个人的综合所得，是以每一纳税年度收入总额减除基本扣除60 000元，以及专项扣除、专项附加扣除和依法确定的其他扣除后的余额。计算公式为：

$$\text{综合所得应纳税所得额} = \text{纳税年度综合收入额} - \text{基本扣除60 000元} - \text{专项扣除} - \text{专项附加扣除} - \text{其他扣除}$$

1. 纳税年度综合收入额

居民个人纳税年度综合收入额，包括工资、薪金所得，劳务报酬所得，特许权使用费所得，稿费所得4项。计算公式为：

$$\text{纳税年度综合收入额} = \text{全年工资、薪金所得} + \text{劳务报酬所得} \times 80\% + \text{特许权使用费所得} \times 80\% + \text{稿酬所得} \times 56\%$$

其中：（1）全年工资、薪金所得：全额计入收入额；

（2）劳务报酬所得、特许权使用费所得：按劳务报酬所得、特许权使用费所得减除20%费用后的余额，即实际取得劳务报酬所得、特许权使用费所得的80%计算；

（3）稿酬所得：按稿酬所得扣除20%费用的基础上，再减按70%计算，即稿酬所得的收入额为实际取得稿酬收入的56%。

2. 基本扣除

基本扣除，是指为保障纳税人基本生活支出而进行的扣除，是最基本的一项生计扣除，我国目前设置定额的扣除标准是每月5 000元，即全年60 000元。

3. 专项扣除

专项扣除，是指允许在税前扣除的"三险一金"，指个人按照国家规定范围和标准

缴纳的养老保险、医疗保险、失业保险和住房公积金。

4. 专项附加扣除

专项附加扣除，是指为进一步减轻群众税收负担，增加居民实际收入，增强消费能力，保障纳税人照护3岁以下婴幼儿、子女教育、继续教育、大病医疗、赡养老人、住房贷款利息、住房租金等方面的支出，我国税法规定了7项专项附加扣除，充分体现公平简便的税收原则。

（1）照护3岁以下婴幼儿支出。纳税人照护3岁以下婴幼儿子女的相关支出，按照每个婴幼儿每月2 000元的标准定额扣除。父母可以选择由其中一方按扣除标准的100%扣除，也可以选择由双方分别按扣除标准的50%扣除，具体扣除方式在一个纳税年度内不能变更。

（2）子女教育支出。纳税人的子女接受学前教育支出和全日制学历教育的相关支出，按照每个子女每月2 000元的标准定额扣除。

（3）继续教育支出。纳税人在中国境内接受学历（学位）继续教育的支出，在学历（学位）继续教育期间按照每月400元定额扣除。同一学历（学位）继续教育的扣除期限不能超过48个月。纳税人接受技能人员职业资格继续教育、专业技术人员职业资格继续教育的支出，在取得相关证书的当年，按照3 600元定额扣除。

（4）大病医疗支出。在一个纳税年度内，纳税人发生的与基本医保相关的医药费用支出，扣除医保报销后个人负担（指医保目录范围内的自付部分）累计超过15 000元的部分，由纳税人在办理年度汇算清缴时，在80 000元限额内据实扣除。

（5）赡养老人支出。纳税人赡养一位及以上被赡养人的赡养支出，统一按照以下标准定额扣除：

① 纳税人为独生子女的，按照每月3 000元的标准定额扣除。

② 纳税人为非独生子女的，由其与兄弟姐妹分摊每月3 000元的扣除额度，每人分摊的额度不能超过每月1 500元。可以由赡养人均摊或者约定分摊，也可以由被赡养人指定分摊。约定或者指定分摊的，须签订书面分摊协议，指定分摊优先于约定分摊。具体分摊方式和额度在一个纳税年度内不能变更。

（6）住房贷款利息支出。纳税人本人或者配偶，单独或者共同使用商业银行或者住房公积金个人住房贷款为本人或者其配偶购买中国境内住房，发生的首套住房贷款利息支出，在实际发生贷款利息的年度，按照每月1 000元的标准定额扣除，扣除期限最长不超过240个月。纳税人只能享受一次首套住房贷款的利息扣除。

（7）住房租金支出。纳税人在主要工作城市没有自有住房而发生的住房租金支出，可以按照以下标准定额扣除：① 直辖市、省会（首府）城市、计划单列市以及国务院确定的其他城市，扣除标准为每月 1 500 元；② 除第一项所列城市外，市辖区户籍人口超过 100 万人的城市，扣除标准为每月 1 100 元；③ 市辖区户籍人口不超过 100 万人的城市，扣除标准为每月 800 元。

价值引领

个税新政助力减轻家庭养育负担

2022 年 3 月，国务院发布通知，明确设立 3 岁以下婴幼儿照护个人所得税专项附加扣除。政策规定，自 2022 年 1 月 1 日起，纳税人照护 3 岁以下婴幼儿子女的相关支出，在计算缴纳个人所得税前按照每名婴幼儿每月 1 000 元的标准定额扣除。2023 年根据《国务院关于提高个人所得税有关专项附加扣除标准的通知》将该标准提高到 2 000 元。在具体扣除方式上，可选择由夫妻一方按扣除标准的 100% 扣除，也可选择由夫妻双方分别按扣除标准的 50% 扣除。监护人不是父母的，也可以按上述政策规定扣除。

3 岁以下婴幼儿照护专项附加扣除政策，与子女教育、继续教育、大病医疗、住房贷款利息、住房租金、赡养老人六项专项附加扣除政策有效衔接，基本上覆盖纳税人全生命周期各个阶段。

这一政策作为优化生育政策的配套支持措施，体现了国家对人民群众生育养育的鼓励和照顾，有利于减轻父母抚养子女负担，提升百姓的幸福感、获得感。

这项政策既允许夫妻双方均摊扣除，也允许夫妻中一人全部扣除，充分反映了我国个人所得税制度中对于家庭因素的考虑以及全面降低中低收入个人税收负担的政策目标导向。

5. 其他扣除

其他扣除是指依法确定的其他扣除，指按照国家税法规定，个人缴纳的符合国家规定的企业年金、职业年金，个人购买国家规定的商业健康保险、税收递延型商业养老保险的支出，以及国务院规定可以扣除的其他项目。

专项扣除、专项附加扣除和依法确定的其他扣除，以居民个人一个纳税年度的应纳税所得额为限额；一个纳税年度扣除不完的，不得结转以后年度扣除。

（二）税率

综合所得适用 3%~45% 的七级超额累进税率，个人所得税税率表一，如表 6-4 所示。

表6-4　个人所得税税率表一

（居民个人工资、薪金所得预扣预缴和综合所得汇算清缴适用）

级数	全年应纳税所得额	税率/%	速算扣除数
1	不超过36 000元的部分	3	0
2	超过36 000元至144 000元的部分	10	2 520
3	超过144 000元至300 000元的部分	20	16 920
4	超过300 000元至420 000元的部分	25	31 920
5	超过420 000元至660 000元的部分	30	52 920
6	超过660 000元至960 000元的部分	35	85 920
7	超过960 000元的部分	45	181 920

注：全年应纳税所得额是指依照《中华人民共和国个人所得税法》第六条的规定，居民个人取得综合所得以每一纳税年度收入额减除费用60 000元以及专项扣除、专项附加扣除和依法确定的其他扣除后的余额。

（三）应纳税额

年应纳税额的计算公式为：

年应纳税额=全年应纳税所得额×适用税率−速算扣除数

做中学 6-4

（计算分析题）居民于女士某2023年全年扣除"三险一金"后共取得含税工资收入100 000元，住房贷款利息支出共计24 000元，该纳税人无其他专项附加扣除和税法规定的其他扣除。计算王某当年应纳个人所得税税额。

［解析］全年应纳税所得额=100 000−60 000−12 000=28 000（元）

应纳税额=28 000×3%=840（元）

做中学 6-5

（计算分析题）居民王先生为独生子女，2023年交完社保和住房公积金后共取得税前工资收入180 000万元，劳务报酬20 000元，稿酬50 000元。该纳税人有3个小孩，其中2个孩子读小学，三孩1周岁，扣除费用商定夫妻平均分摊；纳税人的父母健在且均已年满60岁。计算其当年应纳个人所得税税额。

［解析］全年应纳税所得额=（180 000+20 000×80%+50 000×56%）−60 000−1 000×12×2−1 000×12−3 000×12=92 000（元）

应纳税额=92 000×10%-2 520=6 680（元）

二、居民个人综合所得预扣预缴办法

（一）工资、薪金所得预扣预缴税款的计算

扣缴义务人向居民个人支付工资、薪金所得时，应当按照"累计预扣法"计算预扣预缴税款，并按月办理扣缴申报。计算公式为：

$$本期预扣预缴税款=\left(累计预扣预缴应纳税所得额×预扣率-速算扣除数\right)-累计减免税额-累计已预扣预缴税额$$

$$累计预扣预缴应纳税所得额=累计收入-累计免税收入-累计扣除费用-累计专项扣除-累计专项附加扣除-累计依法确定的其他扣除$$

其中公式中：

累计减免税额，是指税法规定的减免税额，如残疾、孤老人员和烈属的所得的减免税额；

累计免税收入，主要是指纳税人工资、薪金所得中包含的税法规定的免税收入金额，如按照国家统一规定发给的补贴、津贴；

累计扣除费用，按照5 000元/月乘以纳税人当年截至本月在本单位的任职受雇月份数计算；

累计依法确定的其他扣除，包括个人缴付符合国家规定的企业年金、职业年金，个人购买符合国家规定的商业健康保险、税收递延型商业养老保险的支出，以及国务院规定可以扣除的其他项目。

预扣率和速算扣除数为个人所得税税率表一（见表6-4）中的对应的税率和速算扣除数。

当本期预扣预缴税款为负值时，暂不退税。纳税年度终了后余额仍为负值时，由纳税人通过办理综合所得年度汇算清缴，税款多退少补。

纳税人同时从两处以上取得工资、薪金所得，并由扣缴义务人减除专项附加扣除的，对同一专项附加扣除项目，在一个纳税年度内只能选择从一处取得的所得中减除。

为进一步简化个人所得税预扣预缴方法，减轻部分纳税人的税收负担，自2021年1月1日起，对上一完整纳税年度内每月均在同一单位预扣预缴工资、薪金所得个人所得税且全年工资、薪金收入不超过6万元的居民个人，扣缴义务人在预扣预缴本年度工资、薪金所得个人所得税时，累计减除费用自1月份起直接按照全年6万元计算扣除，

纳税人累计收入不超过6万元的月份，暂不预扣预缴个人所得税；在其累计收入超过6万元的当月及年内后续月份，再预扣预缴个人所得税。

🖻 引例分析6-3

宏泰科技有限公司1-12月份各月及全年为张先生预扣预缴个人所得税税额计算表，见表6-5所示。

（二）其他综合所得预扣预缴个人所得税的计算

除工资、薪金所得外，对于扣缴义务人向居民个人支付劳务报酬所得、稿酬所得、特许权使用费所得，应按次或者按月预扣预缴个人所得税，具体计算方法如表6-6所示。

稿酬所得适用20%的比例预扣率。劳务报酬所得适用20%至40%的超额累进预扣率，个人所得税预扣率表如表6-7所示。

🖻 引例分析6-4

劳务报酬所得预扣个人所得税=30 000×（1-20%）×30%-2 000=5 200（元）

稿费所得预扣个人所得税=6 000×（1-20%）×70%×20%=672（元）

（三）居民个人全年一次性奖金

全年一次性奖金应纳税额计算采用：单独计税和合并计税两种办法。

1. 单独计税方法

单独计税方法即单独计算一次性奖金需要缴纳的个人所得税税款，以全年一次性奖金收入除以12个月得到的数额，根据个人所得税税率表一（见表6-4）按月换算后的适用税率和速算扣除数，单独计算纳税。

2. 合并计税方法

合并计税方法即将全年一次性奖金全部并入综合所得计税，同综合所得一并计算需要缴纳的税款。

表6-5 张先生预扣预缴个人所得税税额计算表

月份	累计收入①	累计免税收入②	累计扣除费用③	累计专项扣除④	累计专项附加扣除⑤	累计依法确定的其他扣除⑥	累计预扣预缴应纳税所得额⑦=①-②-③-④-⑤-⑥	预扣率⑧	速算扣除数⑨	累计预扣预缴应纳税所得额⑩=⑦×⑧-⑨	当月预扣预缴个人所得税额⑪=本期⑩-上期⑩
1	30 000		5 000	4 400+600	6 000	400	13 600	3%	0	408	408
2	60 000		10 000	10 000	12 000	800	27 200	3%	0	816	408
3	90 000		15 000	15 000	18 000	1 200	40 800	10%	2 520	1 560	744
4	120 000		20 000	20 000	24 000	1 600	54 400	10%	2 520	2 920	1 360
5	150 000		25 000	25 000	30 000	2 000	68 000	10%	2 520	4 280	1 360
6	180 000		30 000	30 000	36 000	2 400	81 600	10%	2 520	5 640	1 360
7	210 000		35 000	35 000	42 000	2 800	95 200	10%	2 520	7 000	1 360
8	240 000		40 000	40 000	48 000	3 200	108 800	10%	2 520	8 360	1 360
9	270 000		45 000	45 000	54 000	3 600	122 400	10%	2 520	9 720	1 360
10	300 000		50 000	50 000	60 000	4 000	136 000	10%	2 520	11 080	1 360
11	330 000		55 000	55 000	66 000	4 400	149 600	20%	16 920	13 000	1 920
12	440 000		60 000	60 000	72 000	4 800	243 200	20%	16 920	31 720	18 720
合计											31 720

表6-6 劳务报酬所得、稿酬所得、特许权使用费所得税额计算方法

单位：元

收入类型	收入金额	减除费用	预扣预缴应纳税额
劳务报酬所得、特许权使用费所得	≤4 000	800	（劳务报酬所得-800）×预扣率-速算扣除数
	>4 000	劳务报酬所得×20%	（劳务报酬所得-劳务报酬所得×20%）×预扣率-速算扣除数
稿酬所得	≤4 000	800	（稿酬所得-800）×70%×20%
	>4 000	稿酬所得×20%	（稿酬所得-稿酬所得×20%）×70%×20%

表6-7 个人所得税预扣率表

（居民个人劳务报酬所得预扣预缴适用）

级数	预扣预缴应纳税所得额	预扣率/%	速算扣除数
1	不超过20 000元的部分	20	0
2	超过20 000元至50 000元的部分	30	2 000
3	超过50 000元的部分	40	7 000

⊡ 引例分析6-5

（1）采用单独计税方法。则：

全年综合收入额=30 000×12+30 000×80%+6 000×8%×70%=384 336（元）

全年综合所得=384 336-60 000-60 000-72 000-4 800=187 536（元）

全年综合所得应纳税额=187 536×20%-16 920=20 587.2（元）

全年应纳个人所得税=20 587.2+7 790=28 377.2（元）

（2）采用综合计税方法，则：

全年综合所得=187 536+80 000=267 536（元）

全年综合所得应纳税额=267 536×20%-16 920=36 587.2（元）

全年一次性奖金单独计算方式纳税时，应纳税额28 377.2元；合并纳税时，应纳税额36 587.2元；单独计税比合并纳税为纳税人节税8 210（36 587.2-28 377.2）元。

⋒ —— 议一议 ——

全年一次性奖金两种计税办法，由纳税人自行选择的设计目的。

（四）居民个人综合所得年终汇算清缴

居民个人取得综合所得，由扣缴义务人预扣预缴个人所得税后，对符合以下情况的，需要办理汇算清缴：

（1）已预缴税额大于年度应纳税额且申请退税的；

（2）综合所得收入超过12万元且需要补税金额在400元以上的。

纳税人办理汇算清缴，申请退税，应当提供其在中国境内开设的银行账户，并在汇算清缴地就地办理税款退库。汇算清缴的具体办法由国务院税务主管部门制定。

温馨提示

居民纳税人在纳税年度已依法预缴个人所得税且符合下列情形之一的，无须办理汇算清缴：

1. 年度汇算清缴需补税，但综合所得收入全年不超过12万元的；

2. 年度汇算清缴需补税金额不超过400元的；

3. 已预缴税额与年度汇算清缴应纳税额一致的；

4. 符合年度汇算清缴退税条件但不申请退税的。

年度终了后，纳税人汇总全年的工资、薪金，劳务报酬，稿酬和特许权使用费等四项综合收入额，减去基本扣除额60 000元，减去专项扣除、专项附加扣除和其他扣除，计算全年应纳税所得额，乘以适用税率，减去速算扣除数，即为当年综合所得应纳税额。以此减去本年度已预缴税额，即为个人年度综合所得汇算应退（或应补）税额。

$$\begin{array}{l}\text{年度综合所得} \\ \text{汇算应退（或} \\ \text{应补）税额}\end{array} = \left[\left(\begin{array}{l}\text{纳税年} \\ \text{度综合} \\ \text{收入额}\end{array} - \begin{array}{l}\text{基本扣除} \\ \text{60 000元}\end{array} - \begin{array}{l}\text{专项} \\ \text{扣除}\end{array} - \begin{array}{l}\text{专项附} \\ \text{加扣除}\end{array} - \begin{array}{l}\text{其他} \\ \text{扣除}\end{array}\right) \times \begin{array}{l}\text{适用} \\ \text{税率}\end{array} - \begin{array}{l}\text{速算扣} \\ \text{除数}\end{array}\right] - \begin{array}{l}\text{本年度} \\ \text{已预缴} \\ \text{税额}\end{array}$$

引例分析6-6

张先生全年一次性奖金选择单独计税方式。

全年综合所得应纳税额28 377.2（元）

年度综合所得汇算应退（或应补）税额＝28 377.2－（31 720+5 200+672）＝－9 214.8（元）

三、非居民个人综合所得应纳税额的计算

非居民个人综合所得，是指非居民纳税人取得工资、薪金所得，劳务报酬所得，稿酬所得和特许权使用费所得，有扣缴义务人的，由扣缴义务人按月或者按次代扣代缴税款，不办理汇算清缴。

（一）应纳税所得额

非居民个人的工资、薪金所得，以每月收入额减除费用5 000元后的余额为应纳税所得额。计算公式为：

应纳税所得额=每月收入额−5 000

非居民个人取得的劳务报酬所得、稿酬所得、特许权使用费所得，以每次收入额为应纳税所得额。其中属于一次性收入的，以取得该项收入为一次；属于同一项目连续性收入的，以一个纳税年度取得的收入为一次。

（二）税率

非居民个人取得工资、薪金所得，劳务报酬所得，稿酬所得和特许权使用费所得，适用个人所得税税率表二，如表6-8所示。

表6-8　个人所得税税率表二
（非居民个人综合所得适用）

级数	应纳税所得额	税率/%	速算扣除数
1	不超过3 000元的部分	3	0
2	超过3 000元至12 000元的部分	10	210
3	超过12 000元至25 000元的部分	20	1 410
4	超过25 000元至35 000元的部分	25	2 660
5	超过35 000元至55 000元的部分	30	4 410
6	超过55 000元至80 000元的部分	35	7 160
7	超过80 000元的部分	45	15 160

（三）应纳税额

非居民个人综合所得每月应纳税额的计算公式为：

每月应纳税额=每月应纳税所得额×适用税率−速算扣除数

做中学 6-6

（计算分析题）某外商投资企业中工作的外国专家乔治（为非居民纳税人）2023年12月取得由该企业发放的含税工资收入15 000元，为其他单位讲学取得劳务报酬20 000元，取得稿酬所得6 000元。计算当月该专家应纳个人所得税税额。

［解析］乔治当月工资、薪金所得应纳税额=（15 000-5 000）×10%-210=790（元）

乔治当月劳务报酬所得应纳税额=［20 000×（1-20%）］×20%-1 410=1 790（元）

乔治当月稿酬所得应纳税额=［6 000×（1-20%）×70%］×10%-210=126（元）

乔治当月应纳个人所得税税额=790+1 790+126=2 706（元）

四、经营所得应纳税额的计算

（一）全年应纳税所得额

经营所得，按年计税，以每一纳税年度的收入总额减除成本、费用、税金以及损失后的余额为应纳税所得额。

全年应纳税所得额=全年收入总额-成本、费用、税金以及损失

全年收入总额，是指从事生产经营以及与生产经营有关的活动（简称生产经营）取得的货币形式和非货币形式的各项收入，包括销售货物收入、提供劳务收入、转让财产收入、利息收入、租金收入、接受捐赠收入、其他收入。

成本、费用，是指生产经营活动中发生的各项直接支出和分配计入成本的间接费用以及销售费用、管理费用、财务费用；损失，是指生产经营活动中发生的固定资产和存货的盘亏、毁损、报废损失，转让财产损失，坏账损失，自然灾害等不可抗力因素造成的损失以及其他损失。

个体工商户下列支出不得扣除：① 个人所得税税款；② 税收滞纳金；③ 罚金、罚款和被没收财物的损失；④ 不符合扣除规定的捐赠支出；⑤ 赞助支出；⑥ 用于个人和家庭的支出；⑦ 与取得生产经营收入无关的其他支出；⑧ 国家税务总局规定不准扣除的支出。

个体工商户具体扣除费用：

（1）取得经营所得的个人，没有综合所得的，计算其每一纳税年度的应纳税所得额时，应当减除基本扣除额60 000元、专项扣除、专项附加扣除，以及依法确定的其他扣除。专项附加扣除在办理汇算清缴时减除。

（2）个体工商户生产经营活动中，应当分别核算生产经营费用和个人、家庭费用。

对于混用难以分清的费用，其40%视为与生产经营有关的费用，准予扣除。

（3）亏损弥补不得超过5年。

（4）个体工商户向其从业人员实际支付的合理的工资、薪金支出，允许在税前据实扣除。业主的工资支出不得税前扣除。

（5）个体工商户为业主和从业人员缴纳的"五险一金"准予扣除。个体为从业人员缴纳的补充保险，分别不超过从业人员工资总额的5%标准内准予据实扣除，超过部分不得扣除。个体工商户业主本人缴纳的补充保险，以当地（地级市）上年度社会平均工资的3倍为计算基数，分别在不超过该计算基数5%标准内准予扣除，超过部分不得扣除。

（6）个体工商户在生产经营活动中发生的合理的不需要资本化的借款费用，准予扣除。

（7）个体工商户向金融企业借款的利息准予扣除；个体工商户向非金融企业和个人借款的利息支出，不超过同期同类贷款利率准予扣除。

（8）个体工商户向当地工会组织拨缴的工会经费、实际发生的职工福利费、职工教育经费支出分别在工资、薪金总额的2%、14%、2.5%的标准内据实扣除。

（9）个体工商户每一纳税年度发生的与其生产经营业务直接相关的业务招待费支出，按照发生额的60%扣除，但最高不得超过当年销售（营业）收入的5‰。开办期间的业务招待费直接按60%计入个体工商户的开办费。

（10）个体工商户每一纳税年度发生的广告费和业务宣传费用不超过当年销售（营业）收入15%的部分，可据实扣除；超过部分，准予在以后纳税年度结转扣除。

（11）个体工商户代其从业人员或他人负担的税款，不得税前扣除。

（12）个体工商户按照规定缴纳的摊位费、行政性收费、协会会费等按实际发生额扣除。

（13）个体工商户参加财产保险，按照规定缴纳的保险费，准予扣除。

（14）个体工商户发生的合理的劳动保护支出，准予扣除。

（15）个体工商户自申请营业执照之日起至开始生产经营之日止发生的符合规定的费用，除为取得固定资产、无形资产的支出，以及应计入资产价值的汇总损益、利息外，作为开办费，可选择在开始生产经营的当年一次性扣除，也可自生产经营月份起不短于3年期限内摊销扣除。但一经选定，不得改变。

（16）个体工商户用于公益事业的捐赠，捐赠额不超过其所得额的30%的部分可以据实扣除（全额扣除除外）。

（17）个体工商户研发新产品、新技术、新工艺的开发费用，以及为研发新产品、新技术、新工艺而购置单台价值在10万元以下的测试仪器和试验性装置的购置费准予直接扣除；单台价值在10万元（含10万元）以上的，按固定资产管理，不得当期直接扣除。

（二）税率

经营所得适用5%~35%的五级超额累进税率，个人所得税税率表三如表6-9所示。

表6-9　个人所得税税率表三
（经营所得适用）

级数	全年应纳税所得额	税率/%	速算扣除数
1	不超过30 000元的部分	5	0
2	超过30 000元至90 000元的部分	10	1 500
3	超过90 000元至300 000元的部分	20	10 500
4	超过300 000元至500 000元的部分	30	40 500
5	超过500 000元的部分	35	65 500

（1）承包、承租人对企业经营成果不拥有所有权，仅是按合同（协议）规定取得一定所得的，其所得按工资、薪金所得项目征税，纳入年度综合所得，适用3%~45%的七级超额累进税率。

（2）承包、承租人按合同（协议）的规定只向发包、出租方缴纳一定费用后，企业经营成果归其所有的，承包、承租人取得的所得，按对企事业单位的承包经营、承租经营所得项目，适用5%~35%的五级超额累进税率征税。

（三）应纳税额

经营所得应纳税额的计算公式为：

应纳税额=全年应纳税所得额×适用税率-速算扣除数

做中学 6-7

（计算分析题）某个体经营者赵某2023年度取得产品销售收入180万元，发生符合水禽扣除规定的成本、费用、税金及损失合计160万元，纳税年度内按规定标准为其本人缴纳"三险一金"4.6万元，发生符合赡养老人条件的扣除支出1.2万元。计算其本年度应纳税额。

［解析］全年应纳税所得额=180-160-6-4.6-1.2=8.2（万元）

应纳税额=82 000×10%-1 500=6 700（元）

五、财产租赁所得应纳税额的计算

（一）应纳税所得额

财产租赁所得，一般以个人每次取得的收入，定额或定率减除规定费用后的余额为应纳税所得额。每次收入不超过 4 000 元的，定额减除费用 800 元；每次收入在 4 000 元以上的，定率减除 20% 的费用。财产租赁所得以 1 个月内取得的收入为一次。

在确定财产租赁的应纳税所得额时，纳税人在出租财产过程中缴纳的税金和教育费附加，可持完税（缴款）凭证，从其财产租赁收入中扣除。准予扣除的项目除了规定费用和有关税费外，还包括能够提供有效、准确凭证，证明由纳税人负担的该出租财产实际开支的修缮费用。允许扣除的修缮费用，以每次 800 元为限。一次扣除不完的，准予在下一次继续扣除，直到扣完为止。

个人出租财产取得的财产租赁收入，在计算缴纳个人所得税时，应依次扣除以下费用：

（1）财产租赁过程中缴纳的税金和国家能源交通重点建设基金、国家预算调节基金、教育费附加。

（2）由纳税人负担的该出租财产实际开支的修缮费用。

（3）税法规定的费用扣除标准。

应纳税所得额的计算公式为：

每次（月）收入不超过 4 000 元的：

应纳税所得额=每次（月）收入额-准予扣除项目-修缮费用（800元为限）-800元

每次（月）收入超过 4 000 元的：

应纳税所得额=[每次（月）收入额-准予扣除项目-修缮费用（800元为限）]×（1-20%）

（二）税率

财产租赁所得适用 20% 比例税率。但对个人按市场价格出租的居民住房取得的所得，暂减按 10% 的税率征收个人所得税。

（三）应纳税额

财产租赁所得应纳税额的计算公式为：

$$应纳税额=应纳税所得额×适用税率$$

做中学 6-8

（计算分析题）周某于 2023 年 1 月将其自有房屋出租，租期 1 年。周某每月取得租金收入2 000元，全年租金收入24 000元。计算周某全年租金收入应交纳的个人所得税税额。

[解析] 在计算个人所得税时不考虑其他税费。

1月应纳税所得额=2 000-800=1 200（元）

1月应纳税额=1 200×10%=120（元）

全年应纳税额=120×12=1 440（元）

如果对租金收入计征增值税、城市维护建设税、房产税和教育费附加等，还应将其从税前的收入中先扣除后再计算应缴纳的个人所得税。

❖ 做中学 6-9

假定上例中，当年10月份因下水道堵塞找人修理，发生修理费用600元，有维修部门的正式收据，计算周某10月份和全年的应纳个人所得税税额。

[解析] 允许扣除的修缮费用，以每次（月）800元为限。如果修缮费用超出800元，当月也只能扣除800元，余下的部分准予在下一次继续扣除，直到扣完为止。

10月份应纳税所得额=2 000-600-800=600（元）

10月份应纳税额=600×10%=60（元）

全年应纳税额=120×11+60=1 380（元）

在实际征税过程中，有时会出现财产租赁所得的纳税人不明确的情况。对此，在确定财产租赁所得纳税人时，应以产权凭证为依据。无产权凭证的，由主管税务机关根据实际情况确定纳税人。如果产权所有人死亡，在未办理产权继承手续期间，该财产出租且有租金收入的，以领取租金收入的个人为纳税人。

六、财产转让所得应纳税额的计算

（一）应纳税所得额

财产转让所得，按次纳税，以转让财产的收入额减除财产原值和合理费用后的余额为应纳税所得额。其计算公式为：

应纳税所得额=转让财产收入额-财产原值-合理费用

财产原值，是指：① 有价证券，为买入价以及买入时按照规定交纳的有关费用，如手续费等；② 建筑物，为建造费或购进价格以及其他有关费用；③ 土地使用权，为取得土地使用权所支付的金额，开发土地的费用以及其他有关费用；④ 机器设备、车船，为购进价格、运输费、安装费以及其他有关费用；⑤ 其他财产原值，参照以上办法确定。纳税人未提供完整、准确的财产原值合法凭证，不能正确计算财产原值的，由主管税务机关核定其财产原值。

合理费用，是指卖出财产时按照规定支付的有关费用。

(二) 适用税率

财产转让所得适用比例税率，税率为20%。

(三) 应纳税额

财产转让所得应纳税额的计算公式为：

$$应纳税额=应纳税所得额×适用税率$$

❖ 做中学 6-10

（计算分析题）刘某个人建房一幢，造价3 000 000元，支付其他费用600 000元。刘某完成建房后将房屋出售，售价5 000 000元，在售房过程中按规定支付交易费等相关税费142 000元。计算刘某应纳个人所得税税额。

[解析] 应纳税所得额=转让财产收入额−财产原值−合理费用=5 000 000−（3 000 000+600 000）−142 000=1 258 000（元）

应纳税额=1 258 000×20%=251 600（元）

七、利息、股息、红利所得和偶然所得应纳税额的计算

(一) 应纳税所得额

利息、股息、红利所得和偶然所得按次纳税，以每次收入额为应纳税所得额。其计算公式为：

$$应纳税所得额=每次收入额$$

每次收入，是指利息、股息、红利所得以支付单位或个人每次支付利息、股息、红利时，个人取得的收入为一次；偶然所得以每次收入为一次。

(二) 适用税率

利息、股息、红利所得和偶然所得，适用20%比例税率。

（三）应纳税额

利息、股息、红利所得和偶然所得应纳税额的计算公式为：

$$应纳税额=应纳税所得额×适用税率=每次收入额×20\%$$

> **引例分析6-7**
>
> 张先生购买体育彩票中奖10 000元。
>
> 应纳税所得额=10 000（元）
>
> 应纳税额=10 000×20%=2 000（元）
>
> 假如张先生在中奖10 000元后，将其中的1 000元通过民政部门捐赠给贫困地区，由于这笔捐赠款在应纳税所得额的30%以内（捐赠款1 000元<应纳税所得额10 000元的30%），按照税法规定，可以将捐赠款从应纳税所得额中扣除。其应纳税额为：
>
> 应纳税额=（10 000−1 000）×20%=1 800（元）

八、境外所得应纳税额的计算

基于国家之间对同一所得避免双重征税的原则，我国在对纳税人的境外所得行使税收管辖权时，对该所得在境外已纳的税额，采取分不同情况予以扣除的做法。

税法规定，居民个人从中国境外取得的所得，可以从其应纳税额中抵免已在境外缴纳的个人所得税税额，但抵免额不得超过该纳税人境外所得依照我国个人所得税法计算的应纳税额。"已在境外缴纳的个人所得税税额"，是指居民个人来源于中国境外的所得，依照该所得来源国家（地区）的法律应当缴纳并且实际已经缴纳的所得税税额。"纳税人境外所得依照本法规定计算的应纳税额"，是指居民个人抵免已在境外缴纳的综合所得、经营所得以及其他所得的所得税税额的限额，即抵免限额。除国务院财政、税务主管部门另有规定外，来源于中国境外一个国家（地区）的综合所得抵免限额、经营所得抵免限额以及其他所得抵免限额之和，为来源于该国家（地区）所得的抵免限额，计算公式为

$$\begin{array}{c}来源于中国境外一个国\\家（地区）抵免限额\end{array}=\begin{array}{c}来源于该国（地区）\\综合所得抵免限额\end{array}+\begin{array}{c}经营所得\\抵免限额\end{array}+\begin{array}{c}其他所得\\抵免限额\end{array}$$

居民个人境外所得应纳税额情况表如表6-10所示。

表6-10　境外所得应纳税额情况表

情况	应纳税额
已在境外缴纳的个人所得税税额≤来源于该国家（地区）所得的抵免限额	应当在中国缴纳差额部分的税款
已在境外缴纳的个人所得税税额＞来源于该国家（地区）所得的抵免限额	其超过部分，当年不能抵免，可以在以后纳税年度来源于该国家（地区）所得的抵免限额的余额中补扣。补扣期限最长不得超过5年

做中学 6-11

（单项选择题）202×年中国公民赵某在A国取得偶然所得20 000元，按A国税法规定缴纳了个人所得税4 500元；在A国转让股权应纳税所得额50 000元，按A国税法规定缴纳了个人所得税7 000元。赵某当年在国内外没有其他所得项目，则赵某在我国应补缴个人所得税（　　　）元。

A. 500　　　　　　B. 1 000　　　　　　C. 2 000　　　　　　D. 2 500

[答案] C

[解析] 境外所得的抵免限额为同一国家内不同应税项目，依照我国税法计算的应纳税额之和。

偶然所得按我国税法计算的应纳税额=20 000×20%=4 000（元）

转让股权应纳税额=50 000×20%=10 000（元）

赵某A国所得的抵免限额=10 000+4 000=14 000＞（7 000+4 500）=11 500（元）

赵某在我国应补缴个人所得税=14 000−11 500=2 500（元）

第三节　个人所得税的征收管理

一、纳税方式

（一）全员全额扣缴申报

个人所得税以所得人为纳税人，以支付所得的单位或者个人为扣缴义务人。扣缴义务人向个人支付应税款项时，应当依照相关税法规定预扣或代扣税款，按时缴库，并专项记载备查。支付，包括现金支付、汇拨支付、转账支付和以有价证券、实物以及其他形式的支付。税务机关对扣缴义务人按照所扣缴的税款，付给2%的手续费。

实行个人所得税全员全额扣缴申报的应税所得包括：工资、薪金所得，劳务报酬所得，稿酬所得，特许权使用费所得，利息、股息、红利所得，财产租赁所得，财产转让所得，偶然所得。

（二）自行纳税申报

自行纳税申报，是指由纳税人自行在税法规定的纳税期限内，向税务机关申报取得的应税所得项目和数额，如实填写个人所得税纳税申报表，并按照税法规定计算应纳税额，据此缴纳个人所得税的一种方法。

有下列情形之一的，纳税人应当依法办理纳税申报：

（1）取得综合所得需要办理汇算清缴；

（2）取得应税所得没有扣缴义务人；

（3）取得应税所得，扣缴义务人未扣缴税款；

（4）取得境外所得；

（5）因移居境外注销中国户籍；

（6）非居民个人在中国境内从两处以上取得工资、薪金所得；

（7）国务院规定的其他情形。

（三）汇算清缴

（1）居民个人取得综合所得，需要办理汇算清缴的，应当在取得所得的次年3月1日至6月30日内办理汇算清缴。

（2）非居民个人取得的工资、薪金所得，劳务报酬所得，稿酬所得，特许权使用费所得，有扣缴义务人的，由扣缴义务人按月或者按次代扣代缴税款，不必办理汇算清缴。

提高收入
改善民生：
个税汇算清
缴

（3）汇算清缴其他事宜。

① 纳税人可以委托扣缴义务人或者其他单位和个人办理汇算清缴。

② 纳税人办理汇算清缴退税或者扣缴义务人为纳税人办理汇算清缴退税的，税务机关审核后，按照国库管理的有关规定办理退税。

③ 纳税人办理汇算清缴，申请退税，应当提供其在中国境内开设的银行账户，并在汇算清缴地就地办理税款退库。汇算清缴的具体办法由国务院税务主管部门制定。

二、纳税期限

（1）居民个人取得综合所得，按年计算个人所得税。有扣缴义务人的，由扣缴义务人按月或者按次预扣预缴税款。

（2）纳税人取得经营所得，按年计算个人所得税，由纳税人在月度或者季度终了后15日内向税务机关报送纳税申报表，并预缴税款；在取得所得的次年3月31日前办理汇算清缴。

（3）纳税人取得利息、股息、红利所得，财产租赁所得，财产转让所得和偶然所得，按月或者按次计算个人所得税，有扣缴义务人的，由扣缴义务人按月或者按次代扣代缴税款。

（4）取得应税所得没有扣缴义务人的，应当在取得所得的次月15日内向税务机关报送纳税申报表，并缴纳税款。

（5）取得应税所得，扣缴义务人未扣缴税款的，纳税人应当在取得所得的次年6月30日前，申报缴纳税款，税务机关通知限期缴纳的，纳税人应当按照期限缴纳税款。

（6）非居民个人在中国境内从两处以上取得工资、薪金所得的，应当在取得所得的次月15日内申报纳税。

三、纳税地点

纳税人在两处或两处以上取得工资、薪金所得的，可选择并固定在其中一地税务机关申报纳税。纳税人取得经营所得，向经营管理所在地主管税务机关申报纳税。居民个人取得境外所得，向中国境内任职、受雇单位所在地主管税务机关办理纳税申报；在中国境内没有任职、受雇单位的，向户籍所在地或中国境内经常居住地主管税务机关办理纳税申报；户籍所在地与中国境内经常居住地不一致的，选择其中一地主管税务机关办理纳税申报；在中国境内没有户籍的，向中国境内经常居住地主管税务机关办理纳税申报。

📋 推荐阅读

1.《中华人民共和国个人所得税法》（2019年1月1日起实施）

2.《中华人民共和国个人所得税法实施细则》（2019年1月1日起实施）

3. 国家税务总局《个人所得税专项附加扣除暂行办法》（2019年1月1日起实行）

4.《国家税务总局关于全面实施新个人所得税法若干征征管衔接问题的公告》（2019年1月1日起实行）

5.《个人所得税专项附加扣除操作办法（试行）》（2019年1月1日起实行）

6.《个人所得税扣缴申报管理办法（试行）》（2019年1月1日起实行）

7.《财政部　国家税务总局关于个人所得税纳税申报有关问题的公告》（2019年1月1日起实行）

8.《财政部　国家税务总局关于个人所得税法修改后有关优惠政策衔接问题的通知》（2019年1月1日起实行）

📝 职业能力训练

1. 李先生是独生子，2023年交完"三险一金"后共取得工资收入25万元，劳务报酬7万元，特许权使用费1万元。该纳税人有一个小学五年级的小孩且由其扣除子女教育专项附加，纳税人的父母健在且均已年过62周岁。计算其当年应纳个人所得税税额。

2. 中国公民王先生，2024年1月份取得工资收入36 000元，没有专项扣除费用，也没有专项附加扣除和依法确定的其他扣除项目。同时一次性领取年终奖金60 000元，年终奖金选择单独计税方法。计算该职员1月份应预扣预缴的个人所得税和年终奖金应纳个人所得税税额。

3. 2023年12月，韩某出租住房取得租金收入3 000元（不含增值税），房屋租赁过程中缴纳的可扣除相关税费为100元，支付出租住房修缮费900元。已知个人出租住房取得的所得按10%的税率征收个人所得税，每次收入不超过4 000元的，减除费用800元。计算韩某当月出租仕房应缴纳个人所得税税额。

4. 袁某为某一企业承包人，2023年按合同规定分得经营利润8万元，此外，袁某还按月从企业领取工资，每月2 000元。计算袁某2023年应缴纳的个人所得税税额。

5. 2023年居民黄某在某国转让股权应纳税所得额39 000元，按该国税法规定缴纳了个人所得税6 300元；同时，还在该国取得偶然所得10 000元，缴纳了个人所得税3 000元。黄某当年在国内外没有其他所得项目。计算黄某在我国应补缴个人所得税税额。

6. 中国公民赵某2023年取得如下收入：

（1）全年扣除"三险一金"后工资、薪金合计150 000元，累计已预扣预缴个人所得税5 280元，利用周末为甲公司进行技术培训，每月取得收入5 000元；

（2）购彩票中奖50 000元；

（3）国库券利息收入3 000元。

根据上述资料计算其应缴纳的个人所得税税额。

7. 某中国公民2023年承包一家招待所，取得经营利润120 000元，每月从招待所领取固定工资6 000元；另外，本年还发生以下几笔支出和收入：

（1）年终从企业净利润中上缴承包费50 000元；

（2）取得体育彩票中奖收入15 000元；

（3）转让一套居住过2年的自有住房，取得转让收入130 000元，原价100 000元，支付有关税费共计4 000元。

根据上述资料计算其应缴纳的个人所得税税额。

第六章
交互式习题
自测

8. 外籍来华人员迈克已在中国境内居住满6年。2023年收入情况如下：在A国一家公司任职，月薪20 000元（人民币），A国每月扣缴个人所得税1 500元（人民币），假设没有专项扣除费用，也没有专项附加扣除和依法确定的其他扣除项目；在B国出版著作，获得稿酬收入15 000元（人民币），已在B国缴纳该项收入的个人所得税1 780元（人民币）。计算其是否应向中国补缴个人所得税税款，如应补缴，需补缴多少税款？

企业所得税法

第 七 章

学习目标

素养目标

- 明确我国企业所得税在组织财政收入、调控经济、监督管理、维护国家税收权益等方面的重要功能；
- 通过企业所得税对制造业、科技创新企业、小微企业等方面的税收优惠，感受税收在国家产业政策调整导向中的作用，增强制度自信、道路自信。

知识目标

- 理解企业所得税的概念、特点；
- 掌握企业所得税的纳税人、征收范围、税率等基本要素；
- 掌握企业所得税应纳税所得额的确定方法；
- 理解企业所得税纳税期限、纳税地点与征收管理规定。

技能目标

- 能根据不同企业的实际正确计算企业应纳税所得额；
- 能正确计算非居民企业应纳税所得额。

思维导图

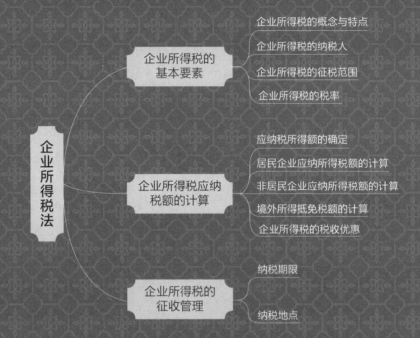

企业所得税法
- 企业所得税的基本要素
  - 企业所得税的概念与特点
  - 企业所得税的纳税人
  - 企业所得税的征税范围
  - 企业所得税的税率
- 企业所得税应纳税额的计算
  - 应纳税所得额的确定
  - 居民企业应纳所得税额的计算
  - 非居民企业应纳所得税额的计算
  - 境外所得抵免税额的计算
  - 企业所得税的税收优惠
- 企业所得税的征收管理
  - 纳税期限
  - 纳税地点

学习计划

- 素养提升计划

_____

- 知识学习计划

_____

- 技能训练计划

_____

第一节 企业所得税的基本要素

一、企业所得税的概念与特点

（一）概念

企业所得税是对我国境内的企业和其他取得收入的组织的生产经营所得和其他所得征收的一种税。征税对象是企业的应纳税所得额，所谓应纳税所得额是指纳税人在一定期间内的生产、经营等取得的可用货币计量的收入，扣除为取得这些收入所需各种耗费后的净额。企业所得税是我国税制中的一个重要税种，是国家参与企业利润分配的重要手段。

企业所得税法与我国税收法治建设

我国现行企业所得税的基本规范，是2007年3月16日第十届全国人民代表大会第五次全体会议通过的《中华人民共和国企业所得税法》（简称《企业所得税法》），以及2007年11月28日国务院第197次常务会议通过的《中华人民共和国企业所得税法实施条例》。

（二）特点

1. 征税对象是所得额

企业所得税的征税对象是纳税人的收入总额扣除各项成本、费用、税金等支出项目后的净所得额，它既不等于企业的利润总额，也不是企业的增值额，更不是销售额或营业额。

2. 所得额的计算与成本、费用关系密切

企业所得税是以纳税人净所得为征税对象。因此，应纳税所得额的计算要涉及一定时期的成本、费用的归集与分摊。同时，为了体现国家产业政策，调节国民收入分配，对纳税人的不同所得实行区别对待，将某些收入所得不计入应纳税所得额。

3. 征税以量能负担为原则

企业所得税以纳税人的生产、经营所得和其他所得为征税对象，贯彻量能负担的原则，即所得额多，负担能力强的，多纳税；所得额少，负担能力弱的，少纳税；无所得额，没有负担能力的，不纳税。这种将所得税负担和纳税人所得多少联系起来征税的办法，便于体现税收公平的原则。

4. 实行按年计征、分期预缴的方式

企业所得税一般是以全年的应纳税所得额作为计税依据，实行按年计算、分月或分季预缴，年终汇算清缴。

二、企业所得税的纳税人

企业所得税的纳税人，是指在中华人民共和国境内的企业和其他取得收入的组织。除个人独资企业、合伙企业不适用《企业所得税法》外，凡在我国境内，企业和其他取得收入的组织（统称企业）为企业所得税的纳税人，依照《企业所得税法》规定缴纳企业所得税。

为了更好地保障我国税收管辖权的有效行使，根据企业纳税义务范围的宽窄进行分类，企业所得税的纳税人分为居民企业和非居民企业，居民企业和非居民企业，居民企业负无限纳税义务，来源于境内、境外所得均要纳税；非居民企业负有限纳税义务，仅就来源于中国境内的所得纳税。

⬛ — 温馨提示 —

税收管辖权是一国政府在征税方面的主权，是国家主权的重要组成部分。根据国际上的通行做法，我国选择了地域管辖权和居民管辖权的双重管辖权标准，最大限度地维护我国的税收利益。

（一）居民企业

居民企业，是指依法在中国境内成立，或者依照外国（地区）法律成立但实际管理机构在中国境内的企业。这里的企业包括：① 国有企业。② 集体企业。③ 私营企业。④ 联营企业。⑤ 股份制企业。⑥ 外商投资企业。⑦ 外国企业。⑧ 有生产、经营所得和其他所得的其他组织。

其中，有生产、经营所得和其他所得的其他组织，是指经国家有关部门批准，依法注册、登记的事业单位、社会团体等组织。由于我国的一些社会团体组织、事业单位在完成国家事业计划的过程中，开展多种经营和有偿服务活动，取得除财政部门各项拨款、财政部和国家物价部门批准的各项规费收入以外的经营收入，具有了经营的特点，应当视同企业纳入征税范围。实际管理机构，是指对企业的生产经营、人员、账务、财产等实施实质性全面管理和控制的机构。

（二）非居民企业

非居民企业，是指依照外国（地区）法律成立且实际管理机构不在中国境内，但在中国境内设立机构、场所的，或者在中国境内未设立机构、场所，但有来源于中国境内所得的企业。

上述所称机构、场所，是指在中国境内从事生产经营活动的机构、场所，包括：① 管理机构、营业机构、办事机构。② 工厂、农场、开采自然资源的场所。③ 提供劳务的场所。④ 从事建筑、安装、装配、修理、勘探等工程作业的场所。⑤ 其他从事生产经营活动的机构、场所。

非居民企业委托营业代理人在中国境内从事生产经营活动的，包括委托单位或者个人经常代其签订合同，或者储存、交付货物等，该营业代理人视为非居民企业在中国境内设立的机构、场所。

三、企业所得税的征税范围

企业所得税的征税范围，是指企业的生产经营所得、其他所得和清算所得。

（一）居民企业的征税范围

居民企业应就其来源于中国境内、境外的所得作为征税范围。所得包括销售货物所得，提供劳务所得，转让财产所得，股息、红利等权益性投资所得，利息所得，租金所得，特许权使用费所得，接受捐赠所得和其他所得。

（二）非居民企业的征税范围

（1）非居民企业在中国境内设立机构、场所的，应当就其所设机构、场所取得的来源于中国境内的所得，以及发生在中国境外但与其所设机构、场所有实际联系的所得，缴纳企业所得税。

（2）非居民企业在中国境内未设立机构、场所的，或者虽设立机构、场所但取得的所得与其所设机构、场所没有实际联系的，应当就其来源于中国境内的所得缴纳企业所得税。

上述所称实际联系，是指非居民企业在中国境内设立的机构、场所拥有的据以取得所得的股权、债权，以及拥有、管理、控制据以取得所得的财产。

（三）所得来源的确定

（1）销售货物所得，按照交易活动发生地确定。

（2）提供劳务所得，按照劳务发生地确定。

（3）转让财产所得。不动产转让所得按照不动产所在地确定；动产转让所得按照转让动产的企业或者机构、场所所在地确定；权益性投资资产转让所得按照被投资企业所在地确定。

（4）股息、红利等权益性投资所得，按照分配所得的企业所在地确定。

（5）利息所得、租金所得、特许权使用费所得，按照负担、支付所得的企业或者机构、场所所在地确定，或者按照负担、支付所得的个人的住所地确定。

（6）其他所得，由国务院财政、税务主管部门确定。

四、企业所得税的税率

企业所得税税率是体现国家与企业分配关系的核心要素。税率设计的原则是兼顾国家、企业、职工个人三者利益。既要保证财政收入的稳定增长，又要使企业在发展生产、经营方面有一定的财力保证；既要考虑到企业的实际情况和负担能力，又要维护税率的统一性。

企业所得税实行比例税率，基本税率25%、低税率20%。企业所得税税率适用表如表7-1所示。

表7-1 企业所得税税率适用表

序号	适用对象	适用情形	适用税率
1	居民企业	中国境内成立的	25%
		依照外国（地区）法律成立但实际管理机构在中国境内	
2	非居民企业	中国境内设有机构、场所且所得与机构、场所关联	25%
		中国境内未设立机构、场所的（来源于中国境内所得缴纳的企业所得税）	20%
		虽设立机构、场所但取得的所得与其所设机构、场所没有实际联系的	20%（减按10%税率）

第二节 企业所得税应纳税额的计算

 引例

某市甲企业2023年经营情况如下：

1. 营业收入：主营业务收入23 508 000元；其他业务收入405 000元。

2. 营业成本：主营业务成本12 805 000元；其他业务成本255 000元。

3. 税金及附加：764 000元。

4. 销售费用：共计4 595 200元，其中广告费和业务宣传费3 503 000元，销售人员职工薪酬485 200元，折旧费用425 000元，运输费用140 000元，包装费42 000元。

5. 管理费用：共计2 003 300元，其中职工薪酬398 000元（含支付残疾职工工资50 000元），折旧摊销费860 000元，业务招待费用200 000元，办公费78 000元，差旅费46 000元，修理费65 000元，研究开发费用（"星星智能之家"项目）306 300元，财产保险费50 000元。

6. 财务费用：共计191 000元，其中利息支出200 000元，其中有16 400元的利息支出为向广佳有限公司（非金融企业）借款480 000元用于生产经营产生的，借期半年。当年银行贷款年利率为6%。财务手续费支出6 000元，取得银行存款利息收入15 000元。

7. 投资收益：共计230 000元，其中国债利息收入130 000元；2021年1月2日，企业购入B企业（居民企业）股票，持股比例5%，作为其他权益工具投资核算，成本1 630 000元，B企业于2023年4月2日宣告发放利润100 000元。

8. 公允价值变动损益：企业购入的交易性金融资产当年发生公允价值变动损失1 500 000元。

9. 信用减值损失：当年计提坏账准备250 000元。

10. 营业外收入：现金长款5 000元。

11. 营业外支出：共计1 384 000元，其中通过政府部门向"希望工程"捐款1 125 000元，向C机构直接捐赠200 000元，发生税收滞纳金5 000元。发生与生产经营活动无关的非广告性质赞助支出54 000元。

12. 计入成本、费用的工资总额为4 500 000元，工会经费564 000元，职工福利费160 000元，职工教育经费84 000元，住房公积金215 000元；实发工资总额为4 500 000元，拨缴职工工会经费并取得合法扣税凭证的金额为440 400元，实际支出并取得合理扣税凭证的职工教育经费84 000元，实际支出并取得合理扣税凭证的职工福利费158 000元，缴纳住房公积金215 000元。

13. 2018—2022年度应纳税所得额如表7-2所示。

已知：研发支出加计扣除比例100%，广告费和业务宣传费限额扣除比例15%，企业资产总额4 500万元，从业人数为56人。

表7-2　2018—2022年度应纳税所得额

年份	2018年	2019年	2020年	2021年	2022年
应纳税所得额	−2 340 000	560 000	−789 000	340 000	90 100

【问题与思考】

1. 计算收入总额。

2. 计算免税收入。

3. 计算允许税前扣除的工资薪金支出。

4. 计算允许税前扣除的三项经费支出。

5. 计算允许税前扣除的利息支出。

6. 计算允许税前扣除的业务招待费支出。

7. 计算允许税前扣除的广告费和业务宣传费支出。

8. 计算允许税前扣除的捐赠支出。

9. 计算不允许税前扣除的支出。

10. 计算允许弥补的以前年度亏损。

11. 采用间接计算法计算应纳税所得额。

12. 计算企业应纳税额。

一、应纳税所得额的确定

企业所得税的计税依据是应纳税所得额。所谓应纳税所得额，是指企业每一个纳税年度的收入总额，减除不征税收入、免税收入、各项扣除以及允许弥补的以前年度亏损后的余额。应纳税所得额的正确计算直接关系到国家财政收入和企业的税收负担，并且同成本、费用核算关系密切。其计算方法有直接计算法和间接计算法两种。

（1）直接计算法。在直接计算法下，按照企业每一纳税年度的收入总额减除不征税收入、免税收入、各项扣除以及允许弥补的以前年度亏损后的余额为应纳税所得额。计算公式为：

应纳税所得额=收入总额-不征税收入-免税收入-各项扣除-允许弥补的以前年度亏损

企业应纳税所得额的计算，以权责发生制为原则，属于当期的收入和费用，不论款项是否收付，均作为当期的收入和费用；不属于当期的收入和费用，即使款项已经在当期收付，均不作为当期的收入和费用。国务院财政、税务主管部门另有规定的除外。

（2）间接计算法。由于应纳税所得额与利润总额是两个不同的概念，二者既有区别又有联系。应纳税所得额，是一个税收概念，是根据税法规定的标准确定的；利润总额（又称会计利润），是一个会计概念，是按照《企业会计准则》规定计算确定的，反映的是企业在一定时期内生产经营的财务成果。因此，利润总额不能等同于应纳税所得额。

间接计算法，是在企业利润总额（即会计利润）的基础上，再依照税法的规定进行调整后，计算企业的应纳税所得额。计算公式为：

$$应纳税所得额=利润总额（会计利润）±纳税调整项目金额$$

下面就按照直接计算法分析应纳税所得额的确定。

（一）收入总额

企业的收入总额包括以货币形式和非货币形式从各种来源取得的收入。其中：企业取得收入的货币形式，包括现金、银行存款、应收账款、应收票据、准备持有至到期的债券投资以及债务的豁免等。企业取得收入的非货币形式，包括固定资产、生物资产、无形资产、股权投资、存货、不准备持有至到期的债券投资、劳务以及有关权益等。这些非货币性资产应当按照公允价值确定收入额。

收入的内容具体包括：销售货物收入，提供劳务收入，转让财产收入，股息、红利等权益性投资收益，利息收入，租金收入，特许权使用费收入，接受捐赠收入，其他收入。

1. 一般收入的确认

（1）销售货物收入，是指企业销售商品、产品、原材料、包装物、低值易耗品以及其他存货取得的收入。

（2）提供劳务收入，是指企业从事建筑安装、修理修配、交通运输、仓储租赁、金融保险、邮电通信、咨询经纪、文化体育、科学研究、技术服务、教育培训、餐饮住宿、中介代理、卫生保健、社区服务、旅游、娱乐、加工以及其他劳务服务活动取得的收入。

（3）转让财产收入，是指企业转让固定资产、生物资产、无形资产、股权、债权等财产取得的收入。

（4）股息、红利等权益性投资收益，是指企业因权益性投资从被投资方取得的收入。股息、红利等权益性投资收益，除国务院财政、税务主管部门另有规定外，按照被投资方作出利润分配决定的日期确认收入的实现。

（5）利息收入，是指企业将资金提供他人使用但不构成权益性投资，或者因他人占用本企业资金取得的收入，包括存款利息、贷款利息、债券利息、欠款利息等收入。利息收入，按照合同约定的债务人应付利息的日期确认收入的实现。

（6）租金收入，是指企业提供固定资产、包装物或者其他有形资产的使用权取得的收入。租金收入按照合同约定的承租人应付租金的日期确认收入的实现。

（7）特许权使用费收入，是指企业提供专利权、非专利技术、商标权、著作权以及其他特许权的使用权取得的收入。特许权使用费收入，按照合同约定的特许权使用人应付特许权使用费的日期确认收入的实现。

（8）接受捐赠收入，是指企业接受的来自其他企业、组织或者个人无偿给予的货币性资产和非货币性资产。接受捐赠收入，按照实际收到捐赠资产的日期确认收入的实现。

（9）其他收入，是指企业取得的除以上收入外的其他收入，包括企业资产溢余收入、逾期未退包装物押金收入、确实无法偿付的应付款项、已作坏账损失处理后又收回的应收款项、债务重组收入、补贴收入、违约金收入、汇兑收益等。

2. 特殊收入的确定

企业的下列生产经营业务可以分期确认收入的实现：

（1）以分期收款方式销售货物的，按照合同约定的收款日期确认收入的实现。

（2）企业受托加工制造大型机械设备、船舶、飞机，以及从事建筑、安装、装配工程业务或者提供其他劳务等，持续时间超过12个月的，按照纳税年度内完工进度或者完成的工作量确认收入的实现。

（3）采取产品分成方式取得收入的，按照企业分得产品的日期确认收入的实现，其收入额按照产品的公允价值确定。

（4）企业发生非货币性资产交换，以及将货物、财产、劳务用于捐赠、偿债、赞助、集资、广告、样品、职工福利或者利润分配等用途的，应当视同销售货物、转让财产或者提供劳务，但国务院财政、税务主管部门另有规定的除外。

（5）对企业投资者持有2019—2023年发行的铁路债券取得的利息收入，减半征收企业所得税。铁路债券是指以中国国家铁路集团有限公司为发行和偿还主体的债券，包括中国铁路建设债券、中期票据、短期融资券等债务融资工具。

引例分析 7-1

计算收入总额。

收入总额=主营业务收入23 508 000+其他业务收入405 000+投资收益230 000+营业外收入5 000=24 148 000（元）

（二）不征税收入和免税收入

国家为了扶持和鼓励某些特殊的纳税人和特定的项目，或者避免因征税影响企业的正常经营，对企业取得的某些收入予以不征税或免税的特殊政策，或准予抵扣应纳税所得额，或者是对专项用途的资金作为非税收入处理，以减轻企业的税负，增加企业可用资金，促进经济的协调发展。

1. 不征税收入

（1）财政拨款，是指各级人民政府对纳入预算管理的事业单位、社会团体等组织拨付的财政资金，但国务院和国务院财政、税务主管部门另有规定的除外。

（2）依法收取并纳入财政管理的行政事业性收费、政府性基金。

（3）国务院规定的其他不征税收入，是指企业取得的，由国务院财政、税务主管部门规定专项用途并经国务院批准的财政性资金。财政性资金包括直接减免的增值税和即征即退、先征后退、先征后返的各种税收，但不包括企业按规定取得的出口退税款。

（4）专项用途财政性资金。

2. 免税收入

（1）国债利息收入。为鼓励企业积极购买国债，支援国家建设，税法规定，企业因购买国债所得的利息收入，全额免征企业所得税。

（2）符合条件的居民企业之间的股息、红利等权益性收益，是指居民企业直接投资于其他居民企业取得的投资收益。

（3）在中国境内设立机构、场所的非居民企业从居民企业取得与该机构、场所有实际联系的股息、红利等权益性投资收益。该收益不包括连续持有居民企业公开发行并上市流通的股票不足12个月取得的投资收益。

（4）符合条件的非营利组织的收入，是指依法履行非营利组织从事公益性或者非营利性活动取得的收入，如接受其他单位或者个人捐赠的收入。不包括非营利组织从事营利性活动取得的收入，但国务院财政、税务主管部门另有规定的除外。

引例分析 7-2

计算免税收入。

免税收入=国债利息收入 130 000+红利等权益性投资收益 100 000=230 000（元）

（三）扣除项目

1. 基本扣除项目

扣除项目是指计算应纳税所得额时准予从收入总额中扣除的项目，是纳税人每一纳税年度实际发生的与取得收入有关的、合理的支出，包括成本、费用、税金、损失和其他支出。

（1）成本，是指企业在生产经营活动中发生的销售成本、销货成本、业务支出以及其他耗费，即企业销售商品（产品、材料、下脚料、废料、废旧物资等）、提供劳务、转让固定资产、无形资产（包括技术转让）的成本。

（2）费用，是指企业为生产、经营商品和提供劳务等所发生的销售费用、管理费用和财务费用，已经计入成本的有关费用除外。

（3）税金，是指企业发生的除企业所得税和允许抵扣的增值税以外的各项税金及其附加，即消费税、城市维护建设税、关税、资源税、环境保护税、土地增值税、房产税、车船税、城镇土地使用税、印花税、教育费附加等税金及附加等。

（4）损失，是指企业在生产经营活动中发生的固定资产和存货的盘亏、毁损、报废损失，转让财产损失，呆账损失，坏账损失，自然灾害等不可抗力因素造成的损失以及其他损失。企业发生的损失，减除责任人赔偿和保险赔款后的余额，依照国务院财政、税务主管部门的规定扣除。

需要注意的是，企业已经作为损失处理的资产，在以后纳税年度又全部收回或者部分收回时，应当计入当期收入。

（5）其他支出，是指除成本、费用、税金、损失外，企业在生产经营活动中发生的与生产经营活动有关的、合理的支出。

纳税人申报的扣除要真实、合法。真实是指能提供证明有关支出确属已经实际发生的适当凭据；合法是指符合国家税收规定，其他法规规定与税收法规规定不一致的，以税收法规规定为准。

2. 限定条件扣除项目

以下项目应按规定的范围和标准进行扣除：

（1）工资、薪金支出，是指企业每一纳税年度支付给在本企业任职或与其有雇佣关系的员工的所有现金或非现金形式的劳动报酬，包括基本工资、奖金、津贴、补贴、年终加薪、加班工资，以及与任职或者是受雇有关的其他支出。

企业发生的合理的工资、薪金支出准予据实扣除。

计算允许税前扣除的工资薪金支出。

计入成本、费用的工资总额为4 500 000元。

实发工资总额为4 500 000元。

允许税前扣除的工资薪金支出为实发工资总额4 500 000元。

（2）"三项"经费的扣除。"三项"经费，是指职工福利费、工会经费、职工教育经费。企业发生的职工福利费、工会经费、职工教育经费按标准扣除，扣除标准分别按照不超过工资、薪金总额14%、2%、8%的部分准予扣除。其中职工教育经费实际列支超过8%的部分，准予在以后纳税年度结转扣除。

需要注意的是，对于软件生产企业和核力发电企业特殊扣除规定。软件生产企业发生的职工教育经费中的职工培训费用，可以全额在企业所得税前扣除。核力发电企业为培养核电厂操纵员发生的培养费用，可作为核电企业发电成本在税前扣除。

"三项"经费的扣除标准计算公式为：

"三项"经费的扣除标准=实际发放工资、薪金总和×（14%+2%+8%）

上述计算职工福利费、工会经费、职工教育经费的工资、薪金总额，是指企业按照上述规定实际发放的工资、薪金总和，不包括企业的"三项经费"和"五险一金"。属于国有性质的企业，其工资、薪金不得超过政府有关部门给予的限定数额；超过部分，不得计入企业工资、薪金总额，也不得在计算企业应纳税所得额时扣除。

做中学 7-1

（计算分析题）企业职工1 000人，全年实际发放的工资、薪金总额为1 200万元，实际列支职工福利费180万元、工会经费24万元、职工教育经费110万元。计算"三项"经费的扣除标准和不允许扣除"三项"经费的金额。

［解析］（1）计算"三项"经费的扣除标准时，应以全年实际发放的工资、薪金总额为依据；

（2）不允许扣除"三项"经费的金额，应计入应纳税所得额，计算缴纳所得税；

（3）职工教育经费超出的部分，可以在以后纳税年度结转扣除。

"三项"经费的扣除标准=1 200×（14%+2%+8%）=288（万元）

其中：

职工福利费的扣除标准=1 200×14%=168（万元）

工会经费的扣除标准=1 200×2%=24（万元）

职工教育经费的扣除标准=1 200×8%=96（万元）

不允许扣除"三项"经费的金额=（180-168）+（24-24）+（110-96）=12+0+14=26（万元）

📊 **引例分析7-4**

> 计算允许税前扣除的三项经费支出。
>
> 工会经费扣除限额=4 500 000×2%=90 000（元）
>
> 工会经费实际发生额=440 400（元）
>
> 允许税前扣除的工会经费=90 000（元）
>
> 不允许税前扣除的工会经费=564 000-90 000=474 000（元）
>
> 职工福利费扣除限额=4 500 000×14%=630 000（元）
>
> 职工福利费实际发生额=158 000（元）
>
> 允许税前扣除的职工福利费=158 000（元）
>
> 不允许税前扣除的职工福利费=160 000-158 000=2 000（元）
>
> 职工教育经费扣除限额=4 500 000×8%=360 000（元）
>
> 职工教育经费实际发生额=84 000（元）
>
> 允许税前扣除的职工教育经费=84 000（元）
>
> 不允许税前扣除的职工教育经费为0。

（3）"五险一金"的扣除。"五险一金"，即基本养老保险费、基本医疗保险费、失业保险费、工伤保险费、生育保险费等基本社会保险费和住房公积金。

① 企业依照国务院有关主管部门或者省级人民政府规定的范围和标准为职工缴纳的"五险一金"准予扣除。

② 企业为投资者或者职工支付的补充养老保险费、补充医疗保险费，在国务院财政、税务主管部门规定的范围和标准内，准予扣除。

③ 企业依照国家有关规定为特殊工种职工支付的人身安全保险费和符合国务院财政、税务主管部门规定可以扣除的商业保险费，准予扣除。

④ 企业参加财产保险，按照规定缴纳的保险费，准予扣除。

需要注意的是，企业为投资者或者职工支付的商业保险费，不得扣除。

（4）利息费用的扣除。企业在生产经营活动中发生的利息费用，按下列规定扣除：

① 非金融企业向金融企业借款的利息支出、金融企业的各项存款利息支出和同业拆借利息支出、企业经批准发行债券的利息支出，可据实扣除。

② 非金融企业向非金融企业借款的利息支出，不超过按照金融企业同期同类贷款利率计算的数额的部分可据实扣除，超过部分不允许扣除。

做中学 7-2

（多项选择题）《中华人民共和国企业所得税法》规定，企业在生产经营活动中发生的下列利息支出，准予据实扣除的有（   ）。

A. 非金融企业向金融企业借款的利息支出

B. 非金融企业向非金融企业借款的利息支出

C. 金融企业的各项存款利息支出

D. 金融企业的同业拆借利息支出

［答案］ACD

［解析］选项ACD为税法规定准予税前扣除的利息支出；选项B，非金融企业向非金融企业借款的利息支出，不超过按照金融企业同期同类贷款利率计算的数额的部分准予扣除。

③ 关联企业利息费用的扣除。企业从其关联方接受的债权性投资与权益性投资的比例超过规定标准而发生的利息支出，不得在计算应纳税所得额时扣除。

企业实际支付给关联方的利息支出，不超过以下规定比例和税法及其实施条例有关规定计算的部分，准予扣除，超过的部分不得在发生当期和以后年度扣除。

企业实际支付给关联方的利息支出，其接受关联方债权性投资与其权益性投资比例如下：金融企业为5∶1，其他企业为2∶1。

企业如果能够按照税法及其实施条例的有关规定提供相关资料，并证明相关交易活动符合独立交易原则的，或者该企业的实际税负不高于境内关联方的，其实际支付给境内关联方的利息支出，在计算应纳税所得额时准予扣除。

④ 企业向自然人借款的利息支出，在企业所得税税前的扣除。

企业向股东或其他与企业有关联关系的自然人借款的利息支出，按支付给关联方利息支出税前扣除。

企业向除股东或其他与企业有关联关系的自然人以外的内部职工或其他人员借款的利息支出，其借款情况同时符合规定条件的，其利息支出在不超过按照金融企业同期同类贷款利率计算的数额的部分，准予扣除。

做中学 7-3

（计算分析题）某企业年初因生产经营需要，向金融机构借款800万元，期限3年，利率为6%；向非金融机构借款200万元，期限3年，利率为8%；全年实际计提借款利息共计64万元。计算因借款发生的利息支出的扣除金额和不允许扣除的借款利息金额。

[解析]（1）允许扣除的借款利息必须是生产经营需要发生的，否则不能扣除；

（2）企业向金融机构的借款与向非金融机构的借款利息支出在扣除时是不一样的；

（3）不允许扣除借款利息的数额，应计入应纳税所得额，计算缴纳所得税。

利息支出的扣除金额=800×6%+200×6%=60（万元）

不允许扣除的借款利息金额=200×（8%-6%）=4（万元）

引例分析 7-5

计算允许税前扣除的利息支出。

向广佳有限公司借款，允许税前扣除的利息支出=480 000×6%×6/12=14 400（元）

不允许税前扣除的利息支出=16 400-14 400=2 000（元）

允许税前扣除的利息支出共计200 000-2 000=198 000（元）

（5）借款费用。

① 企业在生产经营活动中发生的合理的不需要资本化的借款费用，准予扣除。

② 企业为购置、建造固定资产、无形资产和经过12个月以上的建造才能达到预定可销售状态的存货发生借款的，在有关资产购置、建造期间发生的合理的借款费用，应予以资本化，作为资本性支出计入有关资产的成本；有关资产交付使用后发生的借款利息，可在发生当期扣除。

③ 企业通过发行债券、取得贷款、吸收保户储金等方式融资而发生的合理的费用支出，符合资本化条件的，应计入相关资产成本；不符合资本化条件的，应作为财务费用，准予在企业所得税税前据实扣除。

（6）汇兑损失。企业在货币交易中，以及纳税年度终了时将人民币以外的货币性资产、负债按照期末即期人民币汇率中间价折算为人民币时产生的汇兑损失，除已经计入有关资产成本以及与向所有者进行利润分配相关的部分外，准予扣除。

194   税法基础

（7）业务招待费。

① 企业发生的与生产经营活动有关的业务招待费支出，按照发生额的60%扣除，但最高不得超过当年销售（营业）收入的5‰。

② 企业在筹建期间，发生的与筹办活动有关的业务招待费支出，可按实际发生额的60%计入企业筹办费，并按有关规定在税前扣除。

❖ 做中学 7-4

（计算分析题）某企业全年销售收入净额为3 000万元，全年业务招待费实际支付200万元。计算业务招待费的扣除金额和不允许扣除业务招待费的金额。

[解析]（1）业务招待费的扣除金额得按实际发生额的60%；

（2）最高不得超过当年销售（营业）收入的5‰；

（3）不允许扣除业务招待费的金额，应计入应纳税所得额。

按实际发生额的60%计算业务招待费的扣除金额=200×60%=120（万元）

按销售额计算的业务招待费的扣除数额=3 000×5‰=15（万元）

因此业务招待费的扣除金额应为120万元

不允许扣除业务招待费的金额=200－120=80（万元）

📊 引例分析 7-6

计算允许税前扣除的业务招待费支出。

业务招待费扣除限额=min［200 000×60%，（23 508 000+405 000）×5‰］=119 565（元）

业务招待费发生额=200 000（元）

允许税前扣除的业务招待费=119 565（元）

不允许税前扣除的业务招待费=200 000－119 565=80 435（元）

（8）广告费与业务宣传费扣除。企业每一纳税年度发生的符合条件的广告费和业务宣传费支出，除国务院财政、税务主管部门另有规定外，不超过当年销售（营业）收入15%的部分，准予扣除；超过部分，准予结转以后纳税年度扣除。但对部分行业有特殊规定：

① 自2021年1月1日起至2025年12月31日止，对化妆品制造或销售、医药制造和饮料制造（不含酒类制造）企业发生的广告费和业务宣传费支出，不超过当年销售

（营业）收入30%的部分，准予扣除；超过部分，准予在以后纳税年度结转扣除。

② 烟草企业的烟草广告费和业务宣传费支出，一律不得在计算应纳税所得额时扣除。

③ 企业在筹建期间发生的广告费和业务宣传费，可按实际发生额计入企业筹办费，并按上述规定在税前扣除。

需要注意的是，企业申报扣除的广告费支出应与赞助支出严格区分。企业申报扣除的广告费支出，必须符合下列条件：① 广告是通过工商部门批准的专门机构制作的。② 已实际支付费用，并已取得相应发票。③ 通过一定的媒体传播。

❖ 做中学 7-5

（计算分析题）某企业（非特殊行业企业）全年销售收入净额为6 000万元，全年广告费实际支付600万元，业务宣传费400万元。计算广告费和业务宣传费的扣除限额和结转下年扣除额。

[解析]（1）广告费和业务宣传费的扣除标准均以销售（营业）收入额为标准；

（2）不允许扣除广告费和业务宣传费的金额，应计入应纳税所得额，计算缴纳所得税。

广告费和业务宣传费扣除限额=6 000×15%=900（万元）

结转下年扣除的广告费和业务宣传费=（600+400）-900=100（万元）

🔍 引例分析 7-7

计算允许税前扣除的广告费和业务宣传费支出。

广告费和业务宣传费扣除限额=（23 508 000+405 000）×15%=3 586 950（元）

广告费和业务宣传费发生额=3 503 000（元）

允许税前扣除的广告费和业务宣传费=3 503 000（元）

不允许税前扣除的广告费和业务宣传费为0。

（9）环境保护专项资金。企业依照法律、行政法规有关规定提取的用于环境保护、生态恢复等方面的专项资金，准予扣除。上述专项资金提取后改变用途的，不得扣除。

（10）保险费。企业参加财产保险，按照规定缴纳的保险费，准予扣除。

（11）租赁费。企业根据生产经营活动的需要租入固定资产支付的租赁费，按照以下方法扣除：

① 以经营租赁方式租入固定资产发生的租赁费支出，按照租赁期限均匀扣除。经营性租赁是指所有权不转移的租赁。

② 以融资租赁方式租入固定资产发生的租赁费支出，按照规定构成融资租入固定资产价值的部分应当提取折旧费用，分期扣除。融资租赁是指在实质上转移与一项资产所有权有关的全部风险和报酬的一种租赁。

（12）劳动保护费。企业发生的合理的劳动保护支出，准予扣除。企业根据其工作性质和特点，由企业统一制作并要求员工工作时统一着装所发生的工作服饰费用，可以作为企业合理的支出给予税前扣除。

（13）公益性捐赠支出。企业发生的公益性捐赠支出，不超过年度利润总额12%的部分，准予扣除。超过年度利润总额12%的部分，准予以后3年内在计算应纳税所得额时结转扣除。年度利润总额，是指企业依照国家统一会计制度的规定计算的年度会计利润。

公益性捐赠，是指企业通过公益性社会团体或者县级（含县级）以上人民政府及其部门，用于《中华人民共和国公益事业捐赠法》规定的公益事业的捐赠，包括：① 救助灾害、救济贫困、扶助残疾人等困难的社会群体和个人的活动。② 教育、科学、文化、卫生、体育事业。③ 环境保护、社会公共设施建设。④ 促进社会发展和进步的其他社会公共和福利事业。

企业在对公益性捐赠支出计算扣除时，应先扣除以前年度结转的捐赠支出，再扣除当年发生的捐赠支出。

企业同时发生扶贫捐赠支出和其他公益性捐赠支出，在计算公益性捐赠支出年度扣除限额时，符合上述条件的扶贫捐赠支出不计算在内。

❖ 做中学 7-6

（计算分析题）某企业2022年利润总额为500万元，公益救济性捐赠总额为55万元，其中：通过国家机关向贫困地区捐赠20万元，通过中华社会文化事业发展基金会向某国家重点文物保护单位捐赠30万元，通过中国红十字会向红十字事业捐赠8万元。计算允许扣除的公益救济性捐赠额。

［解析］捐赠扣除限额=500×12%=60（万元）

实际捐赠额55万元＜扣除限额60万元，按扣除限额55万元扣除。因此，允许扣除的公益救济性捐赠额为55万元。

不允许扣除的金额，应计入当年应纳税所得额，计算缴纳所得税，可以在以后3年内在计算应纳税所得额时结转扣除。

计算允许税前扣除的捐赠支出。

企业利润总额=23 508 000+405 000−12 805 000−255 000−764 000−4 595 200−

2 003 300−191 000+230 000−1 500 000−250 000+5 000−1 384 000=400 500（元）

捐赠支出扣除限额=400 500×12%=48 060（元）

捐赠支出发生额=1 125 000（元）

允许税前扣除的捐赠支出=48 060（元）

不允许税前扣除的捐赠支出=1 125 000−48 060=1 076 940（元）

（14）有关资产的费用。企业转让各类固定资产发生的费用，允许扣除。企业按规定计算的固定资产折旧费、无形资产和递延资产的摊销费，准予扣除。

（15）总机构分摊的费用。非居民企业在中国境内设立的机构、场所，就其中国境外总机构发生的与该机构、场所生产经营有关的费用，能够提供总机构出具的费用汇集范围、定额、分配依据和方法等证明文件，并合理分摊的，准予扣除。

（16）资产损失。企业当期发生的固定资产和流动资产盘亏、毁损净损失，由其提供清查盘存资料并经主管税务机关审核后，准予扣除。

（17）手续费及佣金支出。企业发生的与生产经营有关的手续费及佣金支出，不超过以下规定计算限额以内的部分，准予扣除；超过部分，不得扣除。

① 保险企业，保险企业发生与其经营活动有关的手续费及佣金支出，不超过当年全部保费收入扣除退保金等后余额的18%（含本数）的部分，在计算应纳税所得额时准予扣除；超过部分，允许结转以后年度扣除。

② 其他企业，按与具有合法经营资格中介服务机构或个人（不含交易双方及其雇员、代理人和代表人等）所签订服务协议或合同确认的收入金额的5%计算限额。

企业为发行权益性证券支付给有关证券承销机构的手续费及佣金不得在税前扣除。

企业不得将手续费及佣金支出计入回扣、业务提成、返利、进场费等费用。

企业已计入固定资产、无形资产等相关资产的手续费及佣金支出，应当通过折旧、摊销等方式分期扣除，不得在发生当期直接扣除。

（18）企业维简费支出。企业实际发生的维简费支出，属于收益性支出的，可作为当期费用税前扣除；属于资本性支出的，应计入有关资产成本，并按《企业所得税法》规定计提折旧或摊销费用在税前扣除。

（19）企业参与政府统一组织的棚户区改造支出。企业参与政府统一组织的工矿

（含中央下放煤矿）棚户区改造、林区棚户区改造、垦区危房改造并同时符合一定条件的棚户区改造支出，符合条件的，准予在企业所得税税前扣除。

（20）准予扣除的其他项目。依照有关法律、行政法规和国家有关税法规定准予扣除的其他项目，如会员费、合理的会议费、差旅费、违约金、诉讼费用等。

（四）不得扣除的项目

在计算应纳税所得额时，下列支出不得扣除：

（1）向投资者支付的股息、红利等权益性投资收益款项。

（2）企业所得税税款。

（3）税收滞纳金，是指纳税人违反税收法规，被税务机关处以的滞纳金。

（4）罚金、罚款和被没收财物的损失，是指纳税人违反国家有关法律、法规规定，被有关部门处以的罚款，以及被司法机关处以的罚金和被没收财物。

（5）超过规定标准的捐赠支出。

（6）赞助支出，是指企业发生的与生产经营活动无关的各种非广告性质支出。

（7）未经核定的准备金支出，是指不符合国务院财政、税务主管部门规定的各项资产减值准备、风险准备等准备金支出。

（8）企业之间支付的管理费、企业内营业机构之间支付的租金和特许权使用费，以及非银行企业内营业机构之间支付的利息。

（9）与取得收入无关的其他支出。

引例分析 7-9

计算不允许税前扣除的支出。

不允许税前扣除的支出=信用减值损失250 000+直接捐赠支出200 000+税收滞纳金5 000+非广告性质赞助支出54 000+公允价值变动损失1 500 000=2 009 000（元）

（五）亏损弥补

企业纳税年度发生的亏损，准予向以后年度结转，用以后年度的所得弥补，但结转年限最长不得超过5年。也就是说，企业发生的年度亏损，可以用下一纳税年度的所得弥补，下一纳税年度的所得不足弥补的，可以逐年延续弥补，但是延续弥补期最长不得超过5年。弥补期从亏损年度后一年算起，连续5年内不论是盈利或亏损，都作为实际弥补年限计算。5年内又发生年度亏损，也必须从亏损年度后一年算起，先亏先补，按顺序连续计算补亏期限，不允许将每个亏损年度的亏损相加和连续弥补期相加，更不得断开计算。

需要注意的是，这里的亏损是指企业依照《企业所得税法》规定，每一纳税年度的收入总额减除不征税收入、免税收入和各项扣除后小于零的数额，而不是按照企业财务报表中反映的亏损额。

自2018年1月1日起，当年具备高新技术企业或科技型中小企业资格（统称资格）的企业，其具备资格年度之前5个年度发生的尚未弥补完的亏损，准予结转以后年度弥补，最长结转年限由5年延长至10年。

❖ 做中学 7-7

（计算分析题）某企业2015—2023年的盈亏情况，见表7-3，计算该企业各年应纳税所得额。

表7-3　某企业2015—2023年的盈亏情况

单位：万元

年度	2015	2016	2017	2018	2019	2020	2021	2022	2023
会计利润	-80	10	-30	20	30	30	-20	15	60

[解析]（1）2015年度的80万元亏损，弥补期为2016—2020年，可依次用2016年、2017年、2018年、2019年、2020年的盈利弥补，2020年弥补亏损后尚有10万元盈利。

（2）2017年度的30万元亏损，弥补期为2018—2022年，因2018年、2019年和2020年一部分盈利已弥补2015年的亏损，因此只能用2020年剩余的10万元和2022年的盈利15万弥补，弥补后，仍有5万元尚未弥补；2023年不能再在税前扣除，只能用税后利润弥补。

（3）2021年度亏损20万元，弥补期为2022—2026年，2022年的盈利已弥补2017年度的亏损，2023年盈利60万元，弥补2021年度的20万元后，尚余40万元，应依法纳税。

综上，2017年的亏损弥补期限截至2022年，对尚未弥补完的5万元，不能再在税前扣除，只能用税后利润扣除，见表7-4。

表7-4　某企业2015—2023年的应纳税所得额

单位：万元

年度	2015	2016	2017	2018	2019	2020	2021	2022	2023
会计利润	-80	10	-30	20	30	30	-20	15	60
应纳税所得额	0	0	0	0	0	0	0	0	40

因此，该企业2015—2023年中只有2023年需要缴纳企业所得税，应纳税所得额为40万元。

📊 **引例分析7-10**

计算允许弥补的以前年度亏损。

2018年未弥补亏损=2 340 000-560 000-340 000-90 100=1 349 900（元）

2020年未弥补亏损=789 000（元）

允许弥补的以前年度亏损=1 349 900+789 000=2 138 900（元）

（六）资产的税务处理

资产是由于资本投资而形成的财产，对于资本性支出以及无形资产受让、开办、开发费用，不允许作为成本、费用从纳税人的收入总额中一次性扣除，只能采取分次计提折旧或分次摊销的方式予以扣除。即纳税人经营活动中使用的固定资产的折旧费用、无形资产和长期待摊费用的摊销费用可以扣除。税法规定，纳入税务处理范围的资产形式主要有固定资产、生物资产、无形资产、长期待摊费用、投资资产、存货等，均以历史成本为计税基础。历史成本是指企业取得该项资产时实际发生的支出。企业持有各项资产期间资产增值或者减值，除国务院财政、税务主管部门规定可以确认损益外，不得调整该资产的计税基础。

1. 固定资产的税务处理

固定资产，是指企业为生产产品、提供劳务、出租或者经营管理而持有的、使用时间超过12个月的非货币性资产，包括房屋、建筑物、机器、机械、运输工具以及其他与生产经营活动有关的设备、器具、工具等。

（1）固定资产计税基础。

① 外购的固定资产，以购买价款和支付的相关税费以及直接归属于使该资产达到预定用途发生的其他支出为计税基础。

② 自行建造的固定资产，以竣工结算前发生的支出为计税基础。

③ 融资租入的固定资产，以租赁合同约定的付款总额和承租人在签订租赁合同过程中发生的相关费用为计税基础，租赁合同未约定付款总额的，以该资产的公允价值和承租人在签订租赁合同过程中发生的相关费用为计税基础。

④ 盘盈的固定资产，以同类固定资产的重置完全价值为计税基础。

⑤ 通过捐赠、投资、非货币性资产交换、债务重组等方式取得的固定资产，以该

资产的公允价值和支付的相关税费为计税基础。

⑥ 改建的固定资产，除已足额提取折旧的固定资产和租入的固定资产以外的其他固定资产，以改建过程中发生的改建支出增加计税基础。

（2）固定资产折旧的范围。在计算应纳税所得额时，企业按照规定计算的固定资产折旧，准予扣除。下列固定资产不得计算折旧扣除：

① 房屋、建筑物以外未投入使用的固定资产。

② 以经营租赁方式租入的固定资产。

③ 以融资租赁方式租出的固定资产。

④ 已足额提取折旧仍继续使用的固定资产。

⑤ 与经营活动无关的固定资产。

⑥ 单独估价作为固定资产入账的土地。

⑦ 其他不得计算折旧扣除的固定资产。

（3）固定资产折旧的计提方法。

① 企业应当自固定资产投入使用月份的次月起计算折旧；停止使用的固定资产，应当自停止使用月份的次月起停止计算折旧。

② 企业应当根据固定资产的性质和使用情况，合理确定固定资产的预计净残值。固定资产的预计净残值一经确定，不得变更。

③ 固定资产按照直线法计算的折旧，准予扣除。

（4）固定资产折旧的计提年限。除国务院财政、税务主管部门另有规定外，固定资产计算折旧的最低年限如下：

① 房屋、建筑物，为20年。

② 飞机、火车、轮船、机器、机械和其他生产设备，为10年。

③ 与生产经营活动有关的器具、工具、家具等，为5年。

④ 飞机、火车、轮船以外的运输工具，为4年。

⑤ 电子设备，为3年。

从事开采石油、天然气等矿产资源的企业，在开始进行商业性生产前发生的费用和有关固定资产的折耗、折旧方法，由国务院财政、税务主管部门另行规定。

（5）固定资产折旧的处理。

① 企业固定资产会计折旧年限如果短于税法规定的最低折旧年限，其按会计折旧年限计提的折旧高于按税法规定的最低折旧年限计提的折旧部分，应调增当期应纳税所得额；企业固定资产会计折旧年限已期满且会计折旧已足额提取，但税法规定的最低折旧年限尚未到期且税收折旧尚未足额扣除，其未足额扣除的部分准予在剩余的税收折旧

年限继续按规定扣除。

② 企业固定资产会计折旧年限如果长于税法规定的最低折旧年限，其折旧应按会计折旧年限计算扣除，税法另有规定的除外。

③ 企业按会计规定提取的固定资产减值准备，不得税前扣除，其折旧仍按税法确定的固定资产计税基础计算扣除。

④ 企业按税法规定实行加速折旧的，其按加速折旧办法计算的折旧额可全额在税前扣除。

⑤ 石油天然气开采企业在计提油气资产折耗（折旧）时，由于会计与税法规定的计算方法不同导致的折耗（折旧）差异，应按税法规定进行纳税调整。

2. 生物资产的税务处理

生物资产，是指有生命的动物和植物。生物资产分为消耗性生物资产、生产性生物资产和公益性生物资产。消耗性生物资产，是指为出售而持有的或在将来收获为农产品的生物资产，包括生长中的农田作物、蔬菜、用材林以及存栏待售的牲畜等。生产性生物资产，是指为产出农产品、提供劳务或出租等目的而持有的生物资产，包括经济林、薪炭林、产畜和役畜等。公益性生物资产，是指以防护、环境保护为主要目的的生物资产，包括防风固沙林、水土保持林和水源涵养林等。

（1）生物资产的计税基础。

① 外购的生产性生物资产，以购买价款和支付的相关税费为计税基础。

② 通过捐赠、投资、非货币性资产交换、债务重组等方式取得的生产性生物资产，以该资产的公允价值和支付的相关税费为计税基础。

（2）生物资产的折旧方法和折旧年限。生产性生物资产按照直线法计算的折旧，准予扣除。企业应当自生产性生物资产投入使用月份的次月起计算折旧；停止使用的生产性生物资产，应当自停止使用月份的次月起停止计算折旧。

企业应当根据生产性生物资产的性质和使用情况，合理确定生产性生物资产的预计净残值。生产性生物资产的预计净残值一经确定，不得变更。

生产性生物资产计算折旧的最低年限：

① 林木类生产性生物资产，为10年。

② 畜类生产性生物资产，为3年。

3. 无形资产的税务处理

无形资产，是指企业长期使用，但没有实物形态的资产，包括专利权、商标权、著作权、土地使用权、非专利技术、商誉等。

（1）无形资产的计税基础。

① 外购的无形资产，以购买价款和支付的相关税费以及直接归属于使该资产达到预定用途发生的其他支出为计税基础。

② 自行开发的无形资产，以开发过程中该资产符合资本化条件后至达到预定用途前发生的支出为计税基础。

③ 通过捐赠、投资、非货币性资产交换、债务重组等方式取得的无形资产，以该资产的公允价值和支付的相关税费为计税基础。

（2）无形资产摊销的范围。在计算应纳税所得额时，企业按照规定计算的无形资产摊销费用，准予扣除。

下列无形资产不得计算摊销费用扣除：

① 自行开发的支出已在计算应纳税所得额时扣除的无形资产。

② 自创商誉。

③ 与经营活动无关的无形资产。

④ 其他不得计算摊销费用扣除的无形资产。

（3）无形资产的摊销方法及年限。无形资产的摊销，采取直线法计算。无形资产的摊销年限不得低于10年。作为投资或者受让的无形资产，有关法律规定或者合同约定了使用年限的，可以按照规定或者约定的使用年限分期摊销。外购商誉的支出，在企业整体转让或者清算时，准予扣除。

4. 长期待摊费用的税务处理

长期待摊费用，是指企业发生的应在1个年度以上或几个年度进行摊销的费用。在计算应纳税所得额时，企业发生的按规定摊销的长期待摊费用，准予扣除。如固定资产的大修理支出、已足额提取折旧的固定资产改良支出、租入固定资产改良支出、其他作为长期待摊费用的支出等。

符合下列两个条件的固定资产的大修理支出，可在发生当期直接扣除：① 修理支出达到取得固定资产时的计税基础50%以上。② 修理后固定资产的使用年限延长2年以上。

其他应当作为长期待摊费用的支出，自支出发生月份的次月起分期摊销，摊销年限不得低于3年。

5. 存货的税务处理

存货，是指企业持有以备出售的产品或者商品、处在生产过程中的在产品、在生产或者提供劳务过程中耗用的材料和物料等。

（1）存货的计税基础。存货按照以下方法确定成本：

① 通过支付现金方式取得的存货，以购买价款和支付的相关税费为成本。

② 通过支付现金以外的方式取得的存货，以该存货的公允价值和支付的相关税费为成本。

③ 生产性生物资产收获的农产品，以产出或者采收过程中发生的材料费、人工费和分摊的间接费用等必要支出为成本。

（2）存货的成本计算方法。企业使用或者销售的存货的成本计算方法，可以在先进先出法、加权平均法、个别计价法中选用一种。计算方法一经选用，不得随意变更。

企业转让以上资产，在计算企业应纳税所得额时，资产的净值允许扣除。其中，资产的净值是指有关资产、财产的计税基础减除已经按照规定扣除的折旧、折耗、摊销、准备金等后的余额。

除国务院财政、税务主管部门另有规定外，企业在重组过程中，应当在交易发生时确认有关资产的转让所得或者损失，相关资产应当按照交易价格重新确定计税基础。

6. 投资资产的税务处理

投资资产，是指企业对外进行权益性投资和债权性投资而形成的资产。

（1）投资资产的成本。

① 通过支付现金方式取得的投资资产，以购买价款为成本。

② 通过支付现金以外的方式取得的投资资产，以该资产的公允价值和支付的相关税费为成本。

（2）投资资产成本的扣除方法。企业对外投资期间，投资资产的成本在计算应纳税所得额时不得扣除，企业在转让或者处置投资资产时，投资资产的成本准予扣除。

（3）投资企业撤回或减少投资的税务处理。

① 投资企业从被投资企业撤回或减少投资，其取得的资产中，相当于初始出资的部分，应确认为投资收回；相当于被投资企业累计未分配利润和累计盈余公积按减少实收资本比例计算的部分，应确认为股息所得；其余部分确认为投资资产转让所得。

② 被投资企业发生的经营亏损，由被投资企业按规定结转弥补。投资企业不得调整减低其投资成本，也不得将其确认为投资损失。

税法规定与会计规定差异的处理，是指在计算应纳税所得额时，企业会计规定与税法规定不一致的，应当依照税法规定予以调整。即企业在平时进行会计核算时，可以按会计制度的有关规定进行账务处理，但在申报纳税时，对税法规定和会计制度规定有差异的，要按税法的规定进行纳税调整。

实际工作中可以通过对企业利润总额（即会计利润）进行纳税调整来计算应纳税所得额，其计算公式为：

$$应纳税所得额=利润总额（会计利润）\pm 纳税调整项目金额$$

做中学 7-8

（计算分析题）某企业2023年内发生下列收入事项：① 销售产品收入9 000万元；② 清理固定资产盘盈收入480万元；③ 转让专利权收入1 000万元；④ 利息收入50万元（其中国库券利息收入15万元）；⑤ 出租固定资产收入700万元。发生下列支出事项：① 营业成本（销售产品成本和其他业务成本）5 500万元（不包括工资）；② 税金及附加280万元；③ 销售费用450万元；④ 管理费用240万元；⑤ 利息支出85万元（均为金融机构借款利息）；⑥ 职工200人，全年发放职工工资总额为1 500万元；⑦ 发放职工福利费260万元，支付职工工会经费25万元，职工教育经费140万元。计算该企业2023年应纳税所得额。

［解析］（1）该企业应税收入总额=9 000+480+1 000+（50-15）+700=11 215（万元）。

（2）允许扣除项目金额：

① 销售成本5 500万元（不包括工资）；

② 税金及附加280万元；

③ 销售费用450万元；

④ 管理费用240万元；

⑤ 利息支出85万元（均为金融机构借款利息），全部扣除；

⑥ 职工工资1 500万元，据实扣除；

⑦ "三项经费"扣除标准=1 500×14%+1 500×2%+1 500×8%=210+30+120=360（万元）；

职工福利费扣除限额210万元，实际支出260万元，超过扣除限额50万元，不允许扣除；

职工工会经费扣除限额30万元，实际发放25万元，按25万元扣除；

职工教育经费扣除限额120万元，实际支出140万元，超过扣除限额20万元，准予在以后纳税年度结转扣除；

允许扣除项目的总计金额=5 500+280+450+240+85+1 500+（210+25+120）=8 410（万元）

（3）2023年企业应纳税所得额=11 251-8 410=2 841（万元）。

做中学 7-9

（计算分析题）某公司2023年实现利润总额为8 000万元。当年有以下几项支出均已列支：① 支付职工工资总额700万元；② 支付职工福利费119万元、工会经费18万元、职工教育经费50万元；③ 税收的罚款支出8万元；④ 国库券利息收入100万元。计算该公司当年应纳税所得额。

[解析]（1）职工工资：

职工工资=700（万元），据实扣除，无须调整。

（2）职工福利费、工会经费、职工教育经费：

职工福利费扣除限额=700×14%=98（万元），实际列支119万元，超支21万元，调增；

工会经费扣除限额=700×2%=14（万元），实际列支18万元，超支4万元，调增；

职工教育经费扣除限额=700×8%=56（万元），实际列支50万元，不超限额，不需调整；

（3）税收的罚款支出8万元，不允许在税前扣除，应调增；

（4）国库券利息收入100万元，不纳税，应调减100万元；

该公司当年应纳税所得额=8 000+21+4+8-100=7 933（万元）

二、居民企业应纳所得税额的计算

（一）居民企业一般计算方法

居民企业应纳所得税额等于应纳税所得额乘以适用税率，减除依照税法关于税收优惠的规定减免和抵免税额后的余额，计算公式为：

$$应纳税额=应纳税所得额×适用税率-减免税额-抵免税额$$

做中学 7-10

（计算分析题）依据【做中学7-8】资料，该企业2023年应纳税所得额为2 841万元，计算该企业应纳所得税额。

[解析]应纳所得税额=2 841×25%=710.25（万元）

做中学 7-11

（计算分析题）依据【做中学7-9】资料，该企业2023年应纳税所得额为7 933万元，计算该企业应纳所得税额。

[解析]应纳所得税额=7 933×25%=1 983.25（万元）

（计算分析题）某制造企业2023年实现利润总额7 000万元，经查有下列支出已经列支：① 当年因生产经营借款的利息支出为60万元，其中：向非金融机构借款2 000万元，利率5%，同期同类银行借款利率为4.5%；② 当年实际发生的"三新"研发费用为400万元，其中未形成无形资产计入当期损益300万元，计入无形资产100万元，该无形资产摊销期限10年，计算该企业2022年应纳所得税额。

[解析] 向非金融机构的借款利息支出的扣除标准，应按不高于同期同类金融机构借款利息计算；

"研发费用支出"未形成无形资产的按照研究开发费用的100%加计扣除，形成无形资产的按照无形资产成本的200%摊销。

（1）可扣除项目的标准。

① 向非金融机构的借款利息支出应按不高于同期同类金融机构借款利息计算，因此，不允许扣除的利息支出=2 000×（5%-4.5%）=10（万元），调增应纳税所得额10万元。

② 当年实际发生的"三新"研发费用，除据实扣除外，可再加计100%扣除；形成无形资产的按无形资产成本的200%摊销。

加计扣除数额=300×100%+100×200%/10=320（万元），调减应纳税所得额320万元。

（2）该企业当年应纳税所得额=7 000+10-320=6 690（万元）。

（3）应纳所得税额=6 690×25%=1 672.5（万元）。

（计算分析题）某企业为居民企业，2023年发生经营业务如下：

（1）取得产品销售收入4 000万元。

（2）应结转产品销售成本2 600万元。

（3）发生销售费用770万元（其中广告费650万元）；管理费用480万元（其中业务招待费25万元）；财务费用60万元。

（4）销售税金160万元（含增值税120万元）。

（5）营业外收入80万元，营业外支出50万元（含通过公益性社会团体向贫困山区捐款30万元，支付税收滞纳金6万元）。

（6）计入成本、费用中的实发工资总额200万元、拨缴职工工会经费5万元、发生职工福利费31万元、发生职工教育经费7万元。

计算该企业2023年度实际应缴纳的企业所得税。

（1）会计利润总额=4 000+80-2 600-770-480-60-（160-120）-50=80（万元）

（2）广告费和业务宣传费调增所得额=650-4 000×15%=50（万元）

（3）业务招待费调增所得额=25-25×60%=10（万元）

4 000×5‰=20（万元）>25×60%=15（万元）

（4）捐赠支出应调增所得额=30-80×12%=20.4（万元）

（5）工会经费应调增所得额=5-200×2%=1（万元）

（6）职工福利费应调增所得额=31-200×14%=3（万元）

（7）职工教育经费扣除限额=200×8%=16（万元）

实际发生额小于扣除限额，不作纳税调整。

（8）应纳税所得额=80+50+10+20.4+6+1+3=170.4（万元）

（9）2023年应缴纳的企业所得税=170.4×25%=42.6（万元）

🔍 引例分析7-11

采用间接计算法计算应纳税所得额。

（1）利润总额=23 508 000+405 000-12 805 000-255 000-764 000-4 595 200-2 003 300-191 000-250 000-1 500 000+230 000+5 000-1 384 000=400 500（元）

（2）纳税调减项：

国债利息收入纳税调减=130 000（元）

投资居民企业的股息红利等权益性投资收益纳税调减=100 000（元）

研发支出加计扣除=306 300×100%=306 300（元）

残疾职工工资加计扣除=50 000（元）

允许弥补的以前年度亏损=2 138 900（元）

纳税调减合计金额=130 000+100 000+306 300+50 000+2 138 900=2 725 200（元）

（3）纳税调增项：

三项经费纳税调增=474 000+2 000+0=476 000（元）

利息支出纳税调增=2 000（元）

业务招待费支出纳税调增=80 435（元）

捐赠支出纳税调增=1 076 940（元）

不得扣除支出纳税调增=2 009 000（元）

納税調増合計金額=476 000+2 000+80 435+1 076 940+2 009 000=3 644 375（元）

（4）应纳税所得额=400 500-2 725 200+3 644 375=1 319 675（元）

（二）居民企业核定征收应纳税额的计算

1. 核定征收的范围

适用于居民企业纳税人，纳税人具有下列情形之一的，税务机关可核定征收企业所得税：

（1）依照法律、行政法规的规定可以不设置账簿的。

（2）依照法律、行政法规的规定应当设置但未设置账簿的。

（3）擅自销毁账簿或者拒不提供纳税资料的。

（4）虽设置账簿，但账目混乱或者成本资料、收入凭证、费用凭证残缺不全，难以查账的。

（5）发生纳税义务，未按照规定的期限办理纳税申报，经税务机关责令限期申报，逾期仍不申报的。

（6）申报的计税依据明显偏低，又无正当理由的。

特殊行业、特殊类型的纳税人和一定规模以上的纳税人不适用以上核定征收办法。上述特定纳税人由国家税务总局另行明确，如专门从事股权（股票）投资业务的企业，不得核定征收企业所得税。

2. 核定征收的方法

税务机关应根据纳税人具体情况，对核定征收企业所得税的纳税人，核定应纳所得税额或者核定应税所得率。

（1）核定应纳所得税额征收，也称为定额征收，是指税务机关按照一定的标准、程序和方法，直接核定纳税人年度应纳企业所得税额，由纳税人按规定进行申报缴纳的办法。

（2）核定应税所得率征收，是指税务机关按照一定的标准、程序和方法，预先核定纳税人的应税所得率，由纳税人根据纳税年度内的收入总额或成本费用等项目的实际发生额，按预先核定的应税所得率计算缴纳企业所得税的办法。具有下列情形之一的，核定其应税所得率：

① 能正确核算（查实）收入总额，但不能正确核算（查实）成本费用总额的。

② 能正确核算（查实）成本费用总额，但不能正确核算（查实）收入总额的。

③ 通过合理方法，能计算和推定纳税人收入总额或成本费用总额的。

纳税人不属于以上情形的，核定其应纳所得税额。

实行应税所得率方式核定征收企业所得税的纳税人，经营多业的，无论其经营项目是否单独核算，均由税务机关根据其主营项目确定适用的应税所得率。

主营项目应为纳税人所有经营项目中，收入总额或者成本（费用）支出额或者耗用原材料、燃料、动力数量所占比重最大的项目。实行核定应税所得率征收办法的，应纳所得税额的计算公式为：

$$应纳所得税额=应纳税所得额×适用税率$$
$$应纳税所得额=收入总额×应税所得率$$
$$应纳所得税额=成本（费用）支出额÷（1-应税所得率）×应税所得率$$

应税所得率幅度标准，如表7-5所示。

表7-5 应税所得率幅度标准

行业	应税所得率/%
1. 农、林、牧、渔业	3~10
2. 制造业	5~15
3. 批发和零售贸易业	4~15
4. 交通运输业	7~15
5. 建筑业	8~20
6. 餐饮业	8~25
7. 娱乐业	15~30
8. 其他行业	10~30

纳税人的生产经营范围、主营业务发生重大变化，或者应纳税所得额或应纳税额增减变化达到20%的，应及时向税务机关申报调整已确定的应纳税额或应税所得率。

三、非居民企业应纳所得税额的计算

（一）查账征收办法

对于在中国境内未设立机构、场所的，或者虽设立机构、场所但取得的所得与其所设机构、场所没有实际联系的非居民企业的所得，按照下列方法计算应纳税所得额：

（1）股息、红利等权益性投资收益和利息、租金、特许权使用费所得，以收入全额为应纳税所得额。这里的收入额是以不含增值税的收入全额作为应纳税所得额。

（2）转让财产所得，以收入全额减除财产净值后的余额为应纳税所得额。对于股权转让，应以股权转让收入减除股权净值后的余额为股权转让所得应纳税所得额。

不征税收入与免税收入

（3）其他所得，参照上述"股息、红利等权益性投资收益和利息、租金、特许权使用费所得""转让财产所得"规定的方法计算应纳税所得额。

扣缴企业所得税应纳税额计算公式为：

$$扣缴企业所得税应纳税额=应纳税所得额×实际征收率（10\%）$$

（二）核定征收办法

非居民企业因会计账簿不健全，资料残缺难以查账，或者其他原因不能准确计算并据实申报其应纳税所得额的，税务机关有权采取以下方法核定其应纳税所得额。

（1）按收入总额核定应纳税所得额。计算公式为：

$$应纳税所得额=收入总额（不含增值税）×经税务机关核定的利润率$$

（2）按成本费用核定应纳税所得额。计算公式为：

$$应纳税所得额=成本费用总额÷（1-经税务机关核定的利润率）×经税务机关核定的利润率$$

（3）按经费支出换算收入核定应纳税所得额。计算公式为：

$$应纳税所得额=经费支出总额÷（1-经税务机关核定的利润率）×经税务机关核定的利润率$$

税务机关可按照以下标准确定非居民企业的利润率：

（1）从事承包工程作业、设计和咨询劳务的，利润率为15%~30%。

（2）从事管理服务的，利润率为30%~50%。

（3）从事其他劳务或劳务以外经营活动的，利润率不低于15%。

税务机关有根据认为非居民企业的实际利润率明显高于上述标准的，可以按照比上述标准更高的利润率核定其应纳税所得额。

四、境外所得抵免税额的计算

为避免国际间对同一所得重复征税，平衡境内所得与境外所得的税负，有利于国际投资、维护各国的税收管辖权和经济利益。我国《企业所得税法》规定，居民企业来源于中国境外的应税所得，非居民企业在中国境内设立机构、场所，取得发生在中国境外但与该机构、场所有实际联系的应税所得，已在境外缴纳的所得税税额，可以从其当期应纳税额中抵免，抵免限额为该项所得依照《企业所得税法》规定计算的应纳税额。

"已在境外缴纳的所得税税额"，是指企业来源于中国境外的所得依照中国境外税收法律以及相关规定应当缴纳并已经实际缴纳的企业所得税性质的税款。

"抵免限额"，是指企业来源于中国境外的所得，依照《企业所得税法》及相关条例的规定计算的应纳税额。除国务院财政、税务主管部门另有规定外，该抵免额应当分国（地区）不分项计算，分国（地区）计算抵免限额，计算公式如下：

$$抵免限额 = \frac{中国境内、境外所得依照我国税法计算的应纳税总额 \times 来源于某国（地区）的应纳税所得额}{中国境内、境外应纳税所得总额}$$

企业实际抵免税额还要分别情况确定，具体情况如表7-6所示。

表7-6　企业取得的已在境外缴纳的所得税抵免税额情况表

情形	抵免税额
企业在境外各国（地区）已缴纳的所得税税额≤抵免限额	按境外已缴纳税款抵免
企业在境外各国（地区）已缴纳的所得税税额＞抵免限额	按扣除抵免限额 （其超过部分，当年不能抵免，但可以在以后5个年度内，用每年度抵免限额抵免当年应抵税额后的余额进行抵补）

居民企业从其直接控制（直接持有外国企业20%以上股份）或者间接控制（间接持有外国企业20%以上股份）的外国企业分得的来源于中国境外的股息、红利等权益性投资收益，外国企业在境外实际缴纳的所得税税额中属于该项所得负担的部分，可以作为该居民企业的抵免境外所得税税额，抵免限额内抵免。

做中学 7-14

（计算分析题）某企业2023年境内所得为7 200万元，同期从境外取得所得2 800万元，境外实际缴纳所得税600万元，计算该企业2023年应纳所得税额。

[解析] 在确定实际抵免税额时，是按两者之中较小的扣除；

扣减的是税额而不是应纳税所得额。

境内、境外所得应纳税总额=（7 200+2 800）×25%=2 500（万元）

抵免限额=2 500×2 800/（7 200+2 800）=700（万元）

境外实际缴纳所得税600万元＜抵免限额700万元，应按境外实缴纳所得税600万元抵减。

该企业应纳所得税额=2 500-600=1 900（万元）

做中学 7-15

（计算分析题）依据【做中学7-14】资料，假定该企业境外实际缴纳所得税1 200

万元，其他条件不变，计算该企业2023年应纳所得税额。

[解析] 按两者之中较小的扣除；

抵扣的是税额而不是应纳税所得额；

未抵扣完的部分可以结转下年继续抵减，但最长抵减5年。

境内、境外所得应纳税总额=（7 200+2 800）×25%=2 500（万元）

抵免限额=2 500×2 800/（7 200+2 800）=700（万元）

境外实际缴纳所得税1 200万元＞扣除限额700万元，应按抵免限额700万元扣除。

该企业应纳所得税额=2 500-700=1 800（万元）

五、企业所得税的税收优惠

国家对重点扶持和鼓励发展的产业和项目，给予企业所得税优惠。所得税税收优惠形式有免征、减征、加计扣除、加速折旧、税额抵免、减计收入等形式。

（一）从事农、林、牧、渔业项目的所得税收优惠

1. 企业从事下列项目的所得，免征企业所得税

（1）蔬菜、谷物、薯类、油料、豆类、棉花、麻类、糖料、水果、坚果的种植；

（2）农作物新品种的选育；

（3）中药材的种植；

（4）林木的培育和种植；

（5）牲畜、家禽的饲养；

（6）林产品的采集；

（7）灌溉、农产品初加工、兽医、农技推广、农机作业和维修等农、林、牧、渔服务业项目；

（8）远洋捕捞。

2. 企业从事下列项目的所得，减半征收企业所得税

（1）花卉、茶以及其他饮料作物和香料作物的种植；

（2）海水养殖、内陆养殖。

企业从事国家限制和禁止发展的项目，不得享受本条规定的企业所得税优惠。

价值引领

企业所得税　助力乡村振兴

党的二十大报告指出："全面推进乡村振兴。全面建设社会主义现代化国家，最艰巨最繁重的任务仍然在农村。坚持农业农村优先发展，坚持城乡融合发展，畅通城乡要素流动。加快建设农业强国，扎实推动乡村产业、人才、文化、生态、组织振兴。""发展乡村特色产业，拓宽农民增收致富渠道。巩固拓展脱贫攻坚成果，增强脱贫地区和脱贫群众内生发展动力。统筹乡村基础设施和公共服务布局，建设宜居宜业和美乡村。""完善农业支持保护制度，健全农村金融服务体系。"

1. 支持农村基础建设方面

（1）国家重点扶持的公共基础设施项目所得企业所得税"三免三减半"。

（2）农村饮水安全工程新建项目投资经营所得企业所得税"三免三减半"。

2. 支持农业产业发展方面

（1）从事农、林、牧、渔业项目可按规定减免企业所得税。

（2）以"公司＋农户"经营模式从事农、林、牧、渔业生产可按规定减免企业所得税。

（3）对企业以锯末、树皮、枝丫材为材料，生产的人造板及其制品取得的收入减按90%计入收入总额。

（4）对企业以农作物秸秆及壳皮（包括粮食作物秸秆、农业经济作物秸秆、粮食壳皮、玉米芯）为主要原料生产的代木产品、电力、热力及燃气取得的收入减按90%计入收入总额。

（5）从事沼气综合开发利用项目中"畜禽养殖场和养殖小区沼气工程项目"的所得企业所得税"三免三减半"。

3. 促进涉农金融发展

（1）金融机构农户小额贷款的利息收入，在计算应纳税所得额时，按90%计入收入总额。

（2）金融企业涉农及中小企业贷款损失按规定税前扣除。

（3）经省级金融管理部门批准成立的小额贷款公司取得的农户小额贷款利息收入，在计算应纳税所得额时，按90%计入收入总额。

（4）经省级金融管理部门批准成立的小额贷款公司按年末贷款余额的1%计提的贷款损失准备金准予在企业所得税税前扣除。

（5）符合条件的中小企业融资（信用）担保机构按规定提取的准备金准予在企业所得税税前扣除。

（6）保险公司为种植业、养殖业、牧业种植和饲养的动植物提供保险的业务免征增值税。

（7）保险公司为种植业、养殖业提供保险业务取得的保费收入，在计算应纳税所得额时，按90%计入收入总额。

4. 支持农民创业就业

企业所得税助力小微企业发展

（1）小型微利企业从事国家非限制和禁止行为，且同时符合年度应纳税所得额不超过300万元，从业人数不超过300人，资产总额不超过5 000万元三个条件的。年应纳税所得额不超过100万元的部分，减按25%计入应纳税所得额，按20%的税率缴纳企业所得税；年应纳税所得额不超过100万元的部分，减按12.5%计入应纳税所得额，按20%的税率缴纳企业所得税；年应纳税所得额超过100万元但不超过300万元的部分，减按50%计入应纳税所得额，按20%的税率缴纳企业所得税。

（2）沼气综合开发利用、农村污水处理、生活垃圾分类和无害化处理处置享受企业所得税"三免三减半"。

企业所得税优惠政策，助力巩固拓展脱贫攻坚成果，有效衔接乡村振兴，全力支持"三农"发展，促进农业高质高效、乡村宜居宜业、农民富裕富足。

（二）从事国家重点扶持的公共基础设施项目所得税收优惠

企业从事国家重点扶持的公共基础设施项目的投资经营的所得，自项目取得第一笔生产经营收入所属纳税年度起，第1年至第3年免征企业所得税，第4年至第6年减半征收企业所得税（简称"三免三减半"）。

国家重点扶持的公共基础设施项目，是指《公共基础设施项目企业所得税优惠目录》规定的港口码头、机场、铁路、公路、城市公共交通、电力、水利等项目。

企业承包经营、承包建设和内部自建自用本条规定的项目，不得享受本条规定的企业所得税优惠。

（三）从事符合条件的环境保护、节能节水项目的所得税收优惠

企业从事符合条件的环境保护、节能节水项目的所得，自项目取得第一笔生产经营收入所属纳税年度起，享受企业所得税"三免三减半"优惠。

符合条件的环境保护、节能节水项目，包括公共污水处理、公共垃圾处理、沼气综合开发利用、节能减排技术改造、海水淡化等。项目的具体条件和范围由国务院财政、

税务主管部门商国务院有关部门制订，报国务院批准后公布施行。

（四）符合条件的技术转让所得税收优惠

符合条件的技术转让所得免征、减征企业所得税，是指一个纳税年度内，居民企业技术转让所得不超过500万元的部分，免征企业所得税；超过500万元的部分，减半征收企业所得税。

技术转让包括居民企业转让专利技术、计算机软件著作权、集成电路布图设计权、植物新品种、生物医药新品种、5年（含）以上非独占许可使用权，以及财政部和国家税务总局确定的其他技术转让。

（五）符合条件的企业税收优惠

《财政部　税务总局关于进一步支持小微企业和个体工商户发展有关税费政策的公告》（财政部　税务总局公告2023年第12号）明确：对小型微利企业减按25%计算应纳税所得额，按20%的税率征收企业所得税。该政策延续到2027年12月31日。

符合条件的小型微利企业是指从事国家非限制和禁止行业，且同时符合年度应纳税所得额不超过300万元、从业人数不超过300人、资产总额不超过5 000万元三个条件的企业。

做中学 7-16

（单项选择题）某小型微利企业2023年第一季度季初、季末的从业人数分别为160人、220人，第一季度季初、季末的资产总额分别为3 000万元、4 000万元。第一季度应纳税所得额为260万元，则企业实际应纳所得税额（　　　）万元。

　　A. 13　　　　　　　B. 32.5　　　　　　　C. 10.5　　　　　　　D. 52

［答案］A

［解析］实际应纳所得税额=260×25%×20%=13（万元）

该企业从业人数季度平均值190人，"资产总额"季度平均值3 500万元，应纳税所得额260万，符合关于小型微利企业预缴企业所得税时的判断标准，可以享受税收优惠。

引例分析 7-12

计算企业应纳税额。

企业从业人数56人≤300人；

资产总额4 500万元≤5 000万元；

应纳税所得额131.97万元≤300万元；

企业属于小型微利企业。

应纳税额=1 000 000×12.5%×20%+（1 319 675-1 000 000）×25%×20%= 40 983.75（元）

（六）国家需要重点扶持的高新技术企业税收优惠

国家需要重点扶持的高新技术企业，减按15%的税率征收企业所得税。国家需要重点扶持的高新技术企业，是指拥有核心自主知识产权，并同时符合下列条件的企业：

（1）企业申请认定时须注册成立一年以上。

（2）企业通过自主研发、受让、受赠、并购等方式，获得对其主要产品（服务）在技术上发挥核心支持作用的知识产权的所有权。

（3）企业主要产品（服务）发挥核心支持作用的技术属于"国家重点支持的高新技术领域"规定的范围。

（4）企业从事研发和相关技术创新活动的科技人员占企业当年职工总数的比例不低于10%。

（5）企业近三个会计年度（实际经营期不满三年的按实际经营时间计算）的研究开发费用总额占同期销售收入总额的比例符合相应要求。

（6）近一年高新技术产品（服务）收入占企业同期总收入的比例不低于60%。

（7）企业创新能力评价应达到相应要求。

（8）企业申请认定前一年内未发生重大安全、重大质量事故或严重环境违法行为。

《国家重点支持的高新技术领域》和高新技术企业认定管理办法由国务院科技、财政、税务主管部门商国务院有关部门制定，报国务院批准后公布施行。

（七）民族自治地方所得税税收优惠

民族自治地方的自治机关对本民族自治地方的企业应缴纳的企业所得税中属于地方分享的部分，可以决定减征或者免征。

自治州、自治县决定减征或者免征的，须报省、自治区、直辖市人民政府批准。

对民族自治地方内国家限制和禁止行业的企业，不得减征或者免征企业所得税。

（八）开发新技术、新产品、新工艺发生的研究开发费用加计扣除

研究开发费用的加计扣除，是指企业为开发新技术、新产品、新工艺发生的研究开发费用，未形成无形资产计入当期损益的，在按照规定据实扣除的基础上，按照研究开发费用的75%加计扣除；形成无形资产的，按照无形资产成本的170%摊销。除法律另有规定外，摊销期限不低于10年。

自2021年1月1日起，制造业开展研发活动中实际发生的研发费用，未形成无形资产计入当期损益的，在按照规定据实扣除的基础上，按照研究开发费用的100%加计扣除；形成无形资产的，按照无形资产成本的200%摊销。

🌾 价值引领

研发费用加计扣除，助力科技强国梦

创新是推动经济快速增长的源泉，是我国经济高质量发展的第一动力。党的二十大报告指出，新时代十年，我们加快推进科技自立自强，全社会研发经费支出从一万亿元增加到二万八千亿元，居世界第二位，研发人员总量居世界首位。基础研究和原始创新不断加强，一些关键核心技术实现突破，战略性新兴产业发展壮大，载人航天、探月探火、深海深地探测、超级计算机、卫星导航、量子信息、核电技术、新能源技术、大飞机制造、生物医药等取得重大成果，进入创新型国家行列。

我国历来重视科技创新，早在1996年便出台企业研发费用加计扣除税收优惠政策，2008年开始，对企业研究开发费用，未形成无形资产计入当期损益的，在按照规定据实扣除的基础上，按照研究开发费用的50%加计扣除；形成无形资产的，按照无形资产成本的150%摊销。

近年来，加计扣除力度不断加大。2018年1月1日起，将加计扣除率、无形资产成本摊销比例提高到75%和175%。2021年1月1日起，制造业企业开展研发活动中实际发生的研发费用，未形成无形资产计入当期损益的，在按规定据实扣除的基础上，再按照实际发生额的100%在税前加计扣除；形成无形资产的，按照无形资产成本的200%在税前摊销。2022年1月1日起，科技型中小企业开展研发活动中实际发生的研发费用，未形成无形资产计入当期损益的，在按规定据实扣除的基础上，再按照实际发生额的100%在税前加计扣除；形成无形资产的，按照无形资产成本的200%在税前摊销。

研发费用加计扣除政策的实施，推动了制造业和科技型中小企业持续提升创新能力，缓解企业尤其是前期研发投入较大企业的资金压力，降低企业研发风险，鼓

励企业，特别是制造业中小微企业、科技型中小企业加大研发投入，使其成为创新要素集成、科技成果转化的生力军。同时，加大对企业创新的税收激励，以政府收入做"减法"换取企业效益做"加法"、市场活力做"乘法"，将有效强化创新的引领作用，为我国科技发展培育新动力，增强发展的可持续性，促进实现经济高质量发展。

（九）安置残疾人员及国家鼓励安置的其他就业人员所支付的工资的加计扣除

企业安置残疾人员所支付的工资的加计扣除，是指企业安置残疾人员的，在按照支付给残疾职工工资据实扣除的基础上，按照支付给残疾职工工资的100%加计扣除。残疾人员的范围适用《中华人民共和国残疾人保障法》的有关规定。

（十）西部大开发税收优惠

依据《财政部　税务总局　国家发展改革委关于延续西部大开发企业所得税政策的公告》（财政部公告2020年第23号），2021年1月1日至2030年12月31日，对设在西部地区的鼓励类产业企业减按15%的税率征收企业所得税。

（十一）创业投资企业税收优惠

创业投资企业从事国家需要重点扶持和鼓励的创业投资，企业采取股权投资方式投资于未上市的中小高新技术企业2年以上的，可以按照其投资额的70%在股权持有满2年的当年抵扣该创业投资企业的应纳税所得额；当年不足抵扣的，可以在以后纳税年度结转抵扣。

（十二）加速折旧税收优惠

企业的固定资产由于技术进步等原因，确需加速折旧的，可以采取缩短折旧年限或者采取加速折旧的方法。可以采取缩短折旧年限或者采取加速折旧的方法的固定资产包括：① 由于技术进步，产品更新换代较快的固定资产；② 常年处于强震动、高腐蚀状态的固定资产。

采取缩短折旧年限方法的，最低折旧年限不得低于税法规定折旧年限的60%；采取加速折旧方法的，可以采取双倍余额递减法或者年数总和法。

（十三）减计收入税收优惠

企业综合利用资源，生产符合国家产业政策规定的产品所取得的收入，可以在计算应纳税所得额时减计收入。

减计收入，是指企业以《资源综合利用企业所得税优惠目录》规定的资源作为主要原材料，生产国家非限制和禁止并符合国家和行业相关标准的产品取得的收入，减按90%计入收入总额。

原材料占生产产品材料的比例不得低于《资源综合利用企业所得税优惠目录》规定的标准。

（十四）税额抵免税收优惠

企业购置用于环境保护、节能节水、安全生产等专用设备的投资额，可以按一定比例实行税额抵免。

税额抵免，是指企业购置并实际使用《环境保护专用设备企业所得税优惠目录》《节能节水专用设备企业所得税优惠目录》和《安全生产专用设备企业所得税优惠目录》规定的环境保护、节能节水、安全生产等专用设备的，该专用设备投资额的10%可以从企业当年的应纳税额中抵免；当年不足抵免的，可以在以后5个纳税年度结转抵免。

享受此项企业所得税优惠的企业，应当实际购置并自身实际投入使用前款规定的专用设备；企业购置上述专用设备在5年内转让、出租的，应当停止享受企业所得税优惠，并补缴已经抵免的企业所得税税款。

（十五）非居民企业优惠

非居民企业减按10%的税率征收企业所得税。该类非居民企业取得下列所得免征企业所得税：

（1）外国政府向中国政府提供贷款取得的利息所得。

（2）国际金融组织向中国政府和居民企业提供优惠贷款取得的利息所得。

（3）经国务院批准的其他所得。

第三节　企业所得税的征收管理

一、纳税期限

企业所得税按年计征，分月或者分季预缴，年终汇算清缴，多退少补。

企业所得税是按照纳税人每一纳税年度的应纳税所得额和适用税率计算征收的。企业所得税的纳税年度，自公历1月1日起至12月31日止。企业在1个纳税年度的中间开业，或者由于合并、关闭等原因终止经营活动，使该纳税年度的实际经营期不足12个月的，应当以其实际经营期为1个纳税年度。企业清算时，应当以清算期间作为1个纳税年度。

（1）企业应当自月份或者季度终了之日起15日内，向税务机关报送预缴企业所得税纳税申报表，预缴税款。

（2）企业应当自年度终了之日起5个月内，向税务机关报送年度企业所得税纳税申报表，并汇算清缴，结清应缴应退税款。

（3）企业在年度中间终止经营活动的，应当自实际经营终止之日起60日内，向税务机关办理当期企业所得税汇算清缴。

二、纳税地点

（一）居民企业

（1）除税收法律、行政法规另有规定外，居民企业以企业登记注册地为纳税地点；但登记注册地在境外的，以实际管理机构所在地为纳税地点。企业注册登记地是指企业依照国家有关规定登记注册的住所地。

（2）居民企业在中国境内设立不具有法人资格的营业机构的，应当汇总计算并缴纳企业所得税。企业汇总计算并缴纳企业所得税时，应当统一核算应纳税所得额，具体办法由国务院财政、税务主管部门另行制定。

（二）非居民企业

（1）非居民企业在中国境内设立机构、场所的，应当就其所设机构、场所取得的来源于中国境内的所得，以及发生在中国境外但与其所设机构、场所有实际联系的所得，以机构、场所所在地为纳税地点。非居民企业在中国境内设立两个或者两个以上机构、场所的，经税务机关审核批准，可以选择由其主要机构、场所汇总缴纳企业所得税。非居民企业经批准汇总缴纳企业所得税后，需要增设、合并、迁移、关闭机构、场所或者停止机构、场所业务的，应当事先由负责汇总申报缴纳企业所得税的主要机构、场所向其所在地税务机关报告；需要变更汇总缴纳企业所得税的主要机构、场所的，按规定办理。

（2）非居民企业在中国境内未设立机构、场所的，或者虽设立机构、场所但取得的所得与其所设机构、场所没有实际联系的所得，以扣缴义务人所在地为纳税地点。

（3）除国务院另有规定外，企业之间不得合并缴纳企业所得税。

推荐阅读

1.《中华人民共和国企业所得税法》（2007年3月16日颁布，2018年12月19日第二次修订）

2.《中华人民共和国企业所得税法实施细则》（2007年11月28日发布，2019年4月23日第一次修订）

3.《关于修订企业所得税年度纳税申报表的公告》（2020年度开始实施）

4.《关于进一步完善固定资产加速折旧企业所得税政策的通知》，（2015年9月17日发布）

职业能力训练

1. 吉祥公司为家具生产企业，是增值税一般纳税人，适用25%的企业所得税税率，2023年度的生产经营情况如下：

（1）销售收入5 500万元。

（2）销售成本2 500万元，增值税900万元，税金及附加100万元。

（3）销售费用800万元，其中，广告费500万元。

（4）管理费用600万元，其中，业务招待费100万元。

（5）财务费用100万元，其中，向非金融机构借款500万元的年利息支出，年利率10%（银行同期同类贷款利率6%）。

（6）营业外支出50万元，其中，向供货商支付违约金15万元，向税务局支付税款滞纳金3万元，通过公益性社会团体向贫困地区捐赠18万元。根据上述资料完成下列计算：

（1）计算税前准予扣除的广告费金额。

（2）计算税前准予扣除的业务招待费金额。

（3）计算税前准予扣除的财务费用。

（4）计算税前准予扣除的捐赠额。

（5）计算该企业2023年度应纳税所得额。

（6）计算该企业2023年度应缴纳企业所得税税额。

2. 齐盛公司为增值税一般纳税人，适用25%的企业所得税税率，2023年度企业有关经营情况如下：

（1）取得产品销售收入2 300万元，取得国债利息50万元，从境内投资公司分回税后利润180万元。

（2）发生产品销售成本1 100万元。其中，支付残疾人薪金100万元；发生销售费用380万元，其中广告费80万元；税金及附加50万元。

（3）1月1日，向银行贷款4 000万元，发生贷款利息和借款费用250万元。其中，用于生产的经营性资金300万元，其余用于建造固定资产。

（4）发生管理费用260万元。其中，业务招待费190万元。

（5）"营业外支出"账户中记载金额53.52万元。其中，合同违约金4万元，通过民政局向灾区捐赠49.52万元。

（6）本年预缴企业所得税税额18.43万元。根据上述资料完成下列计算：

（1）计算税前准予扣除的财务费用。

（2）计算税前准予扣除的管理费用和销售费用。

（3）计算税前准予扣除的营业外支出。

（4）计算2023年度企业所得税应纳税所得额。

（5）计算2023年度应补缴企业所得税税额。

3. 齐创公司2016—2023年盈亏情况如表7-7所示。（假定该企业无其他纳税调整项目）。

表7-7　2016—2023年盈亏情况

单位：万元

年度	2016	2017	2018	2019	2020	2021	2022	2023
盈亏	60	−80	30	70	−10	25	−20	70
应纳税所得额								
应纳所得税额								

计算该企业各年应纳税所得额和应纳所得税额并填入表中。

4. 齐力公司为增值税一般纳税人，适用25%的企业所得税税率，2023年度企业有关经营情况如下：

（1）实现产品销售收入2 600万元，取得国债利息收入24万元。

（2）产品销售成本1 200万元，产品销售费用45万元，按规定缴纳增值税58万元、消费税85万元、城市维护建设税10.01万元、教育费附加4.29万元。

（3）2月1日，向银行借款50万元用于生产经营，借期半年，银行贷款年利率为6%，支付利息1.5万元。

（4）3月1日，向非金融机构借款60万元用于生产经营，借期8个月，支付利息4万元。

（5）管理费用137万元，其中业务招待费用12万元。

（6）当年购置并实际使用符合《环境保护专用设备企业所得税优惠目录》的设备一台，取得增值税专用发票注明金额510万元，税额66.3万元。

（7）因管理不善损失材料的实际成本为8万元，获得保险公司赔款3万元。

计算该企业2023年度应缴纳企业所得税税额。

5. 齐升公司20××年度相关资料如下：

（1）适用企业所得税税率25%，公司本年度已预缴所得税1 000 000元，以前年度无亏损；

（2）投资收益均为国债利息收益；

（3）销售费用均为广告费和业务宣传费支出；

（4）管理费用中发生会议费1 250 000元，固定资产折旧（与税法规定一致）1 690 000元，业务招待费520 000元，差旅费341 380元；

（5）财务费用230 000元均为利息支出，按同期金融机构的贷款利率计算的利息支出为200 000元；

（6）营业外支出3 561 000元，其中非公益性赞助支出500 000元，通过当地民政局向灾区捐赠1 000 000元，违反税法罚款支出100 000元，其余为转让固定资产净损失；

（7）公司分别在A、B两国设有分支机构（我国与A、B两国已经缔结避免双重征税协定），在A国分支机构的应纳税所得额为150万元，A国税率为20%；在B国分支机构的应纳税所得额为130万元，B国税率为35%。公司在A、B两国所得按我国税法计算的应纳税所得额和按A、B两国税法计算的应纳税所得额是一致的，公司选择分国不分项计算扣除限额。

202×年度，甲公司的利润表（纳税调整前）如表7-8所示。

表7-8　利润表（纳税调整前）

编制单位：甲公司　　　　　　　　　　202×年　　　　　　　　　　　单位：元

项目	行次	金额
一、营业收入	1	61 833 650.00

项目	行次	金额
减：营业成本	2	41 256 800.00
税金及附加	3	477 350.00
销售费用	4	9 400 000.00
管理费用	5	6 728 900.00
财务费用	6	230 000.00
加：公允价值变动损益（净损失以"-"号填列）	7	
投资收益（净损失以"-"号填列）	8	560 000.00
资产处置收益	9	
资产减值损失	10	
其他收益	11	
二、营业利润（亏损以"-"号填列）	12	4 300 600.00
加：营业外收入	13	2 378 000.00
减：营业外支出	14	3 561 000.00
其中：非流动资产处置净损失（净收益以"-"号填列）	15	
三、利润总额（亏损总额以"-"号填列）	16	3 117 600.00
减：所得税费用	17	779 400.00
四、净利润（亏损以"-"号填列）	18	2 338 200.00
五、每股收益：	19	
（一）基本每股收益	20	
（二）稀释每股收益	21	

第七章
交互式习题
自测

根据上述资料完成以下计算：

（1）计算甲公司202×年度应纳税所得额。

（2）计算甲公司202×年度应缴纳的企业所得税。

（3）计算甲公司202×年度应补缴的企业所得税。

资源税法和环境保护税法

第 八 章

学习目标

❖ 素养目标

- 明确我国资源税、环境保护税法在促进对自然资源的合理开发利用、绿色发展，促进我国高质量发展中的作用；
- 深刻理解我国节约资源、保护环境的基本国策，以及坚持生态惠民、生态利民、生态为民，人与自然和谐共生的生态观；
- 感受"绿水青山就是金山银山"这一理念在税法中的体现，树立生态文明理念，增强节约意识、环保意识、生态意识，培养生态道德和行为习惯。

❖ 知识目标

- 理解资源税、环境保护税的概念和特点；
- 掌握资源税、环境保护税的征收范围、纳税人、税目税率等基本要素；
- 掌握资源税、环境保护税应纳税额的计算方法；
- 理解资源税、环境保护税的征收管理。

❖ 技能目标

- 能正确计算资源税应纳税额；
- 能正确计算环境保护税应纳税额。

思维导图

资源税法和环境保护税法
- 资源税法
  - 资源税的基本要素
  - 资源税应纳税额的计算
  - 资源税的征收管理
  - 水资源税改革试点实施办法
- 环境保护税法
  - 环境保护税的基本要素
  - 环境保护税应纳税额的计算
  - 环境保护税的征收管理

学习计划

- 素养提升计划

  _____

- 知识学习计划

  _____

- 技能训练计划

  _____

第一节　资源税法

❖ 引例

某市煤炭集团有限责任公司20××年第二季度发生下列业务：

1. 采用分期收款方式销售自行开采的原煤10 000吨，不含税销售单价为500元/吨。合同规定，货款分两个月支付，6月15日支付60%，其余货款于7月15日前支付。同时向购买方收取手续费2 034元，取得增值税专用发票注明的运费100 000元，税额9 000元。由于购买方资金紧张，6月15日支付货款2 000 000元。

2. 采用预收货款方式向甲企业销售自行开采的原煤20 000吨，不含税销售单价为600元/吨，当月收取不含税销售额20%作为定金，煤炭集团有限责任公司按照合同规定7月5日发货，并收回剩余货款。

3. 将开采的未税原煤40万吨（不含税销售单价500元/吨），移送加工成洗选煤30万吨，当月对外销售洗选煤20万吨，不含税销售价格为1 000元/每吨。

4. 将外购3 000 000元原煤与自采原煤混合洗选加工为选煤销售，选煤销售额为9 000 000元。

5. 境内销售开采天然气1 000 000立方米，不含税销售单价为3元/立方米；出口开采天然气1 000 000立方米，不含税出口离岸价格为3.4元/立方米；100 000立方米用于职工食堂。

已知：煤炭原矿资源税税率为4%，煤炭选矿资源税税率为3.5%，天然气资源税税率为6%。

【问题与思考】

计算该煤炭集团有限责任公司20××年第二季度应缴纳的资源税税额。

一、资源税的基本要素

（一）资源税的概念与特点

1. 概念

资源税是对在中华人民共和国领域和中华人民共和国管辖的其他海域开发应税资源的单位和个人，征收的一种税。资源税法，是指国家制定的用以调整资源税征收与缴纳

资源税法与
我国税收法
治建设

相关权利及义务关系的法律规范。

我国现行资源税法的基本规范是2019年8月26日第十三届全国人民代表大会常务委员会第十二次会议通过的，自2020年9月1日起施行的《中华人民共和国资源税法》（简称《资源税法》）。

2. 特点

资源税主要用来调节自然资源因地理环境条件、蕴藏量、品位质量，以及开发技术设备和交通运输等优劣差异而形成的级差收入。因此，资源税与其他税种相比，具有以下几个特点：

（1）征税范围的有限性。从理论上讲，资源税的征税范围应包括一切可以开发和利用的国有资源，但我国资源税法中只规定对能源矿产、金属矿产、非金属矿产、水气矿产、盐五类资源进行征税。

（2）纳税环节的一次性。资源税以开采者取得的原料产品级差收入为征税对象，不包括经过加工的产品，因而具有一次课征的特点。

（3）调节级差收入。资源税具有调节级差收入，促使企业在市场经济条件下公平竞争，鼓励企业合理开发并充分利用和节约国有资源等特定作用。客观上起到了对国家与纳税人间利益分配关系的调节作用，是流转税和所得税法律制度的重要补充。

自然资源与
资源税

（二）纳税人

在中华人民共和国领域及管辖的其他海域开发应税资源的单位和个人，为资源税的纳税人。单位是指国有企业、集体企业、私有企业、股份制企业、其他企业和行政单位、事业单位、军事单位、社会团体及其他单位。个人，是指个体经营者及其他个人。其纳税人包括外商投资企业、外国企业和外籍人员。

资源税规定仅对在中国境内开发应税资源的单位和个人征收，因此，进口的矿产品和盐不征收资源税。由于对进口应税产品不征收资源税，因此，对出口应税产品也不免征或退还已缴纳的资源税。

纳税人自用应税产品，如纳税人以应税产品用于非货币性资产交换、捐赠、偿债、赞助、集资、投资、广告、样品、职工福利、利润分配，或者连续生产非应税产品等，如果属于应当缴纳资源税的情形，应按规定缴纳资源税。

纳税人开采或者生产应税产品自用于连续生产应税产品的，不缴纳资源税。如铁原矿用于继续生产铁精粉的，在移送铁原矿时不缴纳资源税；但对于生产非应税产品的，如将铁精粉继续用于冶炼的，应当在移送环节缴纳资源税。

（三）征税范围

资源税税目包括能源矿产、金属矿产、非金属矿产、水气矿产和盐5大类，在5类税目下又设164个子目，涵盖了所有已经发现的矿种和盐。

资源税各税目征税时有的对原矿征税，有的对选矿征税，具体适用的征税对象按照《资源税税目税率表》的规定执行，主要包括三类：① 按原矿征税。② 按选矿征税。③ 按原矿或者选矿征税。

纳税人以自采原矿（经过采矿过程采出后未进行选矿或者加工的矿石）直接销售，或者自用于应当缴纳资源税情形的，按照原矿计征资源税。

纳税人以自采原矿洗选加工为选矿产品（通过破碎、切割、洗选、筛分、磨矿、分级、提纯、脱水、干燥等过程形成的产品，包括富集的精矿和研磨成粉、粒级成型、切割成型的原矿加工品）销售，或者将选矿产品自用于应当缴纳资源税情形的，按照选矿产品计征资源税，在原矿移送环节不缴纳资源税。对于无法区分原生岩石矿种的粒级成型砂石颗粒，按照砂石税目征收资源税。

（四）税率

资源税率采用比例税率或者定额税率两种形式，按原矿、选矿分别设定税率。其中对原油、天然气、铀、钨、钼、中重稀土等战略资源实行固定税率，由税法直接确定；对地热、石灰岩、其他黏土、砂石、矿泉水和天然卤水6种应税资源采用比例税率或者定额税率，其他应税资源均采用幅度比例税率。资源税税率形式及使用范围如表8-1所示。

表8-1　资源税税率形式及使用范围

税率形式	范围
比例税率	固定税率：原油、天然气、铀、钨、钼、中重稀土等
	幅度比例税率：其他应税资源
比例税率或定额税率	地热、石灰岩、其他粘土、砂石、矿泉水、天然卤水

实行幅度税率的，其具体适用税率由省、自治区、直辖市人民政府统筹考虑该应税资源的品位、开采条件以及对生态环境的影响等情况，在规定的税率幅度内提出，报同级人民代表大会常务委员会决定，并报全国人民代表大会常务委员会和国务院备案。资源税税目税率表如表8-2所示。

表8-2 资源税税目税率表

税目			征税对象	税率
能源矿产	原油		原矿	6%
	天然气、页岩气、天然气水合物		原矿	6%
	煤		原矿或者选矿	2%~10%
	煤成（层）气		原矿	1%~2%
	铀、钍		原矿	4%
	油页岩、油砂、天然沥青、石煤		原矿或者选矿	1%~4%
	地热		原矿	1%~20%或每平方米1~30元
金属矿产	黑色金属	铁、锰、铬、钒、钛	原矿或者选矿	1%~9%
	有色金属	铜、铅、锌、锡、镍、锑、镁、钴、铋、汞	原矿或者选矿	2%~10%
		铝土矿	原矿或者选矿	2%~9%
		钨	选矿	6.5%
		钼	选矿	8%
		金、银	原矿或者选矿	2%~6%
		铂、钯、钌、锇、铱、铑	原矿或者选矿	5%~10%
		轻稀土	选矿	7%~12%
		中重稀土	选矿	20%
		铍、锂、锆、锶、铷、铯、铌、钽、锗、镓、铟、铊、铪、铼、镉、硒、碲	原矿或者选矿	2%~10%
非金属矿产	矿物类	高岭土	原矿或者选矿	1%~6%
		石灰岩	原矿或者选矿	1%~6%或者每吨（每立方米）1~10元
		磷	原矿或者选矿	3%~8%
		石墨	原矿或者选矿	3%~12%
		萤石、硫铁矿、自然硫	原矿或者选矿	1%~8%

税法基础

税目			征税对象	税率
非金属矿产	矿物类	天然石英砂、脉石英、粉石英、水晶、工业用金刚石、冰洲石、蓝晶石、硅线石（矽线石）、长石、滑石、刚玉、菱镁矿、颜料矿物、天然碱、芒硝、钠硝石、明矾石、砷、硼、碘、溴、膨润土、硅藻土、陶瓷土、耐火粘土、铁矾土、凹凸棒石粘土、海泡石粘土、伊利石粘土、累托石粘土	原矿或者选矿	1%~12%
		叶蜡石、硅灰石、透辉石、珍珠岩、云母、沸石、重晶石、毒重石、方解石、蛭石、透闪石、工业用电气石、白垩、石棉、蓝石棉、红柱石、石榴子石、石膏	原矿或者选矿	2%~12%
		其他粘土（铸型用粘土、砖瓦用粘土、陶粒用粘土、水泥配料用红土、水泥配料用黄土、水泥配料用泥岩、保温材料用粘土）	原矿或者选矿	1%~5%或者每吨（或者每立方米）0.1~5元
	岩石类	大理岩、花岗岩、白云岩、石英岩、砂岩、辉绿岩、安山岩、闪长岩、板岩、玄武岩、片麻岩、角闪岩、页岩、浮石、凝灰岩、黑曜岩、霞石正长岩、蛇纹岩、麦饭石、泥灰岩、含钾岩石、含钾砂页岩、天然油石、橄榄岩、松脂岩、粗面岩、辉长岩、辉石岩、正长岩、火山灰、火山渣、泥炭	原矿或者选矿	1%~10%
		砂石	原矿或者选矿	1%~5%或者每吨（每立方米）0.1~5元
	宝玉石类	宝石、玉石、宝石级金刚石、玛瑙、黄玉、碧玺	原矿或者选矿	4%~20%
水气矿产	二氧化碳气、硫化氢气、氦气、氡气		原矿	2%~5%
	矿泉水		原矿	1%~20%或者每立方米1~30元
盐	钠盐、钾盐、镁盐、锂盐		选矿	3%~15%
	天然卤水		原矿	3%~15%或者每吨（每立方米）1~10元
	海盐			2%~5%

纳税人开采或者生产不同税目应税产品的，应当分别核算不同税目应税产品的销售额或者销售数量；未分别核算或者不能准确提供不同税目应税产品的销售额或者销售数量的，从高适用税率。

（五）税收优惠

（1）免征资源税。有下列情形之一的，免征资源税：

① 开采原油以及油田范围内运输原油过程中用于加热的原油、天然气。

② 煤炭开采企业因安全生产需要抽采的煤成（层）气。

（2）减征资源税。有下列情形之一的，减征资源税：

① 从低丰度油气田开采的原油、天然气，减征20%资源税。

② 高含硫天然气、三次采油和从深水油气田开采的原油、天然气，减征30%资源税。

③ 稠油、高凝油减征40%资源税。

④ 从衰竭期矿山开采的矿产品，减征30%资源税。

根据国民经济和社会发展的需要，国务院对有利于促进资源节约集约利用、保护环境等情形可以规定免征或者减征资源税，报全国人民代表大会常务委员会备案。

（3）可由省、自治区、直辖市人民政府决定的减税或者免税。有下列情形之一的，省、自治区、直辖市人民政府可以决定减税或者免税：

① 纳税人开采或者生产应税产品过程中，因意外事故或者自然灾害等原因遭受重大损失的。

② 纳税人开采共伴生矿、低品位矿、尾矿。

上述两项免征或者减征的具体办法，由省、自治区、直辖市人民政府提出，报同级人民代表大会常务委员会决定，并报全国人民代表大会常务委员会和国务院备案。

（4）其他减税、免税。

对青藏铁路公司及其所属单位运营期间自采自用的砂、石等材料免征资源税。

纳税人开采或者生产同一应税产品，其中既有享受减免税政策，又有不享受减免税政策的，按照免税、减税项目的产量占比等方法分别核算确定免税、减税项目的销售额或者销售数量。

纳税人开采或者生产同一应税产品同时符合两项或者两项以上减征资源税优惠政策的，除另有规定外，只能选择其中一项执行。

纳税人享受资源税优惠政策，实行"自行判别、申报享受、有关资料留存备查"的办理方式，另有规定的除外。纳税人对资源税优惠事项留存材料的真实性和合法性承担法律责任。

鼓励资源综合利用，推进绿色低碳循环发展

节约资源、保护环境是我国的基本国策，关乎人民福祉，关乎国家民族未来。党的二十大报告指出，实施全面节约战略，推进各类资源节约集约利用，加快构建废弃物循环利用体系。为助力经济社会发展全面绿色转型，实现可持续发展战略，我国实施鼓励资源综合利用税收优惠，支持绿色发展。

《中华人民共和国资源税法》对资源综合利用明确规定减免税，如对从衰竭期矿山开采的矿产品，减征30%资源税；纳税人开采共伴生矿、开采低品位矿、开采尾矿的，由省、自治区、直辖市可以决定免征或者减征资源税。

《财政部 国家税务总局 水利部关于印发〈扩大水资源税改革试点实施办法〉的通知》（财税〔2017〕80号）规定，对北京市、天津市、山西省、内蒙古自治区、河南省、山东省、四川省、陕西省、宁夏回族自治区，取用污水处理再生水、抽水蓄能发电取用水、采油排水经分离净化后在封闭管道回注的，免征水资源税。

这些税收优惠政策的实施，对废弃物综合利用、污水垃圾处理、矿产资源高效利用，提高资源利用效率，推进绿色低碳循环发展、促进节能节水环保，不断提高空气、水环境质量，缓解资源环境对经济社会发展约束具有重要现实意义，促进我国经济社会发展全面绿色转型。

二、资源税应纳税额的计算

资源税按照实行从价计征或者从量计征的方法计算。资源税税目税率表中规定可以选择实行从价计征或者从量计征的，具体计征方式由省、自治区、直辖市人民政府提出，报同级人民代表大会常务委员会决定，并报全国人民代表大会常务委员会和国务院备案。

资源税的计税依据为应税产品的销售额或销售量，各税目的征税对象包括原矿、精矿等。资源税适用从价计征为主、从量计征为辅的征税方式。根据资源税税目税率表的规定，地热、砂石、矿泉水和天然卤水可采用从价计征或从量计征的方式，其他应税产品统一适用从价定率征收的方式。

（一）从价计征

实行从价计征的，应纳税额按照应税资源产品（简称应税产品）的销售额乘以具体适用税率计算。计算公式为：

应纳资源税额=应税产品的销售额×适用税率

1. 应税产品的销售额的基本规定

资源税应税产品的销售额，按照纳税人销售应税产品向购买方收取的全部价款确定，但不包括增值税税款。

运杂费用的扣减：计入销售额中的相关运杂费用，凡取得增值税发票或者其他合法有效凭据的，准予从销售额中扣除。可以扣减的相关运杂费用是指应税产品从坑口或者洗选（加工）地到车站、码头或者购买方指定地点的运输费用、建设基金以及随运输产生的装卸、仓储、港杂费用。

凡未取得增值税发票或者其他合法有效凭据的，或者不能与销售额分别核算的，应当计入销售额，一并计征资源税。

❖ 做中学 8-1

（计算分析题）某油田2023年10月开采原油6 000吨，销售原油4 000吨，开具增值税专用发票取得销售额2 000万元、增值税税额260万元。向购买方收取延期付款利息3.26万元，同时还向购买方收取手续费2 034元。取得增值税专用发票注明的运费10万元，税额0.9万元。原油的资源税税率为6%。计算该油田当月应纳的资源税税额。

［解析］延期付款利息、手续费应该作为价外费用，并按含税价款换算成不含税价款计算纳税。运输费取得增值税专用发票不计入销售额。

销售原油应纳税额=[2 000+（3.26+0.203 4）/（1+13%）]×6%=120.183 9（万元）

2. 应税产品的销售额的特殊规定

（1）纳税人申报的应税产品销售额明显偏低且无正当理由的，或者有自用应税产品行为而无销售额的，主管税务机关可以按下列方法和顺序确定其应税产品的销售额：

① 按纳税人最近时期同类产品的平均销售价格确定。

② 按其他纳税人最近时期同类产品的平均销售价格确定。

③ 按后续加工非应税产品销售价格，减去后续加工环节的成本利润后确定。

④ 按应税产品组成计税价格确定。组成计税价格计算公式为：

组成计税价格=成本×（1+成本利润率）/（1-资源税税率）

上述公式中的成本利润率由省、自治区、直辖市税务机关确定。

⑤ 按其他合理方法确定。

（2）外购应税产品购进金额、购进数量的扣减。纳税人外购应税产品与自采应税产品混合销售或者混合加工为应税产品销售的，在计算应税产品销售额或者销售数量时，准予扣减外购应税产品的购进金额或者购进数量；当期不足扣减的，可结转下期扣减。纳税人应当准确核算外购应税产品的购进金额或者购进数量，未准确核算的，一并计算缴纳资源税。具体分以下三种情况：

① 纳税人以外购原矿与自采原矿混合为原矿销售，或者以外购选矿产品与自产选矿产品混合为选矿产品销售的。在计算应税产品销售额或者销售数量时，直接扣减外购原矿或者外购选矿产品的购进金额或者购进数量。

$$\begin{matrix} 准予扣减的外购应税产品 \\ 购进金额（数量） \end{matrix} = \begin{matrix} 外购原矿或者外购选矿产品 \\ 的购进金额（数量） \end{matrix}$$

❖ 做中学 8-2

（计算分析题）某煤炭企业2023年12月将外购200万元原煤与自采400万元原煤混合为原煤销售，原煤销售额为900万元。当地原煤资源税税率为3%，选煤资源税税率为2%。

［解析］准予扣减的外购应税产品购进金额=200（万元）

应纳资源税税额=（900-200）×2%=14（万元）

② 纳税人以外购原矿与自采原矿混合洗选加工为选矿产品销售的。在计算应税产品销售额或者销售数量时，按照下列方法进行扣减：

准予扣减的外购应税产品购进金额（数量）=外购原矿购进金额（数量）×（本地区原矿适用税率/本地区选矿产品适用税率）

❖ 做中学 8-3

（计算分析题）某煤炭企业2023年12月将外购200万元原煤与自采400万元原煤混合洗选加工为选煤销售，选煤销售额为900万元。当地原煤资源税税率为3%，选煤资源税税率为2%。

［解析］准予扣减的外购应税产品购进金额=200×（3%/2%）=300（万元）。

应纳资源税额=（900-300）×2%=12（万元）

③ 不能按照上述方法计算扣减的，按照主管税务机关确定的其他合理方法进行扣减。外购应税产品购进金额、购进数量的扣减情况表如表8-3所示。

表8-3　外购应税产品购进金额、购进数量的扣减情况表

混合销售或者混合加工情况	准予扣减的外购应税产品购进金额（数量）	备注
以外购原矿与自采原矿，混合为原矿销售	外购原矿或者外购选矿产品的购进金额（数量）	当期应税产品销售额或者销售数量不足扣减的，可结转下期扣减
以外购选矿产品与自产选矿产品，混合为选矿产品销售的		
以外购原矿与自采原矿，混合洗选加工为选矿产品销售的	外购原矿购进金额（数量）×（本地区原矿适用税率/本地区选矿产品适用税率）	
不能按以上方法抵减的	按照主管税务机关确定的其他合理方法进行扣减	

（二）从量计征

实行从量计征的，应纳税额按照应税产品的销售数量乘以具体适用税率计算。计算公式为：

$$应纳资源税税额=应税产品的销售数量×适用税率$$

1. 应税产品的销售数量

实行从量计征的，以应税产品的销售数量为计税依据。

应税产品的销售数量，包括纳税人开采或者生产应税产品的实际销售数量和自用于应当缴纳资源税情形的应税产品数量。

2. 外购应税产品购进数量的扣减

外购应税产品购进数量的扣减同外购应税产品购进金额的扣减方法。

做中学 8-4

（单选题）某砂石开采企业2022年8月开采砂石6 000立方米，销售5 000立方米，资源税税率为3元/立方米，则该企业当月应纳资源税税额为（　　　）元。

A. 18 000　　　　B. 15 000　　　　C. 33 000　　　　D. 3 000

［答案］B

［解析］销售砂石应纳资源税税额=5 000×3=15 000（元）

1. 分期收款方式销售原煤：

应纳资源税税额=[10 000×500×60%+2 034/（1+13%）]×4%=120 072（元）

2. 预收货款方式销售原煤：

纳税义务发生时间为7月5日，此笔业务第二季度不计算资源税。

3. 销售洗选煤：

应纳资源税税额=200 000×1 000×3.5%=7 000 000（元）

4. 销售洗选煤：

应纳资源税税额=（9 000 000−3 000 000×4%/3.5%）×3.5%=195 000（元）

5. 销售天然气（食堂自用天然气，按市场平均价格3.2元/立方米）：

应纳资源税税额=1 000 000×3×6%+1 000 000×3.4×6%+100 000×3.2×6%=403 200（元）

第二季度应缴纳的资源税税额=120 072+7 000 000+195 000+403 200=7 718 272（元）

三、资源税的征收管理

（一）纳税义务发生时间

纳税人销售应税产品，纳税义务发生时间为收讫销售款或者取得索取销售款凭据的当日；自用应税产品的，纳税义务发生时间为移送应税产品的当日。

（二）纳税期限

资源税按月或者按季申报缴纳。纳税人应当自月度或者季度终了之日起15日内，向税务机关办理纳税申报并缴纳税款；不能按固定期限计算缴纳的，可以按次申报缴纳，如不定期开采矿产品的纳税人，可以按次计算缴纳资源税。按次申报缴纳的，应当自纳税义务发生之日起15日内，向税务机关办理纳税申报并缴纳税款。

（三）纳税地点

纳税人应当向应税产品的开采地或者生产地税务机关申报缴纳资源税。

（四）征收机关

资源税由税务机关按照《资源税法》和《中华人民共和国税收征收管理法》的规定征收管理。海上开采的原油和天然气资源税由海洋石油税务管理机构征收管理。税务机关与自然资源等相关部门应当建立工作配合机制，加强资源税征收管理。

四、水资源税改革试点实施办法

为推进资源全面节约和循环利用，推动形成绿色发展方式和生活方式，根据财政部、国家税务总局、水利部2017年11月24日发布《扩大水资源税改革试点实施办法》（简称《试点实施办法》），自2017年12月1日起，北京、天津、山西、内蒙古、河南、山东、四川、陕西、宁夏9个省（自治区、直辖市）扩大水资源税改革试点，由征收水资源费改为征收水资源税。

（一）纳税义务人

除规定情形外，水资源税的纳税人为直接取用地表水、地下水的单位和个人，包括直接从江、河、湖泊（含水库）和地下取用水资源的单位和个人。

下列情形，不缴纳水资源税：

（1）农村集体经济组织及其成员从本集体经济组织的水塘、水库中取用水的。

（2）家庭生活和零星散养、圈养畜禽饮用等少量取用水的。

（3）水利工程管理单位为配置或者调度水资源取水的。

（4）为保障矿井等地下工程施工安全和生产安全必须进行临时应急取用（排）水的。

（5）为消除对公共安全或者公共利益的危害临时应急取水的。

（6）为农业抗旱和维护生态与环境必须临时应急取水的。

（二）税率

除中央直属和跨省（区、市）水力发电取用水外，由试点省区市人民政府统筹考虑本地区水资源状况、经济社会发展水平和水资源节约保护要求，在《试点实施办法》所附试点省份水资源税最低平均税额表（见表8-4）规定的最低平均税额基础上，分类确定具体适用税额。

为发挥水资源税调控作用，按不同取用水性质实行差别税额，地下水税额要高于地表水，超采区地下水税额要高于非超采区，严重超采地区的地下水税额要大幅高于非超

表8-4 试点省份水资源税最低平均税额表

单位：元/立方米

省（区、市）	地表水最低平均税额	地下水最低平均税额
北京	1.6	4
天津	0.8	4
山西	0.5	2
内蒙古	0.5	2
山东	0.4	1.5
河南	0.4	1.5
四川	0.1	0.2
陕西	0.3	0.7
宁夏	0.3	0.7

采地区。对超计划或超定额用水加征1~3倍，对特种行业从高征税，对超过规定限额的农业生产取用水、农村生活集中式饮水工程取用水从低征税。具体适用税额，授权省级人民政府统筹考虑本地区水资源状况、经济社会发展水平和水资源节约保护的要求确定。

（三）应纳税额的计算

水资源税实行从量计征。

（1）对一般取用水按照实际取用水量征税，对采矿和工程建设疏干排水按照排水量征税。计算公式为：

一般取用水应纳税额＝实际取用水量×适用税额

疏干排水应纳税额＝实际取用水量×适用税额

疏干排水的实际取用水量按照排水量确定。疏干排水，是指在采矿和工程建设过程中破坏地下水层、发生地下涌水的活动。

（2）对水力发电和火力发电贯流式（不含循环式）冷却取用水按照实际发电量征税。计算公式为：

冷却取用水应纳税额＝实际发电量×适用税额

火力发电贯流式冷却取用水，是指火力发电企业从江河、湖泊（含水库）等水源取水，并对机组冷却后将水直接排入水源的取用水方式。火力发电循环式冷却取用水，是指火力发电企业从江河、湖泊（含水库）、地下等水源取水并引入自建冷却水塔，对机组冷却后返回冷却水塔循环利用的取用水方式。

（四）税收减免

下列情形，予以免征或者减征水资源税：

（1）规定限额内的农业生产取用水，免征水资源税。

（2）取用污水处理再生水，免征水资源税。

（3）除接入城镇公共供水管网以外，军队、武警部队通过其他方式取用水的，免征水资源税。

（4）水蓄能发电取用水，免征水资源税。

（5）采油排水经分离净化后在封闭管道回注的，免征水资源税。

（6）财政部、国家税务总局规定的其他免征或者减征水资源税情形。

（五）征收管理

水资源征收采取"税务征管、水利核量、自主申报、信息共享"的模式。即税务机关依法征收管理；水行政主管部门负责核定取用水量；纳税人依法办理纳税申报；税务机关与水行政主管部门建立涉税信息共享平台和工作配合机制，定期交换征税和取用水信息资料。

水资源税的纳税义务发生时间为纳税人取用水资源的当日。除农业生产取用水外，水资源税按季或者按月征收，由主管税务机关根据实际情况确定。对超过规定限额的农业生产取用水，水资源税可按年征收。不能按固定期限计算纳税的，可以按次申报纳税。

纳税人应当自纳税期满或者纳税义务发生之日起15日内申报纳税。

第二节　环境保护税法

❖ 引例

　　某市甲企业有一个大气污染物排放口，已安装使用符合国家规定和监测规范的污染物自动监测设备。检测数据显示，20××年3月向大气直接排放二氧化硫、氟化物各100千克，一氧化碳200千克、氯化氢80千克，当地大气污染物每污染当量税额1.2元。

甲企业有一个污水排放口且直接向河流排放污水，已安装使用符合国家规定和监测规范的污染物自动监测设备。检测数据显示，该排放口3月共排放污水6万吨（折合6万立方米），应税污染物为六价铬，浓度为六价铬0.5 mg/L，当地水污染物税率为2.8元/污染当量，六价铬的污染当量值为0.02千克。

甲企业3月产生尾矿1 000吨，其中综合利用的尾矿300吨（符合国家相关规定）。

甲企业只有一个生产场所，只在昼间生产，边界处声环境功能区类型为1类，生产时产生噪声为60分贝，《工业企业厂界环境噪声排放标准》规定1类声环境功能区昼间的噪声排放限值为55分贝，3月超标天数为18天。

【问题与思考】

1. 计算甲企业3月份应缴纳的大气污染物环境保护税税额。
2. 计算甲企业3月份应缴纳的水污染物环境保护税税额。
3. 计算甲企业3月份尾矿应缴纳的环境保护税税额。
4. 计算甲企业3月份应缴纳的噪声污染环境保护税税额。

一、环境保护税的基本要素

（一）环境保护税的概念与特点

1. 概念

环境保护税是对在中华人民共和国领域以及中华人民共和国管辖的其他海域，直接向环境排放应税污染物的企业事业单位和其他生产经营者征收的一种税，其立法目的是保护和改善环境，减少污染物排放，推进生态文明建设。环境保护税是我国首个明确以环境保护为目标的独立型环境税税种，有利于解决排污费制度存在的执法刚性不足等问题，有利于提高纳税人环保意识和强化企业治污减排责任。

我国现行环境保护税法的基本规范是2016年12月第十二届全国人民代表大会常务委员会第二十五次会议通过的，自2018年1月1日起正式实施的《中华人民共和国环境保护税法》（简称《环境保护税法》），以及2017年12月国务院发布的《中华人民共和国环境保护税法实施条例》等。

直接向环境排放应税污染物的企业事业单位和其他生产经营者，除依照《环境保护

环境保护法与我国税收法治建设

税法》规定缴纳环境保护税外，应当对所造成的损害依法承担责任。

2. 特点

📖 — 温馨提示 —

环境保护税源于排污收费制度。2018年1月1日环境保护税正式实施，排污费同时停征。

作为落实生态文明建设的重要税制改革举措而推出的环境保护税，具有以下基本特点：

（1）属于调节型税种。环境保护税法的立法目的是保护和改善环境，减少污染物排放，推进生态文明建设。环境保护税的首要功能是减少污染排放，而非增加财政收入。

（2）属于综合型环境税。环境保护税的征税范围包括大气污染物、水污染物、固体废物和噪声四大类，与对单一污染物征收的税种不同，属于综合型环境税。

（3）属于直接排放税。环境保护税的纳税义务人是在我国领域和管辖的其他海域直接向环境排放应税污染物的企业事业单位和其他生产经营者。如果企业事业单位和其他生产经营者向依法设立的污水集中处理、生活垃圾集中处理场所排放应税污染物，不属于直接排放，不征收环境保护税。

（4）对大气污染物、水污染物规定了幅度定额税率。环境保护税对大气污染物、水污染物规定了幅度定额税率，具体适用税额的确定和调整由省、自治区、直辖市人民政府在规定的税额幅度内提出。对应税污染物规定税率区间可使经济水平、环境目标要求不同的地区在税负设置方面具有一定的灵活性。

（5）采用税务、环保部门紧密配合的征收方式。环境保护税采用"纳税人自行申报，税务征收，环保监测，信息共享"的征管方式，税务机关负责征收管理，环境保护主管部门负责对污染物监测管理，高度依赖税务、环保部门的配合与协作。

（6）收入纳入一般预算收入，全部划归地方。为促进各地保护和改善环境、增加环境保护投入，国务院决定，环境保护税收入全部作为地方收入。

🏛 价值引领

人与自然和谐共生　建设美丽中国

我国生态文明建设未来五年的主要目标任务和到2035年的总体目标，即未来五年，城乡人居环境明显改善，美丽中国建设成效显著；到2035年，广泛形成绿色生产生活方式，碳排放达峰后稳中有降，生态环境根本好转，美丽中国目标基本实现。党的二十大报告从全面建设社会主义现代化国家、全面推进中华民族伟大复兴的全局出发，对推动绿色发展，促进人与自然和谐共生作出重大战略部署，绘就了清晰的时间表、路线图、施工图。

推动绿色发展，建设生态文明，重在建章立制，用最严格的制度、最严密的法治保护生态环境。党的十八大以来，在习近平新时代中国特色社会主义思想特别是习近平法治思想、习近平生态文明思想的科学指引下，我国生态环境法治建设进入立法力度最大、监管执法尺度最严、法律制度实施效果最为显著的时期，为创造举世瞩目的生态奇迹和绿色发展奇迹提供了有力法治保障。

绿水青山就
是金山银山

自2018年1月1日起施行的《环境保护税法》是我国第五部税收法律、第四部实体税法，从一出台便创下四个"第一"，并以三宗"最"备受各方关注。四个"第一"是指：是中央作出的"落实税收法定原则"决定后制定的第一部税法；是《中华人民共和国立法法》修订增设税种设立法律保留事项后制定的第一部税法；是我国第一部"费改税"税法；是我国第一部专门体现"绿色税制"、推进生态文明建设的单行税法。三宗"最"是指：《环境保护税法》大量使用环保专业术语，是最"专业"的税法；其征收管理需要环保部门大力协助，是最"依赖"的税法；区别于大多数税种以筹集财政收入为主要目的，旨在保护环境，是最"个性"的税法。

因此，我国要在全社会牢固树立生态文明理念，增强全民节约意识、环保意识、生态意识，培养生态道德和行为习惯，让天蓝地绿水清深入人心。通过开展全民绿色行动，倡导简约适度、绿色低碳的生活方式，倡导绿色消费，形成文明健康的生活风尚。通过生活方式绿色革命，倒逼生产方式绿色转型，把建设美丽中国转化为全体人民的自觉行动。

积极稳妥推进碳达峰、碳中和。实现碳达峰、碳中和是一场广泛而深刻的经济社会系统性变革。立足我国能源资源禀赋，坚持先立后破，有计划、分步骤地实施碳达峰行动。完善能源消耗总量和强度调控，重点控制化石能源消费，逐步转向碳排放总量和强度"双控"制度。

（二）纳税义务人

环境保护税的纳税义务人是在中华人民共和国领域和中华人民共和国管辖的其他海域直接向环境排放应税污染物的企业事业单位和其他生产经营者。

应税污染物，是指《环境保护税法》所附环境保护税税目税额表、应税污染物和当量值表所规定的大气污染物、水污染物、固体废物和噪声。

有下列情形之一的，不属于直接向环境排放污染物，不缴纳相应污染物的环境保护税：

（1）企业事业单位和其他生产经营者向依法设立的污水集中处理、生活垃圾集中处理场所排放应税污染物的。

（2）企业事业单位和其他生产经营者在符合国家和地方环境保护标准的设施、场所贮存或者处置固体废物的。

（3）达到省级人民政府确定的规模标准并且有污染物排放口的畜禽养殖场，应当依法缴纳环境保护税，但依法对畜禽养殖废弃物进行综合利用和无害化处理的。

（三）征税范围

环境保护税征税范围包括4大类：

（1）大气污染（不包含温室气体二氧化碳）。

（2）水污染物。

（3）固体废物（煤矸石、尾矿、危险废物、冶炼渣、粉煤灰、炉渣以及其他固定废物）。

（4）噪声（仅包含工业噪音）。

（四）税率

环境保护税采用定额税率，其中，对应税大气污染物和水污染物规定了幅度定额税率，具体适用税额的确定和调整由省、自治区、直辖市人民政府统筹考虑本地区环境承载能力、污染物排放现状和经济社会生态发展目标要求，在规定的税额幅度内提出，报同级人民代表大会常务委员会决定，并报全国人民代表大会常务委员会和国务院备案。环境保护税税目税额表如表8-5。

（五）税收优惠

（1）暂免征税项目。下列情形，暂予免征环境保护税：

① 农业生产（不包括规模化养殖）排放应税污染物的。

② 机动车、铁路机车、非道路移动机械、船舶和航空器等流动污染源排放应税污染物的。

③ 依法设立的城乡污水集中处理、生活垃圾集中处理场所排放相应应税污染物，不超过国家和地方规定的排放标准的。

表8-5 环境保护税税目税额表

税目		计税单位	税额	备注
大气污染		每污染当量	1.2~12元	
水污染物		每污染当量	1.4~14元	
固体废物	煤矸石	每吨	5元	
	尾矿	每吨	15元	
	危险废物	每吨	1 000元	
	冶炼渣、煤粉灰、炉渣、其他固体废物（含半固态、液态废物）	每吨	25元	
噪声	工业噪声	超标1~3分贝	每月350元	（1）一个单位边界上有多处噪声超标，根据最高一处超标声级计算应纳税额；当沿边界长度超过100米有两处及以上噪声超标，按照两个单位计算应纳税额。（2）一个单位有不同地点作业场所的，应当分别计算应纳税额，合并计征。（3）昼、夜均超标的环境噪声，昼、夜应当分别计算应纳税额，累计计征。（4）声源一个月内超标不足15天的，减半计征。（5）夜间频繁突发或夜间偶然突发厂界超标噪声，按等效声级和峰值噪声两种指标中超标分贝值高的一项计算应纳税额
		超标4~6分贝	每月700元	
		超标7~9分贝	每月1 400元	
		超标10~12分贝	每月2 800元	
		超标13~15分贝	每月5 600元	
		超标16分贝以上	每月11 200元	

④ 纳税人综合利用的固体废物，符合国家和地方环境保护标准的。

⑤ 国务院批准免税的其他情形。

（2）减征税额项目。以下情形，可减征环境保护税：

① 纳税人排放应税大气污染物或者水污染物的浓度值低于国家和地方规定的污染物排放标准30%的，减按75%征收环境保护税。

② 纳税人排放应税大气污染物或者水污染物的浓度值低于国家和地方规定的污染物排放标准50%的，减按50%征收环境保护税。

二、环境保护税应纳税额的计算

（一）应税大气污染物、水污染物

1. 计税依据的确定

应税大气污染物、水污染物，按照污染物排放量折合的污染当量数，确定计税依据。

污染当量数，以该污染物的排放量除以该污染物的污染当量值计算。计算公式为：

$$应税大气污染物、水污染物的污染当量数 = 该污染物的排放量 \div 该污染物的污染当量值$$

污染当量，是指根据污染物或者污染排放活动对环境的有害程度以及处理的技术经济性，衡量不同污染物对环境污染的综合性指标或者计量单位。同一介质相同污染当量的不同污染物，其污染程度基本相当。每种应税大气污染物、水污染物的具体污染当量值，依照《环境保护税法》所附《应税污染物和当量值表》执行。这里仅列举"第一类污染物应税污染物和当量值表"，见表8-6。

由于每一排放口或者没有排放口的大气、水的污染物不止一种，征收环境保护税的项目具体规定如下：

表8-6　第一类污染物应税污染物和当量值表

污染物	污染当量值/千克	污染物	污染当量值/千克
1. 总汞	0.000 5	6. 总铅	0.025
2. 总镉	0.005	7. 总镍	0.025
3. 总铬	0.04	8. 苯并（a）芘	0.000 000 3
4. 六价铬	0.02	9. 总铍	0.01
5. 总砷	0.02	10. 总银	0.02

（1）每一排放口或者没有排放口的应税大气污染物，按照污染当量数从大到小排序，对前三项污染物征收环境保护税。

（2）每一排放口的应税水污染物，按照《环境保护税法》所附《应税污染物和当量值表》，区分第一类水污染物和其他类水污染物，按照污染当量数从大到小排序，对第一类水污染物按照前五项征收环境保护税，对其他类水污染物按照前三项征收环境保护税。

省、自治区、直辖市人民政府根据本地区污染物减排的特殊需要，可以增加同一排放口征收环境保护税的应税污染物项目数，报同级人民代表大会常务委员会决定，并报全国人民代表大会常务委员会和国务院备案。

2. 应纳税额的计算

（1）大气污染物应纳税额的计算

应税大气污染物应纳税额为污染当量数乘以具体适用税额。计算公式为：

大气污染物的应纳税额=污染当量数×适用税额

❖ 做中学 8-5

（计算分析题）某企业2024年3月向大气直接排放二氧化硫、氟化物各200千克、一氧化碳300千克、氯气60千克、氯化氢100千克。假设当地大气污染物每污染当量税额1.5元，该企业只有一个排放口。计算大气污染物的应纳税额。

［解析］第一步：计算污染当量数。

应税大气污染物污染当量数=该污染物的排放量÷该污染物的污染当量值

二氧化硫污染当量数=200÷0.95=210.53（千克）

氟化物污染当量数=200÷0.87=229.89（千克）

一氧化碳污染当量数=300÷16.7=17.96（千克）

氯气污染当量数=60÷0.34=176.47（千克）

氯化氢污染当量数=100÷10.75=9.30（千克）

第二步：按污染当量数排序。

氟化物污染当量数（229.89）>二氧化硫污染当量数（210.53）>氯气污染当量数（176.47）>一氧化碳污染当量数（17.96）>氯化氢污染当量数（9.30）

该企业只有一个排放口，排序选取计税前三项污染物为：氟化物、二氧化硫、氯气。

第三步：计算应纳税额。

应纳税额=（229.89+210.53+176.47）×1.5=925.34（元）

（2）水污染物应纳税额的计算

应税水污染物的应纳税额为污染当量数乘以具体适用税额。

① 适用监测数据法的水污染物应纳税额的计算。适用监测数据法的水污染物（包括第一类水污染物和第二类水污染物）的应纳税额为污染当量数乘以具体适用税额。计算公式为：

水污染物的应纳税额=污染当量数×适用税额

做中学 8-6

（计算分析题）某化工厂是环境保护税纳税人，该厂仅有1个污水排放口且直接向河流排放污水，已安装使用符合国家规定和监测规范的污染物自动监测设备。检测数据显示，该排放口2023年12月共排放污水8万吨（折合8万立方米），应税污染物为六价铬，浓度为0.5毫克/升。试计算该化工厂2月应缴纳的环境保护税（该厂所在省的水污染物税率为3.2元/污染当量，六价铬的污染当量值为0.02千克）。

［解析］第一步，计算污染当量数。

六价铬污染当量数=排放总量×浓度值÷当量值

$$=80\ 000\ 000×0.5÷1\ 000\ 000÷0.02=2\ 000（千克）$$

第二步，计算应纳税额=2 000×3.2=6 400（元）。

② 适用抽样测算法的水污染物应纳税额的计算。适用抽样测算法的情形，纳税人按照《环境保护税法》所附《禽畜养殖业、小型企业和第三产业水污染物污染当量值》所规定的当量值计算污染当量数。

a. 规模化禽畜养殖业排放的水污染物应纳税额计算。

禽畜养殖业的水污染物应纳税额=污染当量数×适用税额

其中，污染当量数=禽畜养殖数量÷污染当量值

 做中学 8-7

某养殖场，2024年2月养牛存栏量为600头，污染当量值为0.1头，假设当地水污染物适用税额为每污染当量2.8元。计算当月应纳环境保护税税额。

［解析］水污染物当量数=600÷0.1=6 000（头）

应纳税额=6 000×2.8=16 800（元）

b. 小型企业和第三产业排放的水污染物应纳税额的计算。

小型企业和第三产业的水污染物应纳税额=污染当量数×适用税额

其中，污染当量数=污水排放量（吨）÷污染当量值（吨）

 做中学 8-8

某餐饮公司通过安装水流量计测得2023年2月排放污水量为90吨，污染当量值为0.5吨。假设当地水污染物适用税额为每污染当量3.5元。计算当月应纳环境保护税

税额。

[解析] 水污染物当量数=90÷0.5=180（吨）

应纳税额=180×3.5=630（元）

c. 医院排放的水污染物应纳税额的计算。

医院排放的水污染物应纳税额=污染当量数×适用税额

污染当量数=病床数（或者污水排放量）÷相应的污染当量值

做中学 8-9

某县医院床位98张，每月按时消毒，无法计量月污水排放量，污染当量值为0.14床，假设当地水污染物适用税额为每污染当量3.5元，计算当月应纳环境保护税税额。

[解析] 水污染物当量数=98÷0.14=700

应纳税额=700×3.5=2 450（元）

（二）应税固体废物

1. 计税依据的确定

应税固体废物按照固体废物的排放量确定计税依据。

固体废物的排放量，为当期应税固体废物的产生量减去当期应税固体废物的贮存量、处置量、综合利用量的余额。其中，固体废物的贮存量、处置量是指在符合国家和地方环境保护标准的设施、场所贮存或者处置的固体废物数量；固体废物的综合利用量，是指按照国务院发展改革委、工业和信息化主管部门关于资源综合利用要求以及国家和地方环境保护标准进行综合利用的固体废物数量。计算公式为：

$$\text{固体废物的排放量}=\text{当期固体废物的产生量}-\text{当期固体废物的综合利用量}-\text{当期固体废物的贮存量}-\text{当期固体废物的处置量}$$

纳税人有下列情形之一的，以其当期应税固体废物的产生量作为固体废物的排放量：

① 非法倾倒应税固体废物。

② 进行虚假纳税申报。

2. 应纳税额的计算

固体废物的应纳税额为固体废物排放量乘以具体适用税额，其排放量为当期应税固体废物的产生量减去当期应税固体废物的贮存量、处置量、综合利用量的余额。计算公式为：

$$\text{固体废物的应纳税额} = \left(\begin{array}{c} \text{当期固体废} \\ \text{物的产生量} \end{array} - \begin{array}{c} \text{当期固体废物} \\ \text{的综合利用量} \end{array} - \begin{array}{c} \text{当期固体废} \\ \text{物的贮存量} \end{array} - \begin{array}{c} \text{当期固体废} \\ \text{物的处置量} \end{array} \right) \times \text{适用税额}$$

做中学 8-10

（计算分析题）假设某企业2024年3月产生尾矿1 000吨，其中综合利用的尾矿300吨（符合国家相关规定），在符合国家和地方环境保护标准的设施贮存300吨。计算该企业当月尾矿应缴纳的环境保护税税额。

[解析] 环境保护税应纳税额=（1 000-300-300）×15=6 000（元）

（三）应税噪声

1. 计税依据的确定

应税噪声按照超过国家规定标准的分贝数确定计税依据。工业噪声按照超过国家规定标准的分贝数确定每月税额，超过国家规定标准的分贝数是指实际产生的工业噪声与国家规定的工业噪声排放标准限值之间的差值。

2. 应纳税额的计算

应税噪声的应纳税额为超过国家规定标准的分贝数对应的具体适用税额。

做中学 8-11

（计算分析题）假设某工业企业只有一个生产场所，只在昼间生产，边界处声环境功能区类型为1类，生产时产生噪声为65分贝，《工业企业厂界环境噪声排放标准》规定1类声环境功能区昼间的噪声排放限值为55分贝，当月超标天数为18天。计算该企业当月噪声污染应缴纳的环境保护税税额。

[解析] 超标分贝数=65-55=10（分贝）

根据环境保护税税目税额表，可得出该企业当月噪声污染应缴纳环境保护税为2 800元。

引例分析 8-2

1. 甲企业3月份应缴纳的大气污染物环境保护税

第一步，计算各污染物的污染当量数。

二氧化硫污染当量数=100/0.95=105.26

氟化物污染当量数=100/0.87=114.94

一氧化碳污染当量数=200/16.7=11.98

氯化氢污染当量数=80/10.75=7.44

第二步，按污染当量数排序。

氟化物污染当量数（114.94）>二氧化硫污染当量数（105.26）>一氧化碳污染当量数（11.98）>氯化氢污染当量数（7.44）

该企业只有一个排放口，排序选取计税前三项污染物为：氟化物、二氧化硫、一氧化碳

第三步，应纳税额=（114.94+105.26+11.98）×1.2=278.62（元）

2. 甲企业3月份应缴纳的水污染物环境保护税

（1）计算污染当量数：

六价铬污染当量数=排放总量×浓度值÷当量值=60 000 000×0.5÷1 000 000÷0.02=1 500

（2）应纳税额=1 500×2.8=4 200（元）。

3. 甲企业3月份应缴纳的固体废物环境保护税应纳税额=（1 000−300）×15=10 500（元）。

4. 甲企业3月份应缴纳的噪声污染环境保护税。

超标分贝数：60−55=5（分贝），应纳税额为700元。

三、环境保护税的征收管理

（一）征管方式

环境保护税采用"企业申报、税务征收、环保协同、信息共享"的征管方式。纳税人应当依法如实办理纳税申报，对申报的真实性和完整性承担责任；税务机关依照《中华人民共和国税收征收管理法》和《环境保护税法》的有关规定征收管理；环境保护主管部门依照《环境保护税法》和有关环境保护法律法规的规定对污染物进行监测管理；县级以上地方人民政府应当建立税务机关、环境保护主管部门和其他相关单位分工协作工作机制；环境保护主管部门和税务机关应当建立涉税信息共享平台和工作配合机制，定期交换有关纳税信息资料。

——议一议——

环境保护税和资源税在税后征管方面的区别。

（二）纳税期限

环境保护税纳税义务发生时间为纳税人排放应税污染物的当日。环境保护税按月计算，按季申报缴纳。不能按固定期限计算缴纳的，可以按次申报缴纳。

纳税人按季申报缴纳的，应当自季度终了之日起15日内，向税务机关办理纳税申报并缴纳税款。纳税人按次申报缴纳的，应当自纳税义务发生之日起15日内，向税务机关办理纳税申报并缴纳税款。纳税人申报缴纳时，应当向税务机关报送所排放应税污染物的种类、数量，大气污染物、水污染物的浓度值，以及税务机关根据实际需要要求纳税人报送的其他纳税资料。

（三）纳税地点

纳税人应当向应税污染物排放地的税务机关申报缴纳环境保护税。应税污染物排放地，是指应税大气污染物、水污染物排放口所在地；应税固体废物产生地；应税噪声产生地。纳税人跨区域排放应税污染物，税务机关对税收征收管辖有争议的，由争议各方按照有利于征收管理的原则协商解决。

纳税人从事海洋工程向中华人民共和国管辖海域排放应税大气污染物、水污染物或者固体废物，申报缴纳环境保护税的具体办法由国务院税务主管部门会同国务院海洋主管部门规定。

📋 推荐阅读

1.《中华人民共和国资源税法》（2020年9月1日起施行）

2.《国家税务总局关于资源税征收管理若干问题的公告》（2020年8月28日公布）

3.《扩大水资源税改革试点实施办法》

4.《中华人民共和国环境保护税法》（2018年1月1日起施行）

5.《中华人民共和国环境保护税法实施条例》（2018年1月1日起施行）

🔲 职业能力训练

1. 某石油企业为增值税一般纳税人，本月开采原油10 000吨，其中单月销售7 000吨，取得不含税销售收入2 000万元，同时还向购买方收取延期付款利息3.39万元；取得增值税专用发票注明的运费12万元、税额1.08万元。原油的资源税税率为6%。计算应纳的资源税税额。

2. 某企业2023年8月向大气直接排放二氧化硫、氟化物各100千克，一氧化碳50千克、氯化氢100千克，假设当地大气污染物每污染当量税额2元，该企业只有一个排放口。计算应纳的资源税税额。

3. 某化工厂是环境保护税纳税人，该厂仅有1个污水排放口且直接向河流排放污水，已安装使用符合国家规定和监测规范的污染物自动监测设备。检测数据显示，该排放口2023年12月共排放污水2万吨（折合4万立方米），应税污染物为总铅，浓度为总铅0.8 mg/L。计算该化工厂12月份应缴纳的环境保护税（该厂所在省的水污染物税率为5元/污染当量，总铅的污染当量值为0.025）。

4. 某养殖场2023年12月养猪存栏量为600头，污染当量值为1头，当地水污染物适用税额为每污染当量3元。计算应纳的环境保护税税额。

5. 某餐饮公司通过安装水流量计测得2023年8月排放污水量为100吨，污染当量值为0.5吨。当地水污染物适用税额为每污染当量3元。计算应纳的环境保护税税额。

6. 某医院床位268张，每月按时消毒，无法计量月污水排放量，污染当量值为0.14床，假设当地水污染物适用税额为每污染当量3元。计算当月应缴纳的环境保护税税额。

第八章
交互式习题
自测

7. 某企业2023年8月产生尾矿800吨，其中综合利用的尾矿300吨（符合国家相关规定），在符合国家和地方环境保护标准的设施贮存100吨。计算该企业当月尾矿应缴纳的环境保护税税额。

城镇土地使用税法、耕地占用税法和土地增值税法

第九章

学习目标

素养目标

● 明确我国城镇土地使用税、耕地占用税、土地增值税法在促进对土地等自然资源的合理开发利用、绿色发展、为国家筹集财政资金等方面的作用;

● 明确珍惜土地、节约用地是一项基本国策,树立严守18亿亩耕地的理念。

知识目标

● 理解城镇土地使用税、耕地占用税、土地增值税的概念、特点;

● 掌握城镇土地使用税、耕地占用税、土地增值税的征收范围、纳税人、税目税率等基本要素;

● 掌握城镇土地使用税、耕地占用税、土地增值税应纳税额的计算方法;

● 理解城镇土地使用税、耕地占用税、土地增值税的征收管理。

技能目标

● 能根据企业的实际正确计算城镇土地使用税、耕地占用税、土地增值税的应纳税所得额;

● 能正确地进行城镇土地使用税、耕地占用税、土地增值税的征收管理。

思维导图

城镇土地使用税法、耕地占用税法和土地增值税法

- 城镇土地使用税法
  - 城镇土地使用税的基本要素
  - 城镇土地使用税应纳税额的计算
  - 城镇土地使用税的征收管理

- 耕地占用税法
  - 耕地占用税的基本内容
  - 耕地占用税应纳税额的计算
  - 耕地占用税的征收管理

- 土地增值税法
  - 土地增值税的基本内容
  - 土地增值税应纳税额的计算
  - 土地增值税的征收管理

学习计划

- 素养提升计划

- 知识学习计划

- 技能训练计划

第一节　城镇土地使用税法

❖ 引例

　　某市一商场坐落在该市繁华地段，企业土地使用证书记载占用土地的面积为6 000平方米，经确定属一等地段；该商场另设两个统一核算的分店均坐落在市区三等地段，共占地4 000平方米；一座仓库位于市郊，属五等地段，占地面积为1 000平方米。已知：一等地段年税额4元/平方米；三等地段年税额2元/平方米；五等地段年税额1元/平方米。

【问题与思考】

　　计算该商场全年应纳城镇土地使用税。

一、城镇土地使用税的基本要素

（一）城镇土地使用税的概念与特点

1. 概念

　　城镇土地使用税法，是指国家制定的调整城镇土地使用税征收与缴纳权利及义务关系的法律规范。城镇土地使用税是以国有土地为征税对象，对拥有土地使用权的单位和个人征收的一种税。征收城镇土地使用税有利于促进土地的合理使用，调节土地级差收入，也有利于筹集地方财政资金。

　　我国现行城镇土地使用税法的基本规范是2006年12月国务院修改并颁布的《中华人民共和国城镇土地使用税暂行条例》（简称《城镇土地使用税暂行条例》），2013年12月国务院第三十二次常务会议作了部分修改，自2013年12月7日起实施。

2. 特点

　　（1）对占用或使用土地的行为征税。广义上，土地是一种财产。根据我国《宪法》规定，城镇土地的所有权归国家，单位和个人对占用的土地只有使用权而无所有权。因此，现行的城镇土地使用税是对占用或者使用土地行为的课税，属于准财产税，而非严格意义上的财产税。

　　（2）征税对象是国有土地。由于我国城镇的土地归国家所有，单位和个人只有占用权或使用权，而无所有权。这样，国家既可以凭借财产权利对土地使用人获取的收益进

城镇土地使用税法与我国税收法治建设

土地管理政策与城镇土地使用税

行分配，又可以凭借政治权力对土地使用者进行征税。开征城镇土地使用税，实质上是运用国家政治权力，将纳税人获取的本应属于国家的土地收益集中到国家手中。农业土地因属于集体所有，故未纳入征税范围。

（3）征税范围比较广泛。现行城镇土地使用税的征税范围覆盖所有的城镇土地。一个征税范围广泛的城镇土地使用税，将在筹集地方财政资金、调节土地使用和收益分配方面，发挥积极作用。

（4）实行差别幅度税额。开征城镇土地使用税的主要目的之一，是调节土地的级差收入，而级差收入的产生主要取决于土地的位置。城镇土地使用税规定幅度税额主要考虑我国各地区存在着悬殊的土地级差收益，同一地区内不同地段的市政建设情况和经济繁荣程度也有较大的差别。把城镇土地使用税税额定为幅度税额，拉开档次，而且每个幅度税额的差距规定为20倍。这样，各地政府在划分本辖区不同地段的等级，确定适用税额时，有选择余地，便于具体操作。幅度税额还可以调节不同地区、不同地段之间的土地级差收益，尽可能地平衡税负。

（二）纳税人

凡在城市、县城、建制镇、工矿区范围内使用土地的单位和个人，为城镇土地使用税的纳税义务人。通常包括以下几类：

（1）拥有土地使用权的单位和个人。

（2）拥有土地使用权的单位和个人不在土地所在地的，以土地的实际使用人和代管人为纳税人。

（3）土地使用权未确定或权属纠纷未解决的，其实际使用人为纳税人。

（4）土地使用权共有的，共有各方都是纳税人，由共有各方分别纳税。

（5）城镇土地使用税征税范围内，承租集体所有建设用地的，由直接从集体经济组织承租土地的单位和个人，缴纳城镇土地使用税。

（三）征税范围

城镇土地使用税的征税范围，包括城市、县城、建制镇和工矿区内的国家所有和集体所有的土地。其中，"城市"是指经国务院批准设立的城市，其征税范围包括市区和郊区的土地；"县城"是指县人民政府所在地，其征税范围为县人民政府所在地的城镇的土地；"建制镇"是指经省、自治区、直辖市人民政府批准设立的，符合国务院规定的建制镇，其征税范围为镇人民政府所在地的土地；"工矿区"是指工商业比较发达，人口比较集中，符合国务院规定的建制镇标准，但尚未设立建制镇的大中型工矿企业所在地，工矿区的设立须经省、自治区、直辖市人民政府批准。

建立在城市、县城、建制镇和工矿区以外的企业不需要缴纳城镇土地使用税。城镇土地使用税的征税范围暂不包括农村。

（四）税率

城镇土地使用税实行定额税率，即采用分级幅度税额。按大、中、小城市和县城、建制镇、工矿区分别规定每平方米城镇土地使用税年应纳税额。城镇土地使用税税率表如表9-1所示。

表9-1　城镇土地使用税税率表

级别	人口/人	每平方米税额/元
大城市	50万以上	1.5~30
中等城市	20万至50万	1.2~24
小城市	20万以下	0.9~18
县城、建制镇、工矿区		0.6~12

根据《城镇土地使用税暂行条例》规定，各省、自治区、直辖市人民政府可根据市政建设情况和经济繁荣程度在规定税额幅度内，确定所辖地区的适用税额幅度。经济落后地区，城镇土地使用税的适用税额标准可适当降低，但降低额不得超过上述规定最低税额的30%。经济发达地区的适用税额标准可以适当提高，但须报财政部批准。

市、县人民政府应适当根据实际情况，将本地区土地划分为若干等级，在省、自治区、直辖市人民政府确定的税额幅度内，制定适用税额标准，报省、自治区、直辖市人民政府批准执行。

（五）减免税优惠

城镇土地使用税的免税项目有：

（1）国家机关、人民团体、军队自用的土地。

（2）由国家财政部门拨付事业经费的单位自用的土地。

（3）宗教寺庙、公园、名胜古迹自用的土地。不包括这些单位的生产、经营用地和其他用地，如公园中附设的饮食部、照相馆等使用的土地，不属于免税范围。

（4）市政街道、广场、绿化地带等公共用地。

（5）直接用于农、林、牧、渔业的生产用地。

（6）经批准开山填海整治的土地和改造的废弃土地，从使用的月份起免缴城镇土地使用税5年至10年。具体免税期限由各省、自治区、直辖市地方税务局在规定的期限内自行确定。

（7）对非营利性的医疗机构、疾病控制机构和妇幼保健机构等卫生机构和非营利性科研机构自用的土地。

（8）对国家拨付事业经费和企业办的各类学校、托儿所、幼儿园自用的房产、土地。

（9）免税单位无偿使用纳税单位的土地（如公安、海关等单位使用铁路、民航等单位的土地）。纳税单位无偿使用免税单位的土地，纳税单位应照章缴纳城镇土地使用税。纳税单位与免税单位共同使用、共有使用权土地上的多层建筑，对纳税单位可按其占用的建筑面积占建筑总面积的比例计征城镇土地使用税。

（10）对改造安置住房建设用地。

（11）为了体现国家的产业政策，支持重点产业的发展，对石油、电力、煤炭等能源用地，民用港口、铁路等交通用地和水利设施用地，盐业、采石场、邮电等一些特殊用地划分了征免税界限和给予政策性减免税照顾。

做中学 9-1

（多选题）下列用地中，应缴纳城镇土地使用税的是（   ）。

A. 厂区内职工家属楼   B. 厂区内幼儿园

C. 寺庙、名胜内附设的饮食部   D. 科技公司办公用地

［答案］ACD

［解析］对国家拨付事业经费和企业办的各类学校、托儿所、幼儿园自用的房产、土地，免征城镇土地使用税。

二、城镇土地使用税应纳税额的计算

城镇土地使用税以纳税人实际占用的土地面积（平方米）为计税依据，依据纳税人实际占用的土地面积和适用的单位税额计算。计算公式为：

全年应纳税额=实际占用应税土地面积（平方米）×适用税额

实际占用的土地面积，是指由省、自治区、直辖市人民政府确定的单位组织测定的土地面积。尚未组织测定，但纳税人持有政府部门核发的土地使用证书的，以证书确认的土地面积为准。尚未核发土地使用证书的，应由纳税人申报土地面积，并据以纳税，待核发土地使用证书以后再作调整。

　　如果土地使用权由几方共有的，由共有各方按照各自实际使用的土地面积占总面积的比例，分别计算缴纳城镇土地使用税。

　　对在城镇土地使用税征税范围内单独建造的地下建筑用地，按规定征收城镇土地使用税。其中，已取得地下土地使用权证的，按土地使用权证确认的土地面积计算应征税款；未取得地下土地使用权证或地下土地使用权证上未标明土地面积的，按地下建筑垂直投影面积计算应征税款。对地下建筑用地暂按应征税款的50%征收城镇土地使用税。

引例分析9-1

　　该商场应纳城镇土地使用税计算如下：

　　按税法规定，城镇土地使用税实行分级幅度税额，即按所占地段分别计税。

　　（1）商场占地应纳税额=6 000×4=24 000（元）。

　　（2）分店占地应纳税额=4 000×2=8 000（元）。

　　（3）仓库占地应纳税额=1 000×1=1 000（元）。

　　全年应纳城镇土地使用税=24 000+8 000+1 000=33 000（元）。

三、城镇土地使用税的征收管理

（一）纳税期限

　　城镇土地使用税按年计算，分期缴纳。缴纳期限由省、自治区、直辖市人民政府确定。

（二）纳税义务发生时间

　　（1）纳税人购置新建商品房，自房屋交付使用之次月起，缴纳城镇土地使用税。

　　（2）纳税人购置存量房，自办理房屋权属转移、变更登记手续，房地产权属登记机关签发房屋权属证书之次月起，缴纳城镇土地使用税。

　　（3）纳税人出租、出借房产，自交付出租、出借房产之次月起，缴纳城镇土地使用税。

　　（4）以出让或转让方式有偿取得土地使用权的，应由受让方从合同约定交付土地时间之次月起缴纳城镇土地使用税；合同未约定交付土地时间的，由受让方从合同签订之次月起缴纳城镇土地使用税。

（5）纳税人新征用的耕地，自批准征用之日起满1年时开始缴纳城镇土地使用税。

（6）纳税人新征用的非耕地，自批准征用次月起缴纳城镇土地使用税。

（7）自2009年1月1日起，纳税人因土地的权利发生变化而依法终止城镇土地使用税纳税义务的，其应纳税款的计算应截止到土地权利发生变化的当月末。

（三）纳税地点

城镇土地使用税的纳税地点为土地所在地，由土地所在地的税务机关负责征收，其收入纳入地方财政预算管理。纳税人使用的土地不属于同一省、自治区、直辖市管辖的，由纳税人分别向土地所在地的税务机关缴纳城镇土地使用税；在同一省、自治区、直辖市管辖范围内，纳税人跨地区使用的土地，由各省、自治区、直辖市税务局确定纳税地点。

第二节　耕地占用税法

❖ 引例

　　某企业2022年度有关资料如下：土地使用证书记载占用土地面积4 000平方米，其中企业自办托儿所占地面积1 000平方米；企业分支机构占地2 000平方米，其中占用公安局免税土地700平方米；企业另设一个分支机构，设在郊区，占地面积3 000平方米，其中包括2020年占用的耕地2 600平方米；2022年企业经批准在郊区占用一块耕地，面积1 200平方米，用于扩建分支机构。已知城镇土地使用税税率为：郊区3元/平方米，其他地区5元/平方米；耕地占用税率4元/平方米。占用基本农田的，应当按照当地适用税额加150%。

【问题与思考】

1. 该企业应纳城镇土地使用税。

2. 该企业应纳耕地占用税。

一、耕地占用税的基本内容

耕地占用税
法与我国税
收法治建设

（一）耕地占用税的概念与特点

1. 概念

耕地占用税法，是指国家制定的用以调整耕地占用税征收与缴纳之间权利及义务关系的法律规范。耕地占用税是对我国境内占用耕地建设建筑物、构筑物或者从事非农业建设的单位和个人，就其实际占用的耕地面积征收的一种税。耕地占用税属于一次性征收的税收。

我国现行耕地占用税法的基本规范是2018年12月第十三届全国人民代表大会常务委员会第七次会议通过的《中华人民共和国耕地占用税法》（简称《耕地占用税法》）。

2. 特点

（1）特定土地资源占用课税。耕地是指用于种植农作物的土地，是人类赖以生存的基本资源和条件，保持农业可持续发展首先要确保耕地的数量和质量。开征此税一方面可以在一定程度上控制占用耕地建房和非农业建设用地；另一方面，征收的税款可以用于土地的开发和整治，作为对被占用耕地的一种补偿，以利于稳定农业生产，增强农业活力。

（2）税率采用地区差别定额税率。由于我国不同地区之间人口和耕地资源的分布极不均衡，有些地区人口稠密，耕地资源相对匮乏；而有些地区人烟稀少，耕地资源比较丰富。各地区之间的经济发展水平也有很大差异。考虑到不同地区之间客观条件的差别以及与此相关的税收调节力度和纳税人负担能力方面的差别。

（二）纳税人

耕地占用税的纳税人，是指在我国境内占用耕地建设建筑物、构筑物，或者从事非农业建设的单位和个人。这就是说，不论谁占用（免征或不征的除外），不论耕地的所有权、使用权归属谁，不论占用耕地数量的多少，也不论用什么方式或手段占用耕地，只要占用的目的是建房或从事其他非农业建设，其占用者都要依法缴纳耕地占用税。

（1）经批准占用耕地的，纳税人为农用地转用审批文件中标明的建设用地人。

（2）农用地转用审批文件中未标明建设用地人的，纳税人为用地申请人，其中用地申请人为各级人民政府的，由同级土地储备中心、自然资源主管部门或政府委托的其他部门、单位履行耕地占用税申报纳税义务。

（3）未经批准占用耕地的，纳税人为实际用地人。

(三) 征税范围

耕地占用税的征税范围是纳税人占用耕地建设建筑物、构筑物或者从事非农业建设的国家所有和集体所有的耕地。

所称耕地，是指用于种植农作物的土地，包括菜地、园地。其中，园地包括花圃、苗圃、茶园、果园、桑园和其他种植经济林木的土地。

占用鱼塘及其他农用土地建房或从事其他非农业建设，也视同占用耕地。

占用已开发从事种植、养殖的滩涂、草场、水面和林地等从事非农业建设，省、自治区、直辖市本着有利于保护土地资源和生态平衡的原则，结合具体情况确定是否征收耕地占用税。

(四) 税率

耕地占用税在税率设计上采用了地区差别定额税率。耕地占用税税额表如表9-2所示。

表9-2　耕地占用税税额表

类型	每平方米单位税额/元
人均耕地不超过1亩[①]的地区（以县、自治县、不设区的市、市辖区为单位，下同）	10~50
人均耕地超过1亩但不超过2亩的地区	8~40
人均耕地超过2亩但不超过3亩的地区	6~30
人均耕地超过3亩的地区	5~25

注：① 亩为非法定计量单位，1亩≈666.67平方米。

各地区耕地占用税的适用税额，由省、自治区、直辖市人民政府根据人均耕地面积和经济发展等情况，在规定的税额幅度内提出，报同级人民代表大会常务委员会决定，并报全国人民代表大会常务委员会和国务院备案。各省、自治区、直辖市耕地占用税适用税额的平均水平，不得低于"各省、自治区、直辖市耕地占用税平均税额表"规定的平均税额。

在人均耕地低于0.5亩的地区，省、自治区、直辖市可以根据当地经济发展情况，适当提高耕地占用税的适用税额，但提高的部分不得超过确定的适用税额的50%。具体适用税额按照规定程序确定。

占用基本农田的，应当按照当地适用税额加150%。基本农田，是指依据《中华人民共和国基本农田保护条例》划定的基本农田保护区范围的耕地。

🎐 价值引领

牢牢守住18亿亩耕地红线

牢牢守住耕地红线，确保耕地安全

耕地是粮食生产的命根子，是中华民族永续发展的根基。我国人多地少，我们必须把关系到14多亿人口吃饭问题的耕地保护好。党的二十大报告强调，要"牢牢守住18亿亩耕地红线，逐步把永久基本农田全部建成高标准农田。"在中国式现代化进程中，一定要"确保中国人的饭碗牢牢端在自己手中"。

习近平总书记早在2015年就对耕地保护作出批示，"耕地是我国最为宝贵的资源……要实行最严格的耕地保护制度……像保护大熊猫一样保护耕地"。2020年在中央农村工作会议上的讲话再次强调："我们土地是不少，但同14多亿人口的需求一比，又是稀缺资源！"所以"要采取'长牙齿'的硬措施，落实最严格的耕地保护制度。"

开征耕地占用税是为了合理利用土地资源，加强土地管理，保护农用耕地。其作用主要表现在，利用经济手段限制乱占滥用耕地，促进农业生产的稳定发展；补偿占用耕地所造成的农业生产力的损失；为大规模的农业综合开发提供必要的资金来源。

2022年全国耕地面积191 792.79万亩。其中，水田3 139.20万公顷（47 087.97万亩），占24.55%；水浇地3 211.48万公顷（48 172.21万亩），占25.12%；旱地6 435.51万公顷（96 532.61万亩），占50.33%。64%的耕地分布在秦岭—淮河以北，而我国耕地面积排名前五的省份分别是黑龙江、内蒙古、河南、吉林、新疆，占全国耕地的40%。

截至2022年年底，全国已累计建成10亿亩高标准农田，稳定保障1万亿斤以上粮食产能，19.18亿亩耕地超过一半是高标准农田。2023年，我国将继续加强高标准农田建设，新建4 500万亩、改造提升3 500万亩。

尽管如此，非农用地需求扩张与耕地资源保护之间的矛盾仍然存在，弃耕撂荒现象进一步威胁粮食安全，东北黑土地退化、南方土壤酸化、北方耕地盐碱化等问题严重威胁耕地可持续利用。各地还不同程度存在农村乱占耕地建房、"大棚房"、侵占耕地挖湖造景、补充耕地不实等突出问题。为此，要严字当头、多措并举，牢牢守住18亿亩耕地红线。

（五）税收优惠

为了保障国家公共建设用地的需要，体现社会福利政策和民族政策，耕地占用税规定对下列情况减税或免税：

（1）军事设施、学校、幼儿园、社会福利机构、医疗机构占用耕地，免征耕地占用税。

（2）铁路线路、公路线路、飞机场跑道、停机坪、港口、航道、水利工程占用耕地，减按每平方米2元的税额征收耕地占用税。

（3）农村居民在规定用地标准以内占用耕地新建自用住宅，按照当地适用税额减半征收耕地占用税；其中农村居民经批准搬迁，新建自用住宅占用耕地不超过原宅基地面积的部分，免征耕地占用税。

（4）农村烈士遗属、因公牺牲军人遗属、残疾军人以及符合农村最低生活保障条件的农村居民，在规定用地标准以内新建自用住宅，免征耕地占用税。

免征或者减征耕地占用税后，纳税人改变原占地用途，不再属于免征或者减征耕地占用税情形的，应当按照当地适用税额补缴耕地占用税。应自改变用途之日起30日内申报补缴税款，补缴税款按改变用途的实际占用耕地面积和改变用途时当地适用税额计算。

二、耕地占用税应纳税额的计算

耕地占用税实行从量定额征收办法。以纳税人实际占用的应税土地面积为计税依据，以每平方米土地为计税单位，按适用的定额税率计税。应纳税额为纳税人实际占用的应税土地面积（平方米）乘以适用税额。其计算公式为：

应纳税额=纳税人实际占用的应税耕地面积×适用税额

加按150%征收耕地占用税的计算公式为：

应纳税额=纳税人实际占用的应税耕地面积×适用税额×150%

应税土地面积包括经批准占用面积和未经批准占用面积，以平方米为单位。适用税额是指省、自治区、直辖市人民代表大会常务委员会决定的应税土地所在地县级行政区的现行适用税额。

📑 引例分析 9-2

计算该企业应纳的城镇土地使用税和耕地占用税。

应纳城镇土地使用税=（4 000-1 000）×5+2 000×5+3 000×3=34 000（元）

应纳耕地占用税=1 200×4=15 200（元）

〔特别提示〕耕地占用税是对占用耕地建房或从事其他非农业建设的单位和个人，按其所占用耕地的面积和以县为单位规定的幅度税额而一次性征收的一种税收。

三、耕地占用税的征收管理

耕地占用税由税务机关负责征收。耕地占用税的纳税义务发生时间为纳税人收到自然资源主管部门办理占用耕地手续的书面通知的当日。

纳税人应当自纳税义务发生之日起30日内申报缴纳耕地占用税。

纳税人改变原占地用途，需要补缴耕地占用税的，其纳税义务发生时间为改变用途当日，具体为：经批准改变用途的，纳税义务发生时间为纳税人收到批准文件的当日；未经批准改变用途的，纳税义务发生时间为自然资源主管部门认定纳税人改变原占地用途的当日。

未经批准占用耕地的，耕地占用税纳税义务发生时间为自然资源主管部门认定的纳税人实际占用耕地的当日。

因挖损、采矿塌陷、压占、污染等损毁耕地的纳税义务发生时间为自然资源、农业农村等相关部门认定损毁耕地的当日。

纳税人占地类型、占地面积和占地时间等纳税申报数据材料以自然资源等相关部门提供的相关材料为准；未提供相关材料或者材料信息不完整的，经主管税务机关提出申请，由自然资源等相关部门自收到申请之日30日内出具认定意见。

因挖损、采矿塌陷、压占、污染等损毁耕地属于税法所称的非农业建设，应依照税法规定缴纳耕地占用税；自自然资源、农业农村等相关部门认定损毁耕地之日起3年内依法复垦或修复，恢复种植条件的，应按规定办理退税。

在农用地转用环节，用地申请人能证明建设用地人符合税法规定的免税情形的，免征用地申请人的耕地占用税；在供地环节，建设用地人使用耕地用途符合税法规定的免税情形的，由用地申请人和建设用地人共同申请，按退税管理的规定退还用地申请人已经缴纳的耕地占用税。

第三节　土地增值税法

❖ 引例

　　202×年10月，宏泰房地产开发公司，主要从事房地产开发与销售。202×年12月销售其新建的一幢写字楼，共取得收入9 000万元，增值税810万元。该公司为取得土地使用权而支付的地价款和土地征用及拆迁补偿费等为1 000万元，允许扣除进项税额610万元，投入的房地产开发成本为3 200万元；用于该项目的贷款利息支出为120万元（能按房地产项目分摊，并提供金融机构证明），比按工商银行同类同期贷款利率计算的利息多出20万元。公司所在地政府规定的其他房地产开发费用的计算扣除比例为5%，城市建设维护税税率7%，教育费附加税税率3%，印花税税率5‰。

【问题与思考】

　　计算该公司应纳土地增值税额。

一、土地增值税的基本内容

（一）土地增值税的概念与特点

1. 概念

　　土地增值税法，是指国家制定的用以调整土地增值税征收与缴纳之间权利及义务关系的法律规范。土地增值税是对有偿转让国有土地使用权及地上建筑物及其附着物产权，取得增值收入的单位和个人征收的一种税。征收土地增值税增强了政府对房地产开发和交易市场的调控，有利于抑制炒买炒卖土地获取暴利的行为，也增加了国家财政收入。

　　现行土地增值税的基本规范是1993年12月国务院颁布的《中华人民共和国土地增值税暂行条例》（简称《土地增值税暂行条例》）。

2. 特点

　　（1）以转让房地产取得的增值额为征税对象。我国的土地增值税属于"土地转移增值税"的类型，将土地、房屋的转让收入合并征收。作为征税对象的增值额，是纳税人转让房地产的收入减去税法规定准予扣除项目金额后的余额。

土地增值税法与我国税收法治建设

（2）征税面比较广。凡在我国境内转让房地产并取得收入的单位和个人，除税法规定免税的外，均应按照税法规定缴纳土地增值税。即凡发生应税行为的单位和个人，不论其经济性质，也不分内、外资企业或中、外籍人员，无论专营或兼营房地产业务，均有缴纳土地增值税的义务。

（3）采用扣除法和评估法计算增值额。土地增值税在计算方法上考虑我国实际情况，以纳税人转让房地产取得的收入，减除法定扣除项目金额后的余额作为计税依据。对旧房及建筑物的转让，以及对纳税人转让房地产申报不实、成交价格偏低的，则采用评估价格确定增值额，计征土地增值税。

（4）实行超率累进税率。土地增值税的税率是以转让房地产的增值率高低为依据，按照累进原则设计的，实行分级计税。增值率高的，适用税率高；增值率低的，税率也低，税收负担较为合理，便于体现国家政策。

（5）实行按次征收。土地增值税在房地产发生转让的环节，实行按次征收，每发生一次转让行为，就应根据每次取得的增值额征收一次土地增值税。

（二）纳税人

土地增值税的纳税人是转让国有土地使用权、地上的建筑及其附着物产权（转让房地产）并取得收入的单位和个人。单位包括各类企业、事业单位、国家机关和社会团体及其他组织；个人包括个体经营者和其他个人。土地增值税的纳税人包括外商投资企业、外国驻华机构，包括中国公民、港澳台同胞、海外华侨和外国公民。

（三）征税范围

（1）基本征税范围。土地增值税是对有偿转让国有土地使用权及其地上建筑物和附着物的行为所取得的增值额征税，不包括国有土地使用权出让所取得的收入。

国有土地使用权的转让，是指土地使用者通过出让等形式取得土地使用权后，将土地使用权再转让的行为，包括出售、交换和赠与，它属于土地买卖的二级市场。土地使用权转让，其地上的建筑物、其他附着物的所有权随之转让。土地使用权的转让，属于土地增值税的征税范围。

国有土地使用权出让，是指国家以土地所有者的身份将土地使用权在一定年限内让与土地使用者，并由土地使用者向国家支付土地使用权出让金的行为，属于土地买卖的一级市场。土地使用权出让的出让方是国家，出让的目的是实行国有土地的有偿使用制度，合理开发、利用、经营土地，因此，土地使用权的出让不属于土地增值税的征税范围。

土地增值税的征税范围不包括未转让土地使用权、房产产权的行为，是否发生转让行为主要以房地产权属（指土地使用权和房产产权）的变更为标准。凡土地使用权、房产产权未转让的（如房地产的出租），不征收土地增值税。

土地增值税的基本征税范围包括：

① 转让国有土地使用权。国有土地，是指按国家法律规定属于国家所有的土地。转让国有土地使用权是指土地使用者通过出让方式，向政府缴纳了土地出让金，有偿受让土地使用权后，仅对土地进行通水、通电、通路和平整地面等土地开发，不进行房产开发，即所谓"将生地变熟地"，然后直接将空地出售出去。

② 地上的建筑物及其附着物连同国有土地使用权一并转让。地上的建筑物，是指建于土地上的一切建筑物，包括地上地下的各种附属设施。附着物，是指附着于土地上的不能移动或一经移动即遭损坏的物品。纳税人取得国有土地使用权后进行房屋开发建造然后出售的，这种情况即是一般所说的房地产开发。虽然这种行为通常被称作卖房，但按照国家有关房地产法律和法规的规定，卖房的同时，土地使用权也随之发生转让。由于这种情况既发生了产权的转让又取得了收入，所以应纳入土地增值税的征税范围。

③ 存量房地产的买卖。存量房地产是指已经建成并已投入使用的房地产，其房屋所有人将房屋产权和土地使用权一并转让给其他单位和个人。这种行为按照国家有关的房地产法律和法规，应当到有关部门办理房产产权和土地使用权的转移变更手续；原土地使用权属于无偿划拨的，还应到土地管理部门补交土地出让金。

（2）特殊征税范围。

① 房地产的继承，是指房产的原产权所有人、依照法律规定取得土地使用权的土地使用人死亡以后，由其继承人依法承受死者房产产权和土地使用权的民事法律行为。其不属于土地增值税的征税范围。

② 房地产的赠与，是指房产所有人、土地使用权所有人将自己所拥有的房地产无偿地交给其他人的民事法律行为。其不属于土地增值税的征税范围。

温馨提示

土地增值税只对有偿转让的房地产征税，对以继承、赠与等方式无偿转让的房地产，则不予征税。

③ 房地产的出租，是指房产的产权所有人、依照法律规定取得土地使用权的土地使用人，将房产、土地使用权租赁给承租人使用，由承租人向出租人支付租金的行为。其不属于土地增值税的征税范围。

④ 房地产的抵押，是指房地产的产权所有人、依法取得土地使用权的土地使用人。作为债务人或第三人向债权人提供不动产作为清偿债务的担保而不转移权属的法律行为。贷款在抵押期满后是要连本带利偿还给债权人的。因此，在房地产抵押期间不征收土地增值税。待抵押期满后，视该房地产是否转移占有而确定是否征收土地增值税。对于以房地产抵债而发生房地产权属转让的，应列入土地增值税的征税范围。

⑤ 房地产的交换，是指一方以房地产与另一方的房地产进行交换的行为。由于这种行为既发生了房产产权、土地使用权的转移，交换双方又取得了实物形态的收入，属于土地增值税的征税范围。但对个人之间互换自有居住用房地产的，经当地税务机关核实，可以免征土地增值税。

⑥ 合作建房。对于一方出地，一方出资金，双方合作建房，建成后按比例分房自用的，暂免征收土地增值税；建成后转让的，应征收土地增值税。

⑦ 房地产的代建行为，是指房地产开发公司代客户进行房地产的开发，开发完成后向客户收取代建收入的行为。其不属于土地增值税的征税范围。

⑧ 房地产的重新评估，主要是指国有企业在清产核资时对房地产进行重新评估而使其升值的情况。其不属于土地增值税的征税范围。

（四）税率

土地增值税采用四级超率累进税率。土地增值税四级超率累进税率表如表9-3。

表9-3 土地增值税四级超率累进税率表

级数	增值额与扣除项目金额的比率	税率/%	速算扣除率/%
1	不超过50%（含）的部分	30	0
2	超过50%~100%（含）的部分	40	5
3	超过100%~200%（含）的部分	50	15
4	超过200%的部分	60	35

❖ 做中学 9-2

（单选题）某地产开发企业转让商品房获得收入6 500万元，计算土地增值税时准予扣除项目金额为2 500万元，则适用的税率为（　　　）。

A. 30%　　　　　B. 40%　　　　　C. 50%　　　　　D. 60%

[答案] C

[解析] 增值额=6 500-2 500=4 000（万元），增值额占扣除项目金额的比例=

4 000/2 500×100%=160%，适用的税率为50%，速算扣除率为15%。

（五）减免税优惠

为了促进房地产开发结构的调整，改善城镇居民的居住条件，并有利于城市改造规划的实施，《土地增值税暂行条例》规定的减免税项目有：

（1）纳税人建造普通标准住宅出售，增值额未超过扣除项目金额20%的，免征土地增值税。增值额超过扣除项目之和20%的，应就其全部增值额按规定计税。

普通标准住宅应同时满足：住宅小区建筑容积率在1.0以上；单套建筑面积在120平方米以下；实际成交价格低于同级别土地上住房平均交易价格2倍以下。普通标准住宅与其他住宅的具体界限，由各省、自治区、直辖市人民政府规定。

对纳税人既建普通标准住宅，又进行其他房地产开发的，应分别核算增值额；不分别核算增值额或不能准确核算增值额的，其建造的普通标准住宅不适用该免税规定。对企事业单位、社会团体以及其他组织转让旧房作为公租房房源，且增值额未超过扣除项目金额20%的，免征土地增值税。

（2）因国家建设需要依法征用、收回的房地产，免征土地增值税。这类房地产是指因城市实施规划、国家建设的需要而被政府批准征用的房产或收回的土地使用权。由于上述原因，纳税人自行转让房地产的，亦给予免税。

（3）因城市实施规划、国家建设的需要而搬迁（如因旧城改造或因企业污染、扰民而搬迁），由纳税人自行转让原房地产的，免征土地增值税。

（4）对企事业单位、社会团体以及其他组织，转让旧房作为改造安置住房或公共租赁住房房源且增值额未超过扣除项目金额20%的，免征土地增值税。

（5）个人销售住房的税收优惠。自2008年11月1日，对个人销售住房暂免征收土地增值税。

二、土地增值税应纳税额的计算

（一）土地增值额的确定

土地增值税的计税依据是转让房地产取得的增值额。所谓增值额是指纳税人转让房地产取得的转让收入减去税法规定的扣除项目金额后的余额。即：

土地增值额=应税收入－扣除项目金额

1. 应税收入的确定

纳税人转让房地产取得的应税收入，包括转让房地产的全部价款及有关的经济收入，包括货币收入、实物收入和其他收入（如无形资产收入等），但不包括增值税税额。

2. 扣除项目金额的确定

（1）转让新开发房地产的扣除项目金额。

① 取得土地使用权所支付的金额，指纳税人为取得土地使用权所支付的地价款和按国家统一规定缴纳的有关费用。其中，"为取得土地使用权所支付的地价款"，如果是以协议、招标、拍卖等出让方式取得土地使用权的，地价款为纳税人所支付的土地出让金；如果是以行政划拨方式取得土地使用权的，地价款为按照国家有关规定补交的土地出让金；如果是以转让方式取得土地使用权的，地价款为向原土地使用权人实际支付的地价款。"有关费用"是指按国家统一规定缴纳的有关登记费、过户手续费等。

② 房地产开发成本，指纳税人房地产开发项目实际发生的成本（简称房地产开发成本），包括土地征用费及拆迁补偿费、前期工程费、建筑安装工程费、基础设施费、公共配套设施费和开发间接费。

③ 新建房及配套设施的成本、费用，指与房地产开发项目有关的销售费用、管理费用和财务费用（即房地产开发费用）。

其中，财务费用中的利息支出，凡能够按转让房地产项目计算分摊并能提供金融机构证明的，允许据实扣除，但最高不能超过按商业银行同类同期贷款利率计算的金额；其他房地产开发费用按"取得土地使用权所支付的金额"和"房地产开发成本"规定计算的金额之和的5%以内计算扣除。

房地产开发费用=利息+（取得土地使用权所支付的金额+房地产开发成本）×5%以内

凡不能按转让房地产项目计算分摊利息支出或不能提供金融机构证明的，房地产开发费用按即"取得土地使用权所支付的金额"和"房地产开发成本"规定计算的金额之和的10%以内计算扣除。

房地产开发费用=利息+（取得土地使用权所支付的金额+房地产开发成本）×10%以内

上述计算扣除的具体比例，由各省、自治区、直辖市人民政府规定。上述利息上浮幅度按国家有关规定执行，超过上浮幅度的部分不允许扣除。

需要注意的是，对于超过贷款期限的利息部分和加罚的利息不允许扣除。

④ 与转让房地产有关的税金，指在转让房地产时缴纳的印花税、城市维护建设税及教育费附加。但房地产开发企业不得扣除印花税，其他纳税人可按产权转移书据所载金额的0.5%扣除印花税。

⑤ 加计扣除。根据税法规定，对从事房地产开发的纳税人，可按上述①、②两项，

即按"取得土地使用权所支付的金额"和"房地产开发成本"金额之和的20%计算扣除。

　　（2）转让旧房地产的扣除项目金额。

　　① 纳税人转让旧房的，应按房屋及建筑物的评估价格、取得土地使用权所支付的地价款或出让金、按国家统一规定缴纳的有关费用和转让环节缴纳的税金作为扣除项目金额计征土地增值税。对取得土地使用权时未支付地价款或不能提供已支付的地价款凭据的，在计征土地增值税时不允许扣除。

　　② 纳税人转让旧房及建筑物，凡不能取得评估价格，但能提供购房发票的，经当地税务部门确认，可按发票所载金额并从购买年度起至转让年度止每年加计5%计算扣除。计算扣除项目时"每年"按购房发票所载日期起至售房发票开具之日止，每满12个月计1年；超过1年，未满12个月但超过6个月的，可以视同为1年。对纳税人购房时缴纳的契税，凡能提供契税完税凭证的，准予作为"与转让房地产有关的税金"予以扣除，但不作为加计5%的基数。

　　③ 对于转让旧房及建筑物，既没有评估价格，又不能提供购房发票的，税务机关可以实行核定征收。

（二）土地增值额占扣除项目金额的比率

　　土地增值额占扣除项目金额的比率计算公式为：

　　　　土地增值额占扣除项目金额的比率＝土地增值额÷扣除项目金额×100%

　　纳税人应依据土地增值税四级超率累进税率表（见表9-3）确定税率和速算扣除率，按公式计算应纳土地增值税税额。

（三）应纳税额的计算

　　土地增值税的计算公式为：

　　　　应纳税额＝∑（每级距的土地增值额×适用税率）

　　但在实际工作中，分步计算比较烦琐，一般采用速算扣除法计算。计算公式为：

应纳土地增值税=土地增值额×适用税率−扣除项目金额×速算扣除率

引例分析9−3

（1）按税法规定，房地产开发费用中的利息支出，凡能够按转让房地产项目计算分摊并能提供金融机构证明的，允许据实扣除，但最高不能超过按商业银行同类同期贷款利率计算的金额；其他房地产开发费用按取得土地使用权所支付的金额与房地产开发成本规定计算的金额之和的5%以内计算扣除。

（2）对从事房地产开发的纳税人，可按房地产开发成本和房地产开发费用金额之和的20%加计扣除。

收入额=9 000（万元）

扣除项目金额为：

① 取得土地使用权支付的地价款=1 000（万元）

② 房地产开发成本=3 200（万元）

③ 房地产开发费用=（120−20）+（1 000+3 200）×5%=310（万元）

④ 与转让房地产有关的税金=（810−610）×（7%+3%）= 20（万元）

⑤ 加计扣除=（1 000+3 200）×20%=840（万元）

扣除项目金额合计=1 000+3 200+310+20+840=5 370（万元）

土地增值额=9 000−53 705=3 630（万元）

土地增值额占扣除项目比率=3 630/5 370×100%=68%

适用税率为40%，速算扣除率为5%

应纳土地增值税额=3 630×40%−5 370×5%=1 183.50（万元）

三、土地增值税的征收管理

（一）预征管理

由于房地产开发与转让周期较长，土地增值税征管难度大，对纳税人在项目全部竣工结算前转让房地产取得的收入，可以预征土地增值税，具体办法由各省、自治区、直辖市税务局根据当地情况制定。

为了发挥土地增值税在预征阶段的调节作用，对已经实行预征办法的地区，可根据不同类型房地产的实际情况，确定适当的预征率。除保障性住房外，东部地区省份预征率不得低于2%，中部和东北地区省份不得低于1.5%，西部地区省份不得低于1%。

对于纳税人预售房地产所取得的收入，凡当地税务机关规定预征土地增值税的，纳税人应当到主管税务机关办理纳税申报，并按规定比例预交税款，待办理决算后，多退少补；凡当地税务机关规定不预征土地增值税的，也应在取得收入时先到税务机关登记或备案。

（二）纳税地点

土地增值税的纳税人应向房地产所在地主管税务机关办理纳税申报，并在税务机关核定的期限内缴纳土地增值税。这里所说的"房地产所在地"，是指房地产的坐落地。纳税人转让的房地产坐落在两个或两个以上地区的，应按房地产所在地分别申报纳税。

在实际工作中，纳税地点的确定又分为以下两种情况：

（1）纳税人是法人的。当转让的房地产坐落地与其机构所在地或经营所在地一致时，则在办理税务登记的原管辖税务机关申报纳税即可；如果转让的房地产坐落地与其机构所在地或经营地不一致时，则应在房地产坐落地所管辖的税务机关申报纳税。

（2）纳税人是自然人的。当转让的房地产坐落地与其居住地一致时，则在住所所在地税务机关申报纳税；当转让的房地产坐落地与其居住所在地不一致时，在办理过户手续所在地的税务机关申报纳税。

📋 推荐阅读

1.《国务院关于修订〈中华人民共和国城镇土地使用税暂行条例〉的决定》，自2017年1月1日起施行

2.《财政部 国家税务总局关于房产税 城镇土地使用税有关问题的通知》（财税〔2009〕128号），自2009年12月1日起执行

3.《中华人民共和国耕地占用税法》，2019年1月1日起施行

4.《中华人民共和国土地增值税暂行条例》，1993年12月发布，1994年1月1日起实施，2011年1月8日修订

5.《中华人民共和国土地增值税法》（征求意见稿），2019年7月16日发布

🖥 职业能力训练

1. 某林场2023年占地33 000平方米，其中办公楼占地5 000平方米，育林地

20 000平方米，运材道占地8 000平方米。已知该林场所在地适用的城镇土地使用税税率为每平方米年税额1.1元。计算该林场2023年应缴纳城镇土地使用税税额。

2. 2023年食品加工公司（位于某县城）实际占地面积40 000平方米，其中厂房占地面积35 000平方米，办公楼占地面积500平方米，厂区内公路、绿化用地、职工家属楼等用地4 500平方米，已知当地规定的城镇土地使用税每平方米年税额为4元。计算食品加工公司当年应缴纳城镇土地使用税税额。

3. 某村民丁某在规定用地标准以内占用耕地200平方米新建自用住宅。因土地规模化耕种需要，农村居民丁某经批准搬迁，新批准占用耕地面积800平方米，其中550平方米用于种植果树，250平方米用于新住宅。当地耕地占用税税额为每平方米20元，计算丁某两次新建住宅应缴纳耕地占用税税额。

4. 某房地产企业占用基本农田20 000平方米修建别墅，当地规定的耕地占用税适用税额为12.5元，按要求回答下面的问题：

（1）该企业纳税义务发生时间及申报缴库期限。

（2）计算该企业应该缴纳耕地占用税税额。

5. 某生产企业2023年转让1996年建造的办公楼，取得转让收入400万元，缴纳相关税费共计25万元。该办公楼原造价300万元，如果按现行市场价的材料、人工费计算，建造同样的办公楼需800万元，该办公楼经评估还有四成新。计算该企业转让办公楼应缴纳的土地增值税税额。

6. 某服装厂2023年7月转让其位于郊区的一栋办公大楼，取得不含增值税收入22 000万元。2016年建造该办公楼时，为取得土地使用权支付金额5 000万元，发生建造成本7 000万元。转让时经政府批准的房地产评估机构评估后，确定该办公楼的评估价格为9 600万元，允许扣除的有关税金及附加1 356万元。按要求回答下面的问题：

（1）该服装厂办理土地增值税纳税申报的期限。

（2）计算土地增值税时允许扣除项目金额的合计数。

（3）计算转让办公楼应缴纳的土地增值税税额。

第九章
交互式习题
自测

房产税法、车船税法和契税法

第 十 章

学习目标

✦ 素养目标

- 明确我国房产税法、车船税法和契税法的开征历史，明确其在调节贫富差距、促进共同富裕方面的作用，树立制度自信、道路自信；
- 通过房产税法、车船税法和契税法明确我国税收引导产业发展的作用；
- 结合房产税法、车船税法和契税法的相关知识，树立诚实守信、依法纳税意识。

✦ 知识目标

- 理解房产税法、车船税法和契税法的概念、特点；
- 掌握房产税、车船税和契税的征收范围、纳税人、税目、税率等基本要素；
- 掌握应纳房产税、车船税和契税的计算方法；
- 理解房产税、车船税和契税纳税时间、纳税期限和纳税地点等征收管理规定。

✦ 技能目标

- 能正确计算房产税应纳税额；
- 能正确计算车船税应纳税额；
- 能正确计算契税应纳税额。

思维导图

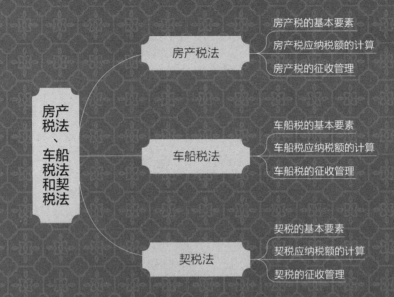

房产税法、车船税法和契税法

房产税法
- 房产税的基本要素
- 房产税应纳税额的计算
- 房产税的征收管理

车船税法
- 车船税的基本要素
- 车船税应纳税额的计算
- 车船税的征收管理

契税法
- 契税的基本要素
- 契税应纳税额的计算
- 契税的征收管理

学习计划

- 素养提升计划

_____

- 知识学习计划

_____

- 技能训练计划

_____

第一节　房产税法

【问题与思考】
　　1. 计算该公司经营用房应纳房产税税额。
　　2. 计算该公司出租用房应纳房产税税额。

房产税法与
我国税收法
治建设

一、房产税的基本要素

（一）房产税的概念与特点

1. 概念

　　房产税法，是指国家制定的调整房产税征收与缴纳之间权利及义务关系的法律规范。房产税是以房屋为征税对象，按房屋的计税余值或租金收入为计税依据，向房屋产权所有人征收的一种财产税。

　　我国现行房产税法的基本规范是1986年9月国务院颁布的《中华人民共和国房产税暂行条例》（简称《房产税暂行条例》）。

2. 特点

　　（1）房产税属于个别财产税。财产税按征税对象的范围不同，可以分为一般财产税与个别财产税。一般财产税也称"综合财产税"，是对纳税人拥有的各类财产实行综合课征的税收。个别财产税，也称"单项财产税"，是对纳税人拥有的土地、房屋、资本和其他财产分别课征的税收。房产税属于个别财产税，其征税对象只是房屋。

　　（2）征税范围限于城镇的经营性房屋。房产税在城市、县城、建制镇和工矿区范围内征收，不涉及农村，也不涉及居民基本生活用房。另外，对某些拥有房屋，但自身没有纳税能力的单位，如国家拨付行政经费、事业经费和国防经费的单位自用的房产，税法也通过免税的方式将这类房屋排除在征税范围之外。

　　（3）区别房屋的经营使用方式规定征税办法。拥有房屋的单位和个人，既可以将房屋用于经营自用，又可以把房屋用于出租。房产税根据纳税人经营形式不同，对前一类房屋按房产计税余值征收，对后一类房屋按租金收入计税，使征税办法符合纳税人的经营特点，便于平衡税收负担和征收管理。

（二）纳税人

房产税是以房屋为征税对象，按照房屋的计税余值或租金收入，向产权所有人征收的一种财产税。房产税以在征税范围内的房屋产权所有人为纳税人。

房产税以征税范围内的房屋产权所有人为纳税人。其中：

（1）产权属国家所有的，由经营管理单位纳税；产权属集体和个人所有的，由集体单位和个人纳税。所称单位，包括国有企业、集体企业、私营企业、股份制企业、外商投资企业、外国企业，以及其他企业和事业单位、社会团体、国家机关、军队以及其他单位；所称个人，包括个体工商户以及其他个人。

（2）产权出典的，由承典人纳税。所谓产权出典，是指产权所有人将房屋、生产资料等的产权，在一定期限内典当给他人使用，而取得资金的一种融资业务。由于在房屋出典期间，产权所有人已无权支配房屋，因此，税法规定由对房屋具有支配权的承典人为纳税人。

（3）产权所有人、承典人不在房屋所在地的，由房产代管人或使用人纳税。

（4）产权未确定及租典纠纷未解决的，亦由房产代管人或者使用人纳税。所谓租典纠纷，是指产权所有人在房产出典和租赁关系上，与承典人、租赁人发生各种争议，特别是权利和义务的争议悬而未决的。

（5）无租使用其他房产的问题。纳税单位和个人无租使用房产管理部门、免税单位及纳税单位的房产，应由使用人代为缴纳房产税。

（三）征税范围

房产税以房产为征税对象。所谓房产，是指有屋面和围护结构（有墙或两边有柱），能够遮风避雨，可供人们在其中生产、学习、工作、娱乐、居住或储藏物资的场所。

房地产开发企业建造的商品房，在出售前，不征收房产税；但对出售前房地产开发企业已使用或出租、出借的商品房应按规定征收房产税。

● — 温馨提示 —

我国现行房产税的征税范围暂不包括农村。大部分是农民居住用房。对农村房屋不纳入房产税征税范围，有利于减轻农民负担，繁荣农村经济，促进农业发展和保障社会稳定。

房产税在城市、县城、建制镇和工矿区征收。其中：

（1）城市是指经国务院批准设立的市。城市的征税范围为市区、郊区和市辖县县城，不包括农村。

（2）县城是指县人民政府所在地的地区。

（3）建制镇是指经省、自治区、直辖市人民政府批准设立的镇。建制镇的征税范围为镇人民政府所在地，不包括所辖的行政村。

（4）工矿区是指工商业比较发达，人口比较集中，符合国务院规定的建制镇标准，但尚未设立镇建制的大中型工矿企业所在地。开征房产税的工矿区须经省、自治区、直辖市人民政府批准。

（四）税率

我国现行房产税采用比例税率。根据房产税计税依据的不同其税率也分为从价计征和从租计征两种，所以房产税的税率也有两种：

（1）从价计征的，依据按房产原值一次减除10%~30%后的余值计税，税率为1.2%。

（2）从租计征的，依据房产出租的租金收入计税的，税率为12%。从2008年3月1日起，对个人出租住房，不区分用途，均按4%的税率征收房产税。对企事业单位、社会团体以及其他组织按市场价格向个人出租用于居住的住房，减按4%的税率征收房产税。

（五）税收优惠

免征房产税的有：

（1）国家机关、人民团体、军队自用的房产。

（2）由国家财政部门拨付事业经费的单位，如学校、医疗卫生单位、托儿所、幼儿园、敬老院、文化、体育、艺术等实行全额或差额预算管理的事业单位所有的、自身业务范围内使用的房产。

（3）宗教寺庙、公园、名胜古迹自用的房产。

（4）个人所有非营业用的房产。

（5）对非营利性医疗机构、疾病控制机构和妇幼保健机构等卫生机构自用的房产。

（6）对行使国家行政管理职能的中国人民银行总行所属分支机构自用的房产。

（7）对按政府规定价格出租的公有住房和廉租住房，包括企业和自收自支事业单位向职工出租的单位自有住房；房管部门向居民出租的公有住房；落实私房政策中带户发还产权并以政府规定租金标准向居民出租的私有住房等，暂免征收房产税。

（8）为支持公共租赁住房（简称公租房）的建设和运营，对经营公租房的租金收入，免征房产税。未单独核算的，不得享受免征房产税优惠政策。

（9）企业办的各类学校、医院、托儿所、幼儿园自用的房产。

（10）经有关部门鉴定，对毁损不堪居住的房屋和危险房屋，在停止使用后，可免征房产税。

（11）纳税人因房屋大修导致连续停用半年以上的，在房屋大修期间免征房产税。

（12）凡是在基建工地为基建工地服务的各种工棚、材料棚、休息棚、办公室、食堂、茶炉房、汽车房等临时性房屋，无论是施工企业自行建造还是基建单位出资建造，交施工企业使用的，在施工期间，一律免征房产税。但是，如果在基建工程结束后，施工企业将这种临时性房屋交还或者低价转让给基建单位的，应当从基建单位接收的次月起，依照规定缴纳房产税。

（13）纳税单位与免税单位共同使用的房屋，按各自使用的部分分别征收或免征房产税。

（14）为推进国有经营性文化事业单位转企改制，对由财政部门拨付事业经费的文化事业单位转制为企业的，自转制注册之日起5年内对其自用房产免征房产税。2018年12月31日之前已完成转制的企业，自2019年1月1日起，对其自用房产可继续免征5年房产税。

（15）房地产开发企业建造的商品房，在出售前不征收房产税。但出售前房地产开发企业已使用或出租、出借的商品房，应按规定征收房产税。

（16）自2019年6月1日至2025年12月31日，为社区提供养老、托育、家政等服务的机构自用或其通过承租、无偿使用等方式取得并用于提供社区养老、托育、家政服务的房产免征房产税。

（17）经财政部批准免税的其他房产。

◎ — 温馨提示 —

> 对于免税单位的出租房产以及非自身业务使用的生产、营业用房不属于免税范围，按规定计算缴纳房产税。

※ 做中学 10-1

（单选题）根据房产税相关法律制度的规定，需要缴纳房产税的是（　　　）。

A. 名胜古迹的自用房产 　　　　B. 高校学生公寓

C. 个人出租位于县城的住房 　　D. 非营利性老年服务机构自用的房产

[答案] C

[解析] 对于个人出租住房，不区分用途，按照4%的税率征收房产税。

🌾 价值引领

稳步推进房地产税立法，落实房住不炒

　　天下之大，民生为最。"有所居"承担着人民群众朴实的期待与梦想，安居是最大的民生。2016年年底的中央经济工作会议首次提出，"房子是用来住的，不是用来炒的"，此后，与房地产相关的部门陆续出台了与之相配套的政策，涉及房企融资、购房者信贷等方面。党的二十大报告指出，坚持房子是用来住的、不是用来炒的定位，加快建立多主体供给、多渠道保障、租购并举的住房制度。房地产税则要成为实现"房住不炒"的必要手段。

　　为积极稳妥推进房地产税立法与改革，引导住房合理消费和土地资源节约集约利用，促进房地产市场平稳健康发展，1986年9月15日国务院正式发布了《中华人民共和国房产税暂行条例》。2011年1月起，上海、重庆两市率先开始了房地产税试点。此后中央有关文件多次提到房地产税立法。2021年10月23日，第十三届全国人民代表大会常务委员会第三十一次会议通过《全国人民代表大会常务委员会关于授权国务院在部分地区开展房地产税改革试点工作的决定》，授权国务院在部分地区开展为期5年的房地产税改革试点。

　　（1）试点地区的房地产税征税对象为居住用和非居住用等各类房地产，不包括依法拥有的农村宅基地及其上住宅。土地使用权人、房屋所有权人为房地产税的纳税人。非居住用房地产继续按照《中华人民共和国房产税暂行条例》《中华人民共和国城镇土地使用税暂行条例》执行。

　　（2）国务院制定房地产税试点具体办法，试点地区人民政府制定具体实施细则。国务院及其有关部门、试点地区人民政府应当构建科学可行的征收管理模式和程序。

　　（3）国务院按照积极稳妥的原则，统筹考虑深化试点与统一立法、促进房地产市场平稳健康发展等情况确定试点地区，报全国人民代表大会常务委员会备案。

　　逐步有序推出房地产税，既符合国际惯例，也符合我国长期经济发展的需

要。房地产税是坚持和完善社会主义市场经济体制，创造公平竞争透明的市场秩序的一个重要举措，也是推动中国经济社会有序发展、可持续发展的一个战略举措。

二、房产税应纳税额的计算

房产税的计税依据是房产的计税余值或房屋的租金收入。按照房产计税价值征税的，称为从价计征；按照房产租金收入计征的，称为从租计征。

（一）从价计征

从价计征是按房产的原值减除一定比例后的余值计征。从价计征房产税的计税余值，是指依照税法规定按房产原值一次减除10%~30%损耗价值以后的余值。各地扣除比例由当地省、自治区、直辖市人民政府确定。其公式为：

$$应纳税额 = 房产原值 \times [1 - (10\% \sim 30\%)] \times 1.2\%$$

其中房产原值，是指纳税人按照会计制度规定，在账簿"固定资产"科目中记载的房屋原价。房产原值包括与房屋不可分割的各种附属设备或一般不单独计算价值的配套设施，如暖气、照明、通风、卫生等设备。无论会计上如何核算，房产原值均应包含地价。

需要注意的是：房产原值包含地价，包括为取得土地使用权支付的价款、开发土地发生的成本费用等。因此，凡按会计制度规定在账簿中记载有房屋原价的，应以房屋原价按规定减除一定比例后作为房产余值计征房产税；没有记载房屋原价的，按照上述原则，并参照同类房屋，确定房产原值，按规定计征房产税。

宗地容积率低于0.5的，按房产建筑面积的2倍计算土地面积并据此确定计入房产原值的地价。

纳税人对原有房屋进行改建、扩建的，要相应增加房屋的原值。

凡在房产税征收范围内的具备房屋功能的地下建筑，包括与地上房屋相连的地下建筑以及完全建在地面以下的建筑、地下人防设施等，均应当依照有关规定征收房产税。自用的地下建筑，按以下方式计税：① 工业用途房产，以房屋原价的50%~60%作为应税房产原值。② 商业和其他用途房产，以房屋原价的70%~80%作为应税房产原值。③ 对于与地上房屋相连的地下建筑，如房屋的地下室、地下停车场、商场的地下部分等，应将地下部分与地上房屋视为一个整体，按照地上房屋建筑的有关规定计算征收房产税。

引例分析10-1

盛湖公司经营用房应纳税额=8 000×（1-30%）×1.2%=67.2（万元）

（二）从租计征

房产出租的，以房产租金收入为房产税的计税依据。其公式为：

应纳税额=租金收入×12%（或4%）

所谓房产租金收入，是房屋产权所有者出租房产使用权所得的报酬，包括货币收入和实物收入。

如果是以劳务或者其他形式为报酬抵付房租收入的，应根据当地同类房产的租金水平，确定一个标准金额从租计征。

对出租房产，租赁双方签订的租赁合同约定有免收租金期限的，免收租金期间由产权所有人按照房产原值缴纳房产税。

出租的地下建筑，按照出租地上房屋建筑的有关规定计算征收房产税。

引例分析10-2

盛湖公司出租住房应纳税额=60 000×12%=7 200（元）

三、房产税的征收管理

（一）纳税义务发生时间

（1）纳税人将原有房产用于生产经营，从生产经营之月起，缴纳房产税。

（2）纳税人自行新建房屋用于生产经营，从建成之次月起，缴纳房产税。

（3）纳税人委托施工企业建设的房屋，从办理验收手续之次月起，缴纳房产税。

（4）纳税人购置新建商品房，自房屋交付使用之次月起，缴纳房产税。

（5）纳税人购置存量房，自办理房屋权属转移、变更登记手续，房地产权属登记机关签发房屋权属证书之次月起，缴纳房产税。

（6）纳税人出租、出借房产，自交付出租、出借房产之次月起，缴纳房产税。

（7）房地产开发企业自用、出租、出借本企业建造的商品房，自房屋使用或交付之次月起，缴纳房产税。

（8）纳税人因房产的实物或权利状态发生变化而依法终止房产税纳税义务的，其应纳税款的计算应截止到房产的实物或权利状态发生变化的当月末。

（二）纳税期限

房产税实行按年计算、分期缴纳的征收方法，具体纳税期限由省、自治区、直辖市人民政府确定。

（三）纳税地点

房产税在房产所在地缴纳。房产不在同一地方的纳税人，应按房产的坐落地点分别向房产所在地的税务机关缴纳。

第二节　车船税法

❖ 引例

　　鸿达运输公司拥有货车50辆（整备质量全部为10吨），乘用车30辆（其中核定载客人数9人以下8辆，其余为核定载客人数9人以上），挂车10辆（整备质量全部为10吨），纯电动车2辆，摩托车2辆。

　　已知：货车整备质量每辆每吨80元，核定载客人数9人的乘用车年税额1 200元/辆，核定载客人数9人以上商用车年税额700元/辆，摩托车年税额60元/辆。

【问题与思考】

　　计算该公司应纳车船税税额。

一、车船税的基本要素

（一）车船税的概念与特点

1. 概念

车船税法，是指国家制定的用以调整车船税征收与缴纳权利及义务关系的法律规范。车船税是对在中华人民共和国境内的车辆、船舶（简称车船）的所有人或者管理人

车船税法与
我国税收法
治建设

征收的一种税。征收车船税有利于为地方政府筹集财政资金，有利于车船的管理和合理配置，也有利于调节财富差异。

我国现行车船税法的基本规范是2011年2月第十一届全国人民代表大会常务委员会第十九次会议通过的《中华人民共和国车船税法》（简称《车船税法》），自2012年1月1日起施行。

2. 特点

（1）兼有财产税和行为税的性质。对车船征收的税通常属于财产税。由于现行车船税的纳税人是车船的所有人或者管理人，对纳税人拥有但闲置不用的车船不征税。从这个意义上讲，该税种虽然带有财产税性质，但更偏重行为税。

（2）具有单项财产税的特点。从财产税的角度看，车船税属于单项财产税。不仅征税对象仅限于车船类运输工具，而且对不同的车、不同的船还规定了不同的征税标准。

（3）实行分类、分级（项）定额税率。车船税首先划分车辆与船舶，规定它们各自的定额税率。车辆税还针对不同类别和不同项目的车辆规定了最高年税额和最低年税额，以适应我国各地经济发展不平衡，车辆种类繁多、大小不同的实际情况。

（二）纳税人

车船税的纳税人，是指在中华人民共和国境内的车辆、船舶的所有人或者管理人。

从事机动车第三者责任强制保险业务的"保险机构"为机动车车船税的扣缴义务人。保险机构应当在收取保险费时，依法代收车船税，并出具代收凭证。

❖ 做中学 10-2

（多选题）下列纳税主体中，属于车船税纳税人的有（　　　　　）。

A. 在中国境内拥有并使用船舶的国有企业

B. 在中国境内拥有并使用车辆的外籍个人

C. 在中国境内拥有并使用船舶的内地居民

D. 在中国境内拥有并使用车辆的外国企业

[答案] ABCD

[解析] 车船税的纳税人，是指在中国境内拥有或者管理车辆、船舶的单位和个人，包括外商投资企业、外籍个人。

（三）征税范围

车船税的征税范围是在中华人民共和国境内属于车船税法所附"车船税税目税额

表"规定的车辆、船舶。车辆、船舶包括：依法应当在车船管理部门登记的机动车辆和船舶；依法不需要在车船管理部门登记、在单位内部场所行驶或者作业的机动车辆和船舶。境内单位和个人将船舶出租到境外的，应依法征收车船税。境内单位和个人租入外国籍船舶的，不征收车船税。具体包括：

💡 — 温馨提示 —

> 　　车船管理部门，是指公安、交通运输、农业、渔业、军队、武装警察部队等依法具有车船登记管理职能的部门；单位，是指依照中国法律、行政法规规定，在中国境内成立的行政机关、企业、事业单位、社会团体以及其他组织。

　　（1）乘用车，是指在设计和技术特性上主要用于载运乘客及随身行李，核定载客人数包括驾驶员在内不超过9人的汽车。

　　（2）商用车，是指除乘用车外，在设计和技术特性上用于载运乘客、货物的汽车，划分为客车和货车。

　　半挂牵引车，是指装备有特殊装置用于牵引半挂车的商用车。

　　三轮汽车，是指最高设计车速不超过每小时50公里，具有3个车轮的货车。

　　低速载货汽车，是指以柴油机为动力，最高设计车速不超过每小时70千米，具有4个车轮的货车。

　　（3）挂车，是指就其设计和技术特性需由汽车或者拖拉机牵引，才能正常使用的一种无动力的道路车辆。

　　（4）其他车辆，包括专用作业车和轮式专用机械车。

　　专用作业车，是指在其设计和技术特性上用于特殊工作的车辆。

　　轮式专用机械车，是指有特殊结构和专门功能，装有橡胶车轮可以自行行驶，最高设计车速大于每小时20千米的轮式工程机械车。

　　（5）摩托车，是指无论采用何种驱动方式，最高设计车速大于每小时50千米，或者使用内燃机，其排量大于50毫升的两轮或者三轮车辆。

　　（6）船舶，是指各类机动、非机动船舶以及其他水上移动装置，但是船舶上装备的救生艇筏和长度小于5米的艇筏除外。其中，机动船舶是指用机器推进的船舶；拖船是指专门用于拖（推）动运输船舶的专业作业船舶；非机动驳船，是指在船舶登记管理部门登记为驳船的非机动船舶；游艇是指具备内置机械推进动力装置，长度在90米以下，主要用于游览观光、休闲娱乐、水上体育运动等活动，并应当具有船舶检验证书和适航证书的船舶。

（四）适用税率

车船税实行有幅度的定额税率，即对各种车辆分别规定一个最低到最高限度的年税额，同时授权省、自治区、直辖市人民政府在规定的税额幅度内，根据当地的实际情况，对同一计税标准的车辆，具体确定适用税额。这样规定，主要是考虑到中国幅员辽阔，车辆种类繁多，很难硬性规定一个统一的税额；由省、自治区、直辖市人民政府自行规定，更有利于税法的贯彻执行。车船税税目税额表如表10-1所示。

表10-1　车船税税目税额表

税目		计税标准	每年税额	备注
乘用车［按发动机气缸容量（排气量）分档］	1.0升（含）以下的	每辆	60元至360元	核定载客人数9人（含）以下
	1.0升以上至1.6升（含）的		300元至540元	
	1.6升以上至2.0升（含）的		360元至660元	
	2.0升以上至2.5升（含）的		660元至1 200元	
	2.5升以上至3.0升（含）的		1 200元至2 400元	
	3.0升以上至4.0升（含）的		2 400元至3 600元	
	4.0升以上		3 600元至5 400元	
商用车	客车	每辆	480元至1 440元	核定载客人数9人以上，包括电车
	货车	整备质量每吨	16元至120元	包括半挂靠牵引车、三轮汽车和低速载货汽车等
挂车		整备质量每吨	按照货车税额的50%计算	
其他车辆	专用作业车	整备质量每吨	16元至120元	不包括拖拉机
	轮式专用机械车		16元至120元	
摩托车		每辆	36元至180元	
船舶	机动船舶	净吨位每吨	3元至6元	拖船、非机动驳船分别按照机动船舶税额的50%计算
	游艇	艇身长度每米	600元至2 000元	

（五）减免税优惠

《车船税法》对车船税的税收优惠政策作了明确规定，同时授权省、自治区、直辖市人民政府对纳税确有困难的纳税人，可以定期减征或者免征，对个人自有自用的自行车和其他非营业用的非机动车船，自行确定其车船税的征收或者减免。

（1）法定免税。

① 捕捞、养殖渔船，免征车船税。

② 军队、武装警察部队专用的车船，免征车船税。

③ 警用车船，免征车船税。

④ 悬挂应急救援专用号牌的国家综合性消防救援车辆和国家综合性消防救援专用船舶，免征车船税。

⑤ 依照法律规定应当予以免税的外国驻华使领馆、国际组织驻华代表机构及其有关人员的车船，免征车船税。

⑥ 对新能源车船，免征车船税。免征车船税的新能源汽车是指纯电动商用车、插电式（含增程式）混合动力汽车、燃料电池商用车。纯电动乘用车和燃料电池乘用车不属于车船税征税范围，对其免征车船税。

⑦ 省、自治区、直辖市人民政府根据当地实际情况，可以对公共交通车船、农村居民拥有并主要在农村地区使用的摩托车、三轮汽车和低速载货汽车定期减征或者免征车船税。

⑧ 国家综合性消防救援车辆由部队号牌改挂应急救援专用号牌的，一次性免征改挂当年车船税。

（2）特定减免。经批准临时入境的外国车船和香港特别行政区、澳门特别行政区、台湾地区的车船，不征收车船税。

🀫 价值引领

车船税助力新能源汽车业发展

党的二十大报告指出，中国式现代化是人与自然和谐共生的现代化。坚定不移走生产发展、生活富裕、生态良好的文明发展道路，实现中华民族永续发展。我国始终将环境管理与治理，降低污染物排放作为生态文明建设重要任务之一。

新能源汽车是指采用非常规的车用燃料作为动力来源（或使用常规的车用燃料、采用新型车载动力装置），综合车辆的动力控制和驱动方面的先进技术，形成先进的技术原理、具有新技术、新结构的汽车，包括纯电动汽车、增程式电动汽车、混合动力汽车、燃料电池电动汽车、氢发动机汽车等。2020年11月，国务院办公厅印发《新能源汽车产业发展规划（2021—2035年）》，要求深入实施发展新能源汽车国家战略，推动中国新能源汽车产业高质量可持续发展，加快建设汽车强国。

为加快新能源汽车的推广应用，有效缓解能源和环境压力，促进汽车产业转型升级。国家用财政补贴、税收优惠等支持新能源车船发展的系列优惠政策。包括：① 对符合规定标准的新能源汽车、新能源船舶，免征车船税。② 对符合规定标准的节能汽车（乘用车和商用车），减半征收车船税。

这些政策的出台有效促进了新能源汽车产业的发展，同时减少汽车废气污染排放。2022年中国新能源汽车产销分别完成705.8万辆和688.7万辆，同比分别增长96.9%和93.4%，连续8年保持全球第一。

二、车船税应纳税额的计算

车船税应纳税额以计税标准乘以适用税率计算，具体计算公式：

$$车船税应纳税额=计税标准×每年税额$$

（一）购置的新车船应纳税额的计算

购置的新车船，购置当年的应纳税额自纳税义务发生的当月起按月计算。计算公式为：

$$应纳税额=（年应纳税额÷12）×应纳税月份数$$
$$应纳税月份数=12-纳税义务发生时间（取月份）+1$$

（二）车船被盗抢、报废、灭失的应纳税额的计算

在一个纳税年度内，已完税的车船被盗抢、报废、灭失的，纳税人可以凭有关管理机关出具的证明和完税证明，向纳税所在地的主管税务机关申请退还自被盗抢、报废、灭失月份起至该纳税年度终了期间的税款。

已办理退税的被盗抢车船，失而复得的，纳税人应当从公安机关出具相关证明的当月起计算缴纳车船税。

（三）已缴纳车船税的车船应纳税额的计算

已缴纳车船税的车船在同一纳税年度内办理转让过户的，不另纳税，也不退税。

已经缴纳车船税的车船，因质量原因，车船被退回生产企业或者经销商的，纳税人可以向纳税所在地的主管税务机关申请退还自退货月份起至该纳税年度终了期间的税款。退货月份以退货发票所载日期的当月为准。

📊 引例分析 10-3

（1）货车应纳税额=50×10×80=40 000（元）

（2）乘用车应纳税额=8×1 200+22×700=25 000（元）

（3）挂车应纳税额=10×10×80×50%=4 000（元）

（4）纯电动车2辆免税。

（5）摩托车应纳税额=2×60=120（元）

全年应纳车船税额=40 000 +25 000+4 000+120=69 120（元）

三、车船税的征收管理

（一）纳税期限

车船税纳税义务发生时间为取得车船所有权或者管理权的当月。以购买车船的发票或其他证明文件所载日期的当月为准。

（二）纳税地点

车船税的纳税地点为车船的登记地或者车船税扣缴义务人所在地。

扣缴义务人代收代缴车船税的，纳税地点为扣缴义务人所在地。

纳税人自行申报缴纳车船税的，纳税地点为车船登记地的主管税务机关所在地。

依法不需要办理登记的车船，其车船税的纳税地点为车船的所有人或者管理人所在地。

（三）纳税申报

车船税按年申报缴纳，分月计算，一次性缴纳。纳税年度为公历1月1日至12月31日。具体申报纳税期限由省、自治区、直辖市人民政府规定。

（1）税务机关可以在车船管理部门、车船检验机构的办公场所集中办理车船税征收事宜。

（2）公安机关、交通管理部门在办理车辆相关登记和定期检验手续时，对未提交自上次检验后各年度依法纳税或者免税证明的，不予登记，不予发放检验合格标志。

（3）海事部门、船舶检验机构在办理船舶登记和定期检验手续时，对未提交依法纳税或者免税证明，且拒绝扣缴义务人代收代缴车船税的纳税人，不予登记，不予发放检验合格标志。

（4）对于依法不需要购买机动车交通事故责任强制保险的车辆，纳税人应当向主管税务机关申报缴纳车船税。

第三节　契税法

❖ 引例

盛湖公司有两套住房，将一套出售给齐达公司，成交价格为2 200 000元；将另一套两室住房与江通公司交换成两套一室住房，并支付给江通公司换房差价款600 000元，契税率为3%。

【问题与思考】

计算盛湖、齐达、江通相关行为应缴纳的契税税额。

一、契税的基本要素

（一）契税的概念与特点

1. 概念

契税法，是指国家制定的用以调整契税征收与缴纳权利及义务关系的法律规范。契税是以在中华人民共和国境内转移土地、房屋权属为征税对象，向产权承受人征收的一种财产税。征收契税有利于增加地方财政收入，有利于保护合法产权，避免产权纠纷，调节社会收入分配。

契税法与我国税收法治建设

我国现行契税法的基本规范是2020年8月11日第十三届全国人民代表大会常务委员会第二十一次会议表决通过，并于2021年9月1日开始施行的《中华人民共和国契税法》（简称《契税法》）。

2. 特点

与其他税种相比，契税具有以下特点：

（1）契税属于财产转移税。契税以发生转移的不动产，即土地和房屋为征税对象，具有财产转移课税性质。土地、房屋产权未发生转移的，不征契税。

（2）契税由财产承受人缴纳。一般税种都确定销售者为纳税人，即卖方纳税。契税则属于土地、房屋产权发生交易过程中的财产税，由承受人纳税，即买方纳税。对买方征税的主要目的，在于承认不动产转移生效，承受人纳税以后，便可拥有转移过来的不动产产权或使用权，法律保护纳税人的合法权益。

（二）纳税人

契税的纳税义务人是在中华人民共和国境内转移土地、房屋权属，承受的单位和个人。土地、房屋权属是指土地使用权和房屋所有权。单位是指企业单位、事业单位、国家机关、军事单位和社会团体以及其他组织。个人是指个体经营者和其他个人，包括中国公民和外籍人员。

（三）征税范围

契税是以在中华人民共和国境内转移土地、房屋权属为征税对象，向产权承受人征收的一种财产税。具体征税范围包括：

（1）国有土地使用权出让，是指土地使用者向国家交付土地使用权出让费用，国家将国有土地使用权在一定年限内让与土地使用者的行为。

（2）土地使用权转让（出售、赠与、互换），是指土地使用者以出售、赠与、互换方式将土地使用权转移给其他单位和个人的行为。土地使用权的转让不包括土地承包经营权和土地经营权的转移。

⊙ — 温馨提示 —

土地承包经营权和土地经营权的转移不属于土地使用权转让，不需要交纳契税。

（3）房屋买卖、赠与、互换。

① 房屋买卖，即以货币为媒介，出卖者向购买者过渡房产所有权的交易行为。以下情况视同买卖房屋：以房产抵债或实物交换房屋；以房产作投资、入股；买房拆料或翻建新房，应照章征收契税。

② 房屋赠与，是指房屋产权所有人将房屋无偿转让给他人所有。房屋赠与的前提

必须是产权无纠纷，赠与人和受赠人双方自愿。法律要求赠与房屋应有书面合同（契约），并到房地产管理机关或农村基层政权机关办理登记过户手续，才能生效。如果房屋赠与行为涉及涉外关系，还需公证处证明和外事部门认证，才能有效。

房屋的受赠人原则上要按规定缴纳契税。对于《中华人民共和国继承法》规定的法定继承人（包括配偶、子女、父母、兄弟姐妹、祖父母、外祖父母）继承土地、房屋权属的，不征收契税；非法定继承人根据遗嘱承受死者生前的土地、房屋权属，属于赠与行为，应征收契税。

以获奖方式取得房屋产权，实质上是接受赠与房产的行为，也应缴纳契税。

③ 房屋互换，是指房屋所有者之间互相交换房屋的行为。以作价投资（入股）、偿还债务、划转、奖励等方式转移土地、房屋权属的，应当依照规定征收契税。

（四）税率

契税实行3%~5%的幅度比例税率。实行幅度税率是考虑到我国经济发展的不平衡，各地经济差别较大的实际情况。各省、自治区、直辖市人民政府可以在3%~5%的幅度税率规定范围内提出，报同级人民代表大会常务委员会决定，并报全国人民代表大会常务委员会和国务院备案。

省、自治区、直辖市可以依照上述规定的程序对不同主体、不同地区、不同类型的住房的权属转移确定差别税率。

（五）税收优惠

（1）国家机关、事业单位、社会团体、军事单位承受土地、房屋用于办公、教学、医疗、科研和军事设施的，免征契税。

（2）非营利性的学校、医疗机构、社会福利机构承受土地、房屋权属用于办公、教学、医疗、科研、养老、救助，免征契税。

（3）承受荒山、荒地、荒滩土地使用权，并用于农、林、牧、渔业生产，免征契税。

（4）婚姻关系存续期间夫妻之间变更土地、房屋权属，免征契税。

（5）法定继承人通过继承承受土地、房屋权属，免征契税。

（6）依照法律规定应当予以免税的外国驻华使馆、领事馆和国际组织驻华代表机构承受土地、房屋权属，免征契税。

（7）根据国民经济和社会发展的需要，国务院对居民住房需求保障、企业改制重组、灾后重建等情形可以规定免征或者减征契税，报全国人民代表大会常务委员会备案。

（8）省、自治区、直辖市可以决定对下列情形免征或者减征契税：① 因土地、房屋被县级以上人民政府征收、征用，重新承受土地、房屋权属。② 因不可抗力灭失住房，重新承受住房权属。免征或者减征契税的具体办法，由省、自治区、直辖市人民政府提出，报同级人民代表大会常务委员会决定，并报全国人民代表大会常务委员会和国务院备案。

二、契税应纳税额的计算

（一）计税依据

契税的计税依据为不动产的价格。由于土地、房屋权属转移方式不同，定价方法不同，因而具体计税依据视不同情况而决定。

（1）土地使用权出售、房屋买卖，其计税依据为土地、房屋权属转移合同确定的价格，包括承受者应交付的货币、实物、其他经济利益对应的价款。

（2）土地使用权赠与、房屋赠与，以及其他没有价格的转移土地、房屋权属行为，其计税依据为税务机关参照土地使用权出售、房屋买卖的市场价格依法核定的价格。

（3）土地使用权互换、房屋互换，其计税依据为所换取的土地使用权、房屋的价格差额。也就是说，互换价格相等时，免征契税；互换价格不等时，由多交付的货币、实物、无形资产或者其他经济利益的一方缴纳契税。

纳税人申报的成交价格、互换价格差额明显偏低且无正当理由的，由税务机关依照《中华人民共和国税收征收管理法》的规定核定计税依据。

（4）国有土地使用权出让，其计税依据为承受人为取得该土地使用权而支付的全部经济利益。具体而言：

① 以协议方式出让的，其计税依据为土地出让合同确定的成交价格。没有成交价格或者成交价格明显偏低的，征收机关可依次按下列两种方式确定计税依据。方式一，评估价格：由政府批准设立的房地产评估机构根据相同地段、同类房地产进行综合评定，并经当地税务机关确认的价格。方式二，土地基准地价：由县以上人民政府公示的土地基准地价。

② 先以划拨方式取得土地使用权，后经批准改为出让方式取得该土地使用权的，土地受让方应依法补缴契税，其计税依据为应补交的土地出让金和其他出让费用。

（5）房屋附属设施征收契税的依据。

① 不涉及土地使用权和房屋所有权转移变动的，不征收契税。

② 采取分期付款方式购买房屋附属设施土地使用权、房屋所有权的，应按合同规定的总价款计征契税。

③ 承受的房屋附属设施权属如为单独计价的，按照当地确定的适用税率征收契税；如与房屋统一计价的，适用与房屋相同的契税税率。

（二）契税应纳税额的计算

契税应纳税额的计算公式为：

$$应纳税额=计税依据×税率$$

📠 引例分析 10-4

按税法规定，一般税种都确定销售者为纳税人，即卖方纳税。而契税则属于土地、房屋产权发生交易过程中的财产税，由承受人纳税，即买方纳税。

（1）盛湖公司应缴纳契税=600 000×3%=18 000（元）

（2）齐达公司应缴纳契税=2 200 000×3%=66 000（元）

（3）江通公司无须缴纳契税。

❖ 做中学 10-3

（计算分析题）2023年12月，李某购买一套住房，支付购房价款97万元，增值税税额8.73万元。已知契税适用税率为3%，计算李某应缴纳的契税税额的下列算式中，正确的是（　　　）。

A.（97+8.73）×3%=3.17（万元）　　　B. 97÷（1−3%）×3%=3（万元）

C.（97−8.73）×3%=2.65（万元）　　　D. 97×3%=2.91（万元）

［答案］D

［解析］应缴纳的契税金额=不含税购房价款×适用税率=97×3%=2.91（万元）。

三、契税的征收管理

（一）纳税义务发生时间

契税的纳税义务发生时间是纳税人签订土地、房屋权属转移合同的当天，或者纳税人取得其他具有土地、房屋权属转移合同性质凭证的当日。

议一议

契税与房产税、车船税在税收征管上的不同？

（二）纳税期限

纳税人应当在依法办理土地、房屋权属登记手续前申报缴纳契税。

（三）纳税地点

契税在土地、房屋所在地的征收机关缴纳。

（四）征收管理其他规定

纳税人办理纳税事宜后，税务机关应向纳税人开具契税完税凭证。纳税人办理有关土地、房屋的权属登记，不动产登记机构应当查验契税完税、减免税凭证或者相关信息。未按照规定缴纳契税的，不动产登记机构不予办理土地、房屋权属登记。

在依法办理土地、房屋权属登记前，权属转移合同或权属转移合同性质凭证不生效、无效、被撤销或者被解除的，纳税人可以向税务机关申请退还已缴纳的税款，税务机关应当依法办理。

税务机关应当与相关部门建立契税涉税信息共享和工作配合机制。自然资源、住房城乡建设、民政、公安等相关部门应当及时向税务机关提供与转移土地、房屋权属有关的信息，协助税务机关加强契税征收管理。

税务机关及其工作人员对税收征收管理过程中知悉的纳税人的个人信息，应当依法予以保密，不得泄露或者非法向他人提供。

推荐阅读

1.《中华人民共和国房产税暂行条例》（2009年1月1日起施行）
2.《中华人民共和国车船税法》（2012年1月1日起施行）
3.《中华人民共和国契税法》（2021年9月1日起施行）

职业能力训练

1. 坐落在县城的某大型国有企业，用于生产经营的厂房原值5 000万元，该企业还创办一所学校和一座职工医院，房产原值分别为300万元和200万元。另外，该企业还有一个用于出租的仓库。年租金为4万元。按当地规定，允许以减除房产原值20%后的余值为计税依据。试计算该企业全年应纳的房产税税额。

2. 某公司有房屋原值1 000万元，其中职工食堂用房100万元，出租的门市房80万元。门市房每月收取租金0.3万元。本年5月末由于业务需要收回出租的门市房，租金已结清。本年12月份新购置一处房屋200万元，已投入使用。另有委托施工单位建设的房屋造价500万元，11月份验收手续办理完毕，当月出租给某中外合资经营企业，每月收取租金25万元。当地房产原值扣除比例为20%。试计算该公司全年应纳的房产税税额。

3. 顺风公司是货车运输企业，2023年拥有货车5辆，每辆货车的整备质量为1.6吨；挂车2辆，其整备质量为2吨；小汽车3辆。已知货车车船税税率为整备质量每吨年基准税额16元，小汽车车船税税率为每辆年基准税额360元。试计算该公司2023年度应缴纳的车船税税额。

4. 甲企业2023年1月缴纳了4辆客车的车船税，其中2辆4月份被盗，11月由公安机关找回并出具证明。该类型客车年基准税额为480元/辆，请说明对于被盗的两辆车的车船税在2023年应该如何处理，并计算该企业2023年实际缴纳的车船税税额。

5. 王某有面积为150平方米的住宅一套，价值100万元；孙某有面积为110平方米的住宅一套，价值80万元。两人进行房屋互换，差价部分由孙某以现金补偿王某。已知契税税率为3%，计算孙某应缴纳的契税税额。

6. 某企业破产清算时，其房地产评估价值为4 000万元，其中以价值3 000万元的房地产抵偿债务，将价值1 000万元的房地产进行拍卖，拍卖收入1 200万元。债权人获得房地产后，与他人进行房屋交换，取得额外补偿500万元，请计算当事人各方合计应缴纳契税税额。

7. 某商业企业自有房产原价100万元，有500平方米的场地已出租承包给工厂或个体户，年租金为700元/平方米。该企业有售货汽车6辆，每辆净吨位5吨，另有1辆客货两用汽车，载货部分净吨位为3吨，当年签订20份运输合同，合同所载运输费总金额50万元。年末又购进一套商品房用于办公，买价20万元。当地政府规定房产扣除比例为20%；载货汽车年税额18元/吨。乘人汽车80元/吨；契税率为3%。请计算该企业当年应纳的房产税、车船税、契税和印花税。

第十章
交互式习题
自测

第十一章

印花税法、车辆购置税法和烟叶税法

学习目标

素养目标

- 明确印花税法、车辆购置税法和烟叶税法在规范特定行为、为国家筹集财政资金等方面的功能;
- 通过对税法优惠政策的了解,明确我国新能源车船在车辆购置税方面的税收优惠政策,树立生态文明建设理念;
- 通过印花税、车辆购置税和烟叶税的立法,增强税收法治观念,树立诚实守信、依法纳税意识。

知识目标

- 理解印花税、车辆购置税和烟叶税的概念、特点;
- 掌握印花税、车辆购置税和烟叶税的征收范围、纳税人、税目、税率等基本要素;
- 掌握印花税、车辆购置税和烟叶税应纳税额的计算方法;
- 理解印花税、车辆购置税和烟叶税的征收管理。

技能目标

- 能正确计算印花税应纳税额;
- 能正确计算车辆购置税应纳税额;
- 能正确计算烟叶税应纳税额。

思维导图

印花税法、车辆购置税法和烟叶税法

- 印花税法
  - 印花税的基本要素
  - 印花税应纳税额的计算
  - 印花税的征收管理

- 车辆购置税法
  - 车辆购置税的基本要素
  - 车辆购置税应纳税额的计算
  - 车辆购置税的征收管理

- 烟叶税法
  - 烟叶税法概述
  - 烟叶税应纳税额的计算
  - 烟叶税的征收管理

学习计划

- 素养提升计划

- 知识学习计划

- 技能训练计划

第一节　印花税法

◈ 引例

> 华立公司为制造企业，2023年8月开业，与其他企业订立转移专用技术使用权书据1件，所载金额200万元；订立借款合同1份，所载金额400万元；订立产品购进合同1件，所载金额为100万元，产品销售合同1件，金额160万元；企业的营业账簿中，"实收资本""资本公积"账户记载资金为1000万元，2023年12月企业"实收资本"增加注册资金100万元，日记账、总账、各种明细账等其他账簿10本。

【问题与思考】

计算该企业2023年8月份应纳印花税税额和12月份应补缴印花税税额。

一、印花税的基本要素

（一）印花税的概念与特点

1. 概念

印花税法，是指国家制定的用以调整印花税征收与缴纳权利及义务关系的法律规范。印花税是对经济活动和经济交往中书立、使用、领受应税凭证的单位和个人征收的一种税。由于该税的纳税人是通过在应税凭证上粘贴"印花税票"来完成纳税义务的，故名印花税。

我国现行印花税法的基本规范，是2021年6月10日十三届全国人大常委会第二十九次会议通过的，自2022年7月1日起施行的《中华人民共和国印花税法》（简称《印花税法》）。

2. 特点

（1）具有行为税和凭证税双重性质。印花税是对单位和个人书立应税凭证、进行证券交易的单位和个人征收的一种税，具有凭证税性质。同时，由于任何一种应税经济凭证反映的都是某种特定的经济行为，因此，对凭证征税在实质上是对经济行为的课税。

（2）征税范围广。凡书立应税凭证、进行证券交易的单位和个人，都要缴纳印花

印花税法与我国税收法治建设

百年沧桑：艺术的印花税票与法定的印花税制

税，现行印花税的应税凭证共分为4大类16个税目，其征税范围是极其广泛的。同时，随着经济的发展和法制的健全，依法书立经济凭证的现象将会越来越普遍，将涉及经济生活的各个方面。

（3）税率低，税负轻。印花税的最高税率只有2.5‰，最低税率仅为0.05‰，与其他税种相比，税率要低得多，其税负较轻。

（4）纳税人自行完税。印花税实行"三自"的纳税办法，即纳税人自行计算应纳税额，自行购买并粘贴印花税票，并在印花税票上自行注销或画销。这是印花税与其他税种在缴纳方法上的不同之处。

（二）纳税人

印花税的纳税人，是指在中华人民共和国境内书立应税凭证、进行证券交易的单位和个人。在中华人民共和国境外书立在境内使用的应税凭证的单位和个人也是印花税的纳税人。

上述单位和个人，包括国内各类企业、事业、机关、团体、部队以及中外合资企业、中外合作企业、外资企业、外国公司和其他经济组织及其在华机构等单位和个人。

印花税的纳税人分别称为立合同人、立据人、立账簿人、证券交易人4种。

（1）立合同人，各类经济合同的纳税人是立合同人。各类合同，包括借款合同、融资租赁合同、买卖合同、承揽合同、建筑工程合同、运输合同、技术合同、租赁合同、仓储合同。所谓立合同人，是指合同的当事人，是指对凭证有直接权利义务关系的单位和个人，但不包括合同的担保人、证人、鉴定人。

如果应税凭证是由当事人的代理人代为书立的，则由代理人代为承担纳税义务。当事人的代理人有代理纳税的义务，与纳税人负有同等的税收法律义务和责任。

（2）立据人，产权转移书据的纳税人是立据人。所谓立据人是指土地使用权出让，土地使用权、房屋等建筑物和构筑物所有权转让，股权转让，商标专用权、著作权、专利权、专有技术使用权等转移当事人。

（3）立账簿人，营业账簿的纳税人是立账簿人。所谓立账簿人，指设立并使用营业账簿的单位和个人。例如，企业单位因生产、经营需要，设立了营业账簿，该企业即为纳税人。

（4）证券交易人，证券交易人的纳税人是领受人。所谓领受人，是指领取或接受并持有该项凭证的单位和个人。例如，某人因其发明创造，经申请依法取得国家专利机关颁发的专利证书，该人即为纳税人。

　　对应税凭证，凡由两方或两方以上当事人共同书立的，其当事人各方都是印花税的纳税人，应各就其所持凭证的计税金额履行纳税义务。

（三）征税范围

　　印花税的征税范围为税法列举的应税凭证和证券交易。税法未列举的不纳税。现行税法列举的应税凭证包括：合同、产权转移书据、营业账簿、证券交易四大类，具体范围如下：

　　（1）合同（指书面合同）。这里的合同指书面合同，是指依据《中华人民共和国合同法》的有关规定订立的合同；对于具有合同性质的凭证，是指具有合同效力的协议、契约、合约、单据、确认书及其他各种名称的凭证。在"印花税税目税率表"中列举了11类合同和具有合同性质的应税凭证，具体分类如下：

　　① 借款合同，指银行业金融机构、经国务院银行业监督管理机构批准设立的其他金融机构与借款人（不包括同业拆借的）借款合同。

　　② 融资租赁合同，是指出租人、承租人以及出卖人之间根据租赁物而签订的合同。

　　③ 买卖合同，指动产买卖合同（不包括个人书立的动产买卖合同）。

　　④ 承揽合同，包括加工、定做、修缮、修理、印刷、广告、测绘、测试等合同。

　　⑤ 建筑工程合同，包括建筑、安装工程承包合同的总承包合同、分包合同和转包合同。

　　⑥ 运输合同，指货运合同和多式联运合同（不包括管道运输合同）。包括民用航空、铁路运输、海上运输、内河运输、公路运输和联运合同，以及作为合同使用的单据。

　　⑦ 技术合同，包括技术开发、转让、咨询、服务等合同以及作为合同使用的单据，不包括专利权、专有技术使用权转让书据。其中：技术转让合同包括专利申请转让、非专利技术转让所书立的合同，但不包括专利权转让、专利实施许可所书立的合同。后者适用于"财产转移书据"合同。技术咨询合同是合同当事人就有关项目的分析、论证、评价、预测和调查订立的技术合同。而一般的法律、会计、审计等方面的咨询不属于技术咨询，其所立合同不纳印花税。

　　⑧ 租赁合同，包括租赁房屋、船舶、飞机、机动车辆、机械、器具、设备等合同，还包括企业、个人出租门店、柜台等所签订的合同，但不包括企业与主管部门签订的租赁承包合同。

⑨ 保管合同，是指保管人保管寄存人交付的保管物，并返还该物的合同。

⑩ 仓储合同，包括作为合同使用的仓单、栈单（或称入库单）。对某些使用不规范的凭证不便计税的，可就其结算单据作为计税贴花的凭证。

⑪ 财产保险合同，包括企业财产保险、机动车辆保险、货物运输保险、家庭财产保险和农牧业保险五类保险合同，以及作为合同使用的单据，不包括再保险合同。

（2）产权转移书据，是产权所有人和产权受让人之间所订立的民事法律文书，是单位和个人产权的买卖、继承、赠与、交换、分割等所立的书据。具体分为以下四类：

① 土地使用权出让书据。

② 土地使用权、房屋等建筑物和构筑物所有权转让书据（不包括土地承包经营权和土地经营权转移）。

③ 股权转让书据（不包括应缴纳证券交易印花税的）。

④ 商标专用权、著作权、专利权、专有技术使用权转移书据。

（3）营业账簿，是指单位或个人按照财务会计制度的要求设置的财务会计账簿。记载"实收资本"和"资本公积"的账簿需要缴纳印花税。其他账簿，如日记账簿、各明细分类账簿和总账账簿，不需要缴纳印花税。

（4）证券交易，是指转让在依法设立的证券交易所、国务院批准的其他全国性证券交易场所交易的股票和以股票为基础的存托凭证。证券交易印花税对证券交易的出让方征收，不对受让方征收。

做中学 11-1

（多选题）根据《印花税法》的规定，下列各项中，征收印花税的有（   ）。

A. 电网和用户签订的供用电合同　　　　B. 以电子形式签订的购销合同

C. 建设工程勘察设计合同的分包合同　　D. 企业和个人签订的租赁合同

［答案］BCD

［解析］电网和用户签订的供用电合同，不征收印花税。

（四）税率

印花税的税率设计，遵循税负从轻、共同负担的原则，因此税率比较低。凭证的当事人，即对凭证有直接权利与义务关系的单位和个人均应就其所持凭证依法纳税。

印花税的税率采用比例税率。分为5个档次，分别是0.05‰、0.3‰、0.5‰、2.5‰、1‰。

印花税税目税率表如表11-1所示。

表 11-1　印花税税目税率表

税目		税率	备注
合同（指书面合同）	借款合同	借款金额0.05‰	指银行业金融机构、经国务院银行业监督管理机构批准设立的其他金融机构与银行借款人（不包括同业拆借的）签订的借款合同
	融资租赁合同	租金的0.05‰	
	买卖合同	价款的0.3‰	指动产买卖合同（不包括个人书立的动产买卖合同）
	承揽合同	报酬的0.3‰	
	建筑工程合同	价款的0.3‰	
	运输合同	运输费用的0.3‰	指货运合同和多式联运合同（不包括管道运输合同）
	技术合同	价款、报酬或者使用费的0.3‰	不包括专利权、专有技术使用权转让书据
	租赁合同	租金的1‰	
	保管合同	保管费的1‰	
	仓储合同	仓储费的1‰	
	财产保险合同	保险费的1‰	不包括再保险合同
产权转移书据	土地使用权出让书据	价款的0.5‰	转让包括买卖（出售）、继承、赠与、互换、分割
	土地使用权、房屋等建筑物和构筑物所有权转让书据（不包括土地承包经营权和土地经营权转移）	价款的0.5‰	
	股权转让书据（不包括应缴纳证券交易印花税）	价款的0.5‰	
	商标专用权、著作权、专利权、专有技术使用权转移书据	价款的0.3‰	
营业账簿		实收资本（股本）、资本公积合计金额的0.25‰	
证券交易		成交金额的1‰	

同一应税凭证载有两个以上税目事项并分别列明金额的，按照各自适用的税目、税率分别计算应纳税额；未分别列明金额的，从高适用税率。

（五）税收优惠

下列凭证免征印花税：

（1）应税凭证的副本或者抄本；

（2）依照法律规定应当予以免税的外国驻华使馆、领事馆和国际组织驻华代表机构为获得馆舍书立的应税凭证；

（3）中国人民解放军、中国人民武装警察部队书立的应税凭证；

（4）农民、家庭农场、农民专业合作社、农村集体经济组织、村民委员会购买农业生产资料或者销售农产品书立的买卖合同和农业保险合同；

（5）无息或者贴息借款合同、国际金融组织向中国提供优惠贷款书立的借款合同；

（6）财产所有权人将财产赠与政府、学校、社会福利机构、慈善组织书立的产权转移书据；

（7）非营利性医疗卫生机构采购药品或者卫生材料书立的买卖合同；

（8）个人与电子商务经营者订立的电子订单。

根据国民经济和社会发展的需要，国务院对居民住房需求保障、企业改制重组、破产、支持小型微型企业发展等情形可以规定减征或者免征印花税，报全国人民代表大会常务委员会备案。

二、印花税应纳税额的计算

印花税

应纳印花税税额的计算采用从价定率方法。其计算公式为：

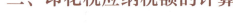

应纳税额=计税金额×适用税率

计税金额，即印花税的计税依据，是指各种应税凭证上所记载的计税金额。具体为：

（1）应税合同的计税依据，为合同所列的金额，但不包括列明的增值税税款。

（2）应税产权转移书据的计税依据，为产权转移书据所列的金额，但不包括列明的增值税税款。

需要注意的是，应税合同、产权转移书据未列明金额的，计税依据按照实际结算的金额确定。实际结算的金额仍不能确定的，按照书立合同、产权转移书据时的市场价格确定；依法应当执行政府定价或者政府指导价的，按照国家有关规定确定。

（3）应税营业账簿的计税依据，为账簿记载的实收资本（股本）、资本公积合计金额；已缴纳印花税的营业账簿，以后年度记载的实收资本（股本）、资本公积合计金额比已缴纳印花税的实收资本（股本）、资本公积合计金额增加的，按照增加部分计算应纳税额。

（4）证券交易的计税依据，为成交金额。证券交易无转让价格的，按照办理过户登记手续时该证券前一个交易日收盘价计算确定计税依据；无收盘价的，按照证券面值计算确定计税依据。

同一应税凭证由两方以上当事人书立的，按照各自涉及的金额分别计算应纳税额。

📊 引例分析11-1

（1）企业订立产权转移书据应纳税额：

应纳税额=2 000 000×0.5‰=1 000（元）

（2）企业订立借款合同应纳税额：

应纳税额=400 000×0.05‰=20（元）

（3）企业订立购销合同应纳税额：

应纳税额=2 600 000×0.3‰=780（元）

（4）企业营业账簿中记载资金账簿应纳税额：

应纳税额=10 000 000×0.25‰=2 500（元）

华立公司3月份应纳印花税额：

1 000+20+780+2 500=4 300（元）

华立公司2023年12月应补缴税额：

1 000 000×0.5‰=500（元）

三、印花税的征收管理

（一）纳税环节

纳税人为单位的，应当向其机构所在地的主管税务机关申报缴纳印花税；纳税人为个人的，应当向应税凭证书立地或者纳税人居住地的主管税务机关申报缴纳印花税。

不动产产权发生转移的，纳税人应当向不动产所在地的主管税务机关申报缴纳印花税。

纳税人为境外单位或者个人，在境内有代理人的，以其境内代理人为扣缴义务人；在境内没有代理人的，由纳税人自行申报缴纳印花税，具体办法由国务院税务主管部门规定。

证券登记结算机构为证券交易印花税的扣缴义务人，应当向其机构所在地的主管税务机关申报解缴税款以及银行结算的利息。

（二）纳税时间

印花税的纳税义务发生时间为纳税人书立应税凭证或者完成证券交易的当日。证券交易印花税扣缴义务发生时间为证券交易完成的当日。

印花税按季、按年或者按次计征。实行按季、按年计征的，纳税人应当自季度、年度终了之日起15日内申报缴纳税款；实行按次计征的，纳税人应当自纳税义务发生之日起15日内申报缴纳税款。

证券交易印花税按周解缴。证券交易印花税扣缴义务人应当自每周终了之日起5日内申报解缴税款以及银行结算的利息。

（三）纳税方法

印花税可以采用粘贴印花税票或者由税务机关依法开具其他完税凭证的方式缴纳。印花税票粘贴在应税凭证上的，由纳税人在每枚税票的骑缝处盖戳注销或者画销。印花税票由国务院税务主管部门监制。

印花税由税务机关依照本法和《中华人民共和国税收征收管理法》的规定征收管理。

印花税的纳税办法，根据税额大小、贴花次数以及税收征收管理的需要，分别采用以下三种纳税办法。

1. 自行贴花

纳税人书立、领受或者使用应税凭证的同时，纳税义务即已产生，即应当根据应税凭证的性质和使用税率，自行计算应纳税额，自行一次贴足印花税票并加以注销或画销，纳税义务才算履行完毕。这种办法一般适用于应税凭证较少或同一凭证纳税次数较少的纳税人。

2. 汇贴或汇缴

对一份凭证应纳税额超过500元的，应当向当地税务机关申请填写缴款书或者完税凭证，将其中一联粘贴在应税凭证上或者由税务机关在凭证上加注完税标记代替贴花。这就是通常所说的"汇贴"。这种办法一般适用于应纳税额较大或者贴花次数频繁的纳税人。

3. 委托代征

委托代征是指通过税务机关的委托，经由发放或者办理应税凭证的单位代为征收印花税税款。凡通过国家有关部门发放、鉴证、公证或仲裁的应税凭证可由税务部门委托相关部门代为征收印花税税款。

纳税人不论采用哪一种纳税办法，均应对纳税凭证妥善保存。凭证的保存期限，凡国家已有明确规定的，按规定办理；其余凭证均应在履行完毕后保存一年。

第二节　车辆购置税法

一、车辆购置税的基本要素

（一）车辆购置税的概念与特点

1. 概念

车辆购置税法，是指国家制定的用以调整印花税征收与缴纳权利及义务关系的法律规范。车辆购置税是对在中华人民共和国境内购置汽车、有轨电车、汽车挂车、排气量超过150毫升的摩托车（统称应税车辆）的单位和个人征收的一种税。征收车辆购置税有利于合理筹集财政资金，规范政府行为，调节收入差距，也有利于配合打击车辆走私和维护国家权益。

现行车辆购置税法的基本规范是2018年12月第十三届全国人民代表大会常务委员会第七次会议通过，并于2019年7月1日起施行的《中华人民共和国车辆购置税法》（简称《车辆购置税法》）。

2. 特点

（1）属于直接税范畴。车辆购置税就其性质而言，属于直接税的范畴。

（2）具有行为税和特定目的税性质。车辆购置税是对购置应税车辆的行为征税，具有目的税性质；车辆购置税税款专项用于国家公路建设的资金，因此，又属于特定目的税。

（3）车辆购置税属于费改税。我国于1985年5月1日开征了车辆购置附加费，专项用于国家公路建设。2001年1月1日，将车辆购置附加费改为车辆购置税。

车辆购置税法与我国税收法治建设

（二）纳税人

车辆购置税的纳税人，是指在中华人民共和国境内购置汽车、有轨电车、汽车挂车、排气量超过150毫升的摩托车（统称应税车辆）的单位和个人。

确定车辆购置税的纳税人，要符合以下条件：① 发生了购置车辆的行为（即应税行为）。② 这种行为发生在中国境内（即征税区域）。③ 所购置的车辆属于条例规定征税的车辆。只有符合三个条件的单位和个人，才构成车辆购置税的纳税人。

这里的购置行为，是指以购买、进口、自产、受赠、获奖或者其他方式取得并自用应税车辆的行为。

所称单位，包括国有企业、集体企业、私营企业、股份制企业、外商投资企业、外国企业以及其他企业和事业单位、社会团体、国家机关、部队以及其他单位；所谓个人，包括个体工商户以及其他个人。

车辆购置税实行一次性征收。购置已征车辆购置税的车辆，不再征收车辆购置税。

（三）征税范围

车辆购置税以列举的车辆作为征税对象，未列举的车辆不纳税。其征税范围包括汽车、有轨电车、汽车挂车、排气量超过150毫升的摩托车。

地铁、轻轨等城市轨道交通车辆，装载机、平地机、挖掘机、推土机等轮式专用机械车，以及起重机（吊车）、叉车、电动摩托车，不属于应税车辆。

纳税人进口自用应税车辆，是指纳税人直接从境外进口或者委托代理进口自用的应税车辆，不包括在境内购买的进口车辆。

为了体现税法的统一性、固定性、强制性和法律的严肃性特征，车辆购置税征收范围的调整由国务院决定，其他任何部门、单位和个人无权擅自扩大或缩小车辆购置税征收范围。

（四）税率

车辆购置税实行统一比例税率，税率为10%。

（五）税收优惠

下列车辆免征车辆购置税：

（1）依照法律规定应当予以免税的外国驻华使馆、领事馆和国际组织驻华机构及其有关人员自用的车辆；

（2）中国人民解放军和中国人民武装警察部队列入装备订货计划的车辆；

（3）悬挂应急救援专用号牌的国家综合性消防救援车辆；

（4）设有固定装置的非运输专用作业车辆；

（5）城市公交企业购置的公共汽电车辆；

（6）原公安现役部队和原武警黄金、森林、水电部队改制后换发地方机动车牌证的车辆（公安消防、武警森林部队执行灭火救援任务的车辆除外），一次性免征车辆购置税；

（7）对购置日期在2018年1月1日至2027年12月31日期间内的新能源汽车，免（减）征车辆购置税。

根据国民经济和社会发展的需要，国务院可以规定减征或者其他免征车辆购置税的情形，报全国人民代表大会常务委员会备案。

二、车辆购置税应纳税额的计算

车辆购置税实行从价定率、价外征收的方法计算应纳税额，计算公式为：

应纳税额=计税价格×税率

其中，计税价格根据不同情况，按照下列规定确定：

（1）纳税人购买自用应税车辆的计税价格，为纳税人实际支付给销售者的全部价款，不包括增值税税款；

（2）纳税人进口自用应税车辆的计税价格，为关税完税价格加上关税和消费税；

（3）纳税人自产自用应税车辆的计税价格，按照纳税人生产的同类应税车辆的销售价格确定，不包括增值税税款；

（4）纳税人以受赠、获奖或者其他方式取得自用应税车辆的计税价格，按照购置应税车辆时相关凭证载明的价格确定，不包括增值税税款。

纳税人申报的应税车辆计税价格明显偏低，又无正当理由的，由税务机关依照《中华人民共和国税收征收管理法》的规定核定其应纳税额。

纳税人以外汇结算应税车辆价款的，按照申报纳税之日的人民币汇率中间价折合成人民币计算缴纳税款。

🔲 引例分析11-2

计税价格=120 000/（1+13%）+4 400=110 594.69（元）

瑞安公司应纳车辆购置税税额=110 594.69×10%=11 059.47（元）

（单选题）根据《车辆购置税法》的规定，下列关于车辆购置税计税依据的说法中，正确的是（　　）。

A. 购买自用的车辆，计税依据为发票中含增值税的价税合计金额

B. 获奖自用的车辆，计税依据为购置车辆时凭证上载明的包含增值税的价格

C. 进口自用的车辆，计税依据为进口车辆的关税完税价格

D. 自产自用的车辆，计税依据为同类车辆不含增值税的销售价格

[答案] D

[解析] 购买和受赠的车辆购置税的计税依据，均不含增值税税款；进口自用的车辆，计税依据为关税完税价格加上关税和消费税。

三、车辆购置税的征收管理

（一）纳税环节

车辆购置税由税务机关负责征收。

纳税人应当在向公安机关交通管理部门办理车辆登记注册手续前，缴纳车辆购置税，即车辆购置税是在应税车辆上牌登记注册前的使用环节征收。

车辆购置税选择单一环节，实行一次课征制度，购置已征车辆购置税的车辆，不再征收车辆购置税。这就是说，应税车辆在课征车辆购置税后再发生转售、赠送，购买者或受赠者在车辆过户、转籍贯手续时，不再征收车辆购置税。但减免税车辆因转售、赠送后减免税条件消失的，仍应按规定补征车辆购置税。

（二）纳税期限

车辆购置税的纳税义务发生时间为纳税人购置应税车辆的当日。纳税人应当自纳税义务发生之日起60日内申报缴纳车辆购置税。具体情形为：

（1）纳税人购买自用的应税车辆，应当自购买之日起60日内申报纳税。

（2）进口自用应税车辆，应当自进口之日起60日内申报纳税。

（3）自产、受赠、获奖和以其他方式取得并自用应税车辆的，应当自取得之日起60日内申报纳税。

（4）免税、减税车辆因转让、改变用途等原因不再属于免税、减税范围的，应当在办理车辆过户手续前或者办理变更车辆登记注册手续前缴纳车辆购置税。车辆购置税税

款于纳税人办理纳税申报时一次缴清。

纳税人应当在向公安机关交通管理部门办理车辆注册登记前，缴纳车辆购置税。公安机关交通管理部门办理车辆注册登记，应当根据税务机关提供的应税车辆完税或者免税电子信息对纳税人申请登记的车辆信息进行核对，核对无误后依法办理车辆注册登记。

（三）纳税地点

（1）纳税人购置应税车辆，应当向车辆登记地的主管税务机关申报纳税。

（2）购置不需要办理车辆登记注册手续的应税车辆的，单位纳税人应向所在地的主管税务机关申报纳税。个人纳税人向其户籍所在地或者经常居住地的主管税务机关申报纳税。

第三节　烟叶税法

❖ 引例

益康烟草公司系增值税一般纳税人，2023年8月收购烟叶100 000千克，烟叶收购价格10元/千克，总计1 000 000元，货款已全部支付。

【问题与思考】

请计算该烟草公司8月收购烟叶应缴纳的烟叶税税额。

一、烟叶税法概述

（一）烟叶税的概念与特点

1. 概念

烟叶税法，是指国家制定的用以调整烟叶税征收与缴纳相关权利及义务关系的法律规范。烟叶税是以纳税人收购烟叶的收购金额为计税依据征收的一种税。

我国现行烟叶税法的基本规范是2017年12月第十二届全国人民代表大会常务委员

会第三十一次会议通过的《中华人民共和国烟叶税法》（简称《烟叶税法》），自2018年7月1日起施行。

2. 特点

（1）纳税人单一。纳税人仅限于依照《中华人民共和国烟草专卖法》的规定有权收购烟叶的烟草公司或者受其委托收购烟叶的单位。

（2）纳税环节单一。纳税人仅在收购环节缴纳烟叶税。

（二）纳税人

在中华人民共和国境内，依照《中华人民共和国烟草专卖法》的规定收购烟叶的单位为烟叶税的纳税人。

（三）征税范围

烟叶税的征税范围包括晾晒烟叶、烤烟叶。

（四）税率

烟叶税实行比例税率，税率为20%。烟叶税实行全国统一的税率，主要是考虑烟叶属于特殊的专卖品，其税率不宜存在地区间的差异，否则会形成各地之间的不公平竞争，不利于烟叶种植的统一规划和烟叶市场、烟叶收购价格的统一。

二、烟叶税应纳税额的计算

烟叶税的应纳税额按照纳税人收购烟叶实际支付的价款总额乘以税率计算，计算公式为：

$$应纳税额=实际支付价款×税率$$

纳税人收购烟叶实际支付的价款总额，包括纳税人支付给烟叶生产销售单位和个人的烟叶收购价款和价外补贴。其中，价外补贴统一按烟叶收购价款的10%计算。

$$实际支付价款=收购价款×（1+10\%）$$

📊 引例分析 11-3

益康公司应缴纳烟叶税税额=1 000 000×（1+10%）×20%=220 000（元）

三、烟叶税的征收管理

烟叶税的征收管理，依照《税收征收管理法》和《烟叶税法》的有关规定执行。

（一）纳税义务发生时间

烟叶税的纳税义务发生时间为纳税人收购烟叶的当日。收购烟叶的当日是指纳税人向烟叶销售者付讫收购烟叶款项或者开具收购烟叶凭据的当日。

（二）纳税地点

纳税人收购烟叶，应当向烟叶收购地的主管税务机关申报缴纳烟叶税。

做中学 11-3

（单选题）下列关于纳税人收购烟叶，纳税地点规定正确的是（   ）。

A. 应当向烟叶收购地的主管税务机关申报纳税

B. 应当向机构所在地的主管税务机关申报纳税

C. 应当向烟叶收购地的主管税务机关预缴税款，再向机构所在地的主管税务机关申报纳税

D. 纳税人可以选择向机构所在地或收购地主管税务机关申报纳税

［答案］A

［解析］纳税人收购烟叶，应当向烟叶收购地主管税务机关申报纳税。

（三）纳税期限

烟叶税按月计征，纳税人应当于纳税义务发生月终了之日起15日内申报并缴纳税款。

📋 推荐阅读

1.《中华人民共和国印花税法》，2021年7月1日起施行

2.《中华人民共和国车辆购置税法》，2019年7月1日起施行

3.《中华人民共和国烟叶税法》，2018年7月1日起施行

1. 甲公司和乙公司签订一份加工承揽合同，合同规定，甲公司提供价值50万元的辅助材料并收取加工费20万元，乙公司提供价值100万元的原材料。计算甲公司应缴纳的印花税税额。

2. 某企业与科研所签订技术开发合同，合同注明研究开发经费50万元，技术开发报酬30万元，计算该合同应缴纳的印花税税额。

3. 某公司本年度新启用非资金账簿15本，除此以外，还签订了如下经济合同：

（1）向购买方签订了购销合同，规定用40万元的产品换取40万元的原材料，合同已履行。

（2）与某运输公司签订一项货物运输合同，注明金额为10元（含1万元装卸费）。

（3）与银行签订一年期借款合同，借款金额为300万元，年利率为5%。

（4）与铁路运输部门签订运输合同，载明运输费及保管费共计20万元。

计算该企业本年度应缴纳印花税税额。

4. 某企业2023年发生如下应税项目，自行计算缴纳印花税，业务情况如下：

（1）与A公司签订一项易货合同，约定用50万元的原材料换取50万元的产成品。

（2）接受B公司委托，加工一批商品，原材料由B公司提供，价值50万元，收加工费30万元，加工承揽合同中分开记载，合计金额80万元。

（3）与C企业签订一份建筑工程承包合同，金额1 000万元，施工期间，将价值100万元的工程转包于D施工企业，签订了转包合同。

（4）向D企业转让一项非专利技术，书立合同金额为10万元。

（5）国外某金融机构向该企业提供某项优惠贷款，书立合同注明贷款金额1 000万元，该企业认为应免征印花税。

5. 企业2023年发生如下业务：

（1）购买自用轿车一辆，支付含增值税的价款184 860元。国家税务总局对该车同类型车辆核定的最低计税价格为100 000元。

（2）接受捐赠新的货运汽车一辆，该厂在办理车辆上牌落籍时，出具该车的发票注明价值60 000元，国家税务总局对该车同类型车辆核定的最低计税价格为70 000元，该厂对作价问题提不出正当理由。计算该企业应纳车辆购置税税额。

6. 2023年4月某烟草公司向烟农收购烟叶，支付收购价款100万元，另向烟农支付了价外补贴15万元。计算该烟草公司4月应缴纳的烟叶税税额。

第十一章
交互式习题
自测

税收征收管理

学习目标

素养目标

- 了解税收征收管理法的立法思想；
- 充分认识依法治税的重要性；
- 了解我国税收征收管理改革创新举措，以及在持续深化智慧税务建设，推动执法更规范、服务更便捷、监管更精准、风险更可控等方面所做的努力；
- 了解我国纳税信用管理，增强社会责任感，树立依法纳税、诚信纳税意识。

知识目标

- 了解设立税务登记、变更或者注销税务登记、税务登记证件使用的要求；
- 了解凭证管理的要求；
- 了解税务检查内容；
- 了解税收违法行为的法律责任；
- 熟悉纳税申报方式和期限的规定、税款确认原则；
- 熟悉税款征收方式、税款追征措施和时效。

技能目标

- 能够完成税务登记，进行一照一码户信息确认；
- 能够进行会计凭证管理以及发票管理；
- 能够通晓纳税申报流程，按规定流程进行纳税申报。

思维导图

税收征收管理

- 税收征收管理法
- 税务登记
  - 设立税务登记
  - 变更或注销税务登记
  - 税务登记证件使用
  - 一照一码户信息确认
- 凭证管理
  - 会计凭证管理
  - 发票管理
  - 税控装置的使用管理
- 纳税申报、税款追征和税务检查
  - 纳税申报
  - 税款追征
  - 税务检查
- 税收法律责任
  - 税收法律责任的基本内涵
  - 纳税主体的税收法律责任
  - 征税主体的税收法律责任
- 纳税信用管理
  - 纳税信用评估
  - 纳税信用评估结果的确定和发布
  - 纳税信用评估结果的应用
  - 纳税信用修复

学习计划

● 素养提升计划

_____

● 知识学习计划

_____

● 技能训练计划

_____

✦ 引例

1. 甲公司于2020年4月16日由该市工商行政管理局核发营业执照，主营电子元器件的生产与销售，注册资金200万元，开户银行为市工商银行某分理处。该市会计师事务所出具的验资证明显示，该公司从业人员83人，实行独立核算，法人代表甲某。

2. 公司财务人员由于一时不慎，将2020年使用过的一本发票存根销毁了。

3. 因受市场环境影响，2022年3月甲公司无法在征期内完成纳税申报。

4. 公司在税务机关开展的一次专项检查中，被发现偷逃税款数十万元，经税务机关三次催缴后，该公司仍拒不缴纳，无奈之下，税务机关扣押了该公司的一辆小轿车并存放于专用仓库内，等待拍卖（执法主体合格且程序合法）。不料当地突发地震，此轿车损毁。甲公司知晓后，立即缴清税款及滞纳金，向税务机关申请行政复议并要求给予赔偿。

【问题与思考】

1. 根据业务1，说明甲公司进行一照一码户信息确认的注意事项。

2. 根据业务2，税务局应怎样处理？

3. 根据业务3，甲公司应当如何处理？

4. 根据业务4，甲公司是否可以要求税务机关给予赔偿？

第一节　税收征收管理法

税收法治化程度是衡量一个国家法治水平的重要标尺。为了加强税收征收管理，规范税收征收和缴纳行为，保障国家税收收入，保护纳税人的合法权益，促进经济和社会发展，我国于1992年9月4日制定了《中华人民共和国税收征收管理法》（简称《税收征收管理法》），并于1993年1月1日起施行。全国人民代表大会常务委员会分别于1995年、2013年和2015年对其进行了三次修正，并于2001年进行了一次修订。

2016年国务院对《中华人民共和国税收征收管理法实施细则》进行了第三次修订，进一步明确了税务机关执法主体的地位，突出了规范税务机关行政行为的要求，加大了对纳税人合法权益的保护和打击偷骗税的力度，提出了税收现代化建设的要求。

（1）规范税收征收和缴纳行为。《税收征收管理法》既要为税务机关、税务人员依法行政提供标准和规范，同时也要为纳税人缴纳税款提供标准和规范。税务机关、税务人员必须依照该法的规定进行税收征收，其一切行为都要依法进行，违者要承担法律责任；纳税人只有按照法律规定的程序和办法缴纳税款，才能更好地保障自身的权益。"规范税收征收和缴纳行为"旨在强化对依法治国、依法治税思想的理解和运用。

具有中国特色的税收征管体制改革

（2）保障国家税收收入。税收收入是国家财政的主要来源，组织税收收入是税收的基本职能之一。《税收征收管理法》是税收征收管理的标准和规范，其根本目的是保证税收收入能及时、足额入库。

（3）保护纳税人的合法权益。税收征收管理作为国家的行政行为，一方面要维护国家的利益，另一方面要保护纳税人的合法权益不受侵犯。纳税人按照国家税收法律、行政法规的规定缴纳税款之外的任何其他款项，都是对纳税人合法权益的侵害。

（4）促进经济发展和社会进步。税收是国家宏观调控的重要杠杆，《税收征收管理法》是市场经济的重要法律规范，这就要求税收征收管理的措施以促进经济发展和社会进步为目标，方便纳税人，保护纳税人。

2021年以来，税收法治建设与法治国家、法治政府、法治社会建设同频共振，在推动税收立法、执法、普法、守法等层面精耕细作，用坚实行动为维护国家税收安全、经济秩序和社会公平正义提供了重要保障，为推进法治政府、法治中国建设增添了生动注脚。

第二节　税务登记

税务登记，又称纳税登记，是指税务机关对纳税人的生产、经营活动进行登记，对纳税人实施税务管理的一种法定制度。税务登记是税务管理的首要环节和基础工作，是征纳双方法律关系成立的依据和证明，也是纳税人必须依法履行的义务。建立税务登记制度，便于税务机关掌握和控制经济税源，对纳税人履行纳税义务的情况进行监督和管理；同时也有利于增强纳税人依法纳税的观念，保护纳税人的合法权益。

一、设立税务登记

企业，企业在外地设立的分支机构和从事生产、经营的场所，个体工商户和从事生产、经营的事业单位（统称从事生产、经营的纳税人），向生产、经营所在地税务机关申报办理税务登记：

（1）从事生产、经营的纳税人领取工商营业执照（含临时工商营业执照）的，应当自领取工商营业执照之日起 30 天内申报办理税务登记，税务机关核发税务登记证及副本（纳税人领取临时工商营业执照的，税务机关核发临时税务登记证及副本）。

（2）从事生产、经营的纳税人未办理工商营业执照但经有关部门批准设立的，应当自有关部门批准设立之日起 30 天内申报办理税务登记，税务机关核发税务登记证及副本。

（3）从事生产、经营的纳税人未办理工商营业执照也未经有关部门批准设立的，应当自纳税义务发生之日起 30 天内申报办理税务登记，税务机关核发临时税务登记证及副本。

（4）有独立的生产经营权、在财务上独立核算并定期向发包人或者出租人上交承包费或租金的承包承租人，应当自承包承租合同签订之日起 30 天内，向其承包承租业务发生地税务机关申报办理税务登记，税务机关核发临时税务登记证及副本。

（5）从事生产、经营的纳税人外出经营，自其在同一县（市）实际经营或提供劳务之日起，在连续的 12 个月内累计超过 180 天的，应当自期满之日起 30 天内，向生产、经营所在地税务机关申报办理税务登记，税务机关核发临时税务登记证及副本。

（6）境外企业在中国境内承包建筑、安装、装配、勘探工程和提供劳务的，应当自项目合同或协议签订之日起 30 天内，向项目所在地税务机关申报办理税务登记，税务机关核发临时税务登记证及副本。

为简化纳税人的商事登记手续，自 2017 年 10 月 1 日起在全国全面实施"多证合一"的商事登记制度。该商事登记制度将企业的工商营业执照、组织机构代码证、税务登记证、社会保险登记证、统计登记证等各类证照和有关登记、备案事项统一整合到营业执照上，由市场监督管理部门直接核发加载统一社会信用代码的营业执照，企业相关信息在国家企业信用信息公示系统公示，并及时归集至全国信用信息共享平台。

二、变更或注销税务登记

纳税人税务登记内容发生变化的，应当向原税务登记机关申报办理变更税务登记。

从事生产、经营的纳税人，税务登记内容发生变化的，自工商行政管理机关办理变更登记之日起三十日内或者在向工商行政管理机关申请办理注销登记之前，持有关证件向原税务机关申报办理变更或者注销税务登记。

三、税务登记证件使用

（1）从事生产、经营的纳税人应当按照国家有关规定，持税务登记证件，在银行或者其他金融机构开立基本存款账户和其他存款账户，并将全部账号向税务机关报告。银行和其他金融机构应当在从事生产、经营的纳税人账户中登录纳税人识别号，并在税务登记证件中登录从事生产、经营的纳税人账户账号。税务机关依法查询从事生产、经营的纳税人开立账户的情况时，有关银行和其他金融机构应当予以协助。

（2）纳税人按照国务院税务主管部门的规定使用税务登记证件。税务登记证件不得转借、涂改、损毁、买卖或者伪造。

四、一照一码户信息确认

已实行"多证合一、一照一码"登记模式的纳税人，首次办理涉税事宜时，对市场监督管理等部门共享信息进行确认。纳税人可通过办税服务厅（场所）、电子税务局办理。办理时需注意以下事项：

（1）纳税人使用符合《中华人民共和国电子签名法》（简称《电子签名法》）规定条件的电子签名，与其手写签名或者盖章具有同等法律效力。

（2）纳税人应按照税收法律、行政法规规定和税务机关确定的申报期限、申报内容按期进行相关税种的纳税申报。

（3）纳税人可通过与税务机关、开户银行签订银税三方（委托）划缴协议，开通委托划缴税款业务，实现税款的快速划缴、高效对账和跟踪查询。

（4）纳税人适用《国家税务总局关于进一步简化企业开办涉税事项办理程序　压缩办理时间的通知》的，实行一套资料、一次提交、一次采集、一次办结。

（5）新设立的企业、农民专业合作社完成一照一码户信息确认后，其加载统一社会信用代码的营业执照可代替税务登记证使用，不再另行发放税务登记证件。

税务部门与民政部门之间能够建立省级统一的信用信息共享交换平台、政务信息平台、部门间数据接口并实现登记信息实时传递的，已取得统一社会信用代码的社会组织纳税人（社会团体、基金会、民办非企业单位）完成一照一码户信息确认后，税务机关对标注统一社会信用代码的社会组织法人登记证赋予税务登记证的全部功能，不再另行发放税务登记证件。

具有中国特色的税收征管体制改革

改革开放以来，随着中国财税管理体制的改革，税务机构经历了从税务一家，到国税地税机构分设，再到国税地税合作，最终国地税机构合并的过程，体现出鲜明的渐进性特征和中国特色。

1994年分税制改革——国税地税机构分设

1994年，一场具有深远影响的分税制财政管理体制改革在中国拉开序幕。这次改革以明确划分中央和地方的利益边界、规范政府间的财政分配关系为宗旨，其主要内容是"三分一返"，即在划分事权的基础上，划分中央与地方的财政支出范围；按税种划分收入，明确中央与地方的收入范围；分设中央和地方两套税务机构；建立中央对地方的税收返还制度和过渡期转移支付制度。

分税制改革中，省以下税务部门分设国家税务局和地方税务局两套税务机构，分别负责征收中央收入和地方收入，国家税务局系统实行国家税务总局垂直管理的管理体制，一定程度上避免了地方政府对国税工作的干扰，对保障我国的中央政府财政收入发挥了积极作用。地方税务局实行地方人民政府和国家税务总局双重领导、地方政府领导为主的管理体制，建立了相对独立的地方财税工作体系。

2000年后深化财税体制改革——国税地税合作

2013年，党的十八届三中全会将推进国家治理体系和治理能力现代化作为全面深化改革的总目标，提出"财政是国家治理的基础和重要支柱，科学的财税体制是优化资源配置、维护市场统一、促进社会公平、实现国家长治久安的制度保障"。随着我国财税体制改革的逐步深化，在推进税收治理体系和治理能力现代化过程中，国税地税人员规模变化不大而业务此消彼长，导致税收征管力量分布不均衡、执法不够统一、办税不够便利、管理不够高效的问题逐渐凸显，深化税收征管体制改革势在必行。

2015年12月，中办、国办联合印发《深化国税、地税征管体制改革方案》，提出合作不合并的深化改革思路，从理顺征管职责划分、创新纳税服务机制、转变征收管理方式、深度参与国际合作、优化税务组织体系、构建税收共治格局六大方面提出了31条具体改革措施。但是，该方案的核心是国税地税合作，而不是合并，没有涉及国地税机构和人员的变动。

第三节　凭证管理

一、会计凭证管理

纳税人、扣缴义务人应按照有关法律、行政法规和国务院财政、税务主管部门的规定设置账簿，根据合法、有效凭证记账，进行核算。

纳税人、扣缴义务人使用征纳双方认可的电子凭证，可以作为记账核算、计算应纳税额的依据。

纳税人使用的会计核算软件应当符合国家有关规定，并能正确、完整核算其收入或者所得。使用计算机进行会计核算的纳税人，应当在使用前将会计电算化系统的会计核算软件及其使用说明书、有关资料报送税务机关备案。

纳税人、扣缴义务人的财务、会计制度或者财务、会计处理办法与国务院或者国务院财政、税务主管部门有关税收的规定抵触的，依照国务院或者国务院财政、税务主管部门有关税收的规定计算应纳税款、代扣代缴和代收代缴税款。

从事生产、经营的纳税人、扣缴义务人必须按照国务院财政、税务主管部门规定的保管期限保管账簿、记账凭证、完税凭证及其他有关资料。向自然人纳税人支付所得的单位和个人应当主动向纳税人提供相关支付凭证，自然人纳税人应当妥善保存与其纳税义务相关的凭证及有关资料。账簿、记账凭证、完税凭证及其他有关资料不得伪造、变造或者擅自损毁。

二、发票管理

单位和个人在购销商品、提供或者接受劳务、服务以及从事其他经营活动中，应当按照规定开具、使用、取得发票。电子发票与纸质发票具有同等法律效力。发票的管理办法由国务院规定。

税务机关是发票的主管机关，负责发票印制、领用、开具、取得、保管、缴销的管理和监督。增值税专用发票由国务院税务主管部门确定的企业印制；其他发票，按照国务院税务主管部门的规定，分别由省、自治区、直辖市税务机关确定的企业印制。未经前款规定的税务机关确定，不得印制发票。

⊙ — 温馨提示 —

私印、伪造、变造发票是犯法的。

❖ 做中学 12-1

（判断题）依据《税收征管法》规定，财政机关和税务机关是发票主管机关，但增值税专用发票必须由主管税务机关进行监督管理。（　　　）

〔答案〕错误

〔解析〕税务机关是发票的主管机关，负责发票印制、领购、开具、取得、保管、缴销的管理和监督。

三、税控装置的使用管理

纳税人应当按照税务机关的要求安装、使用税控装置，并按照税务机关的规定报送有关数据和资料。

未按照规定安装、使用税控装置，损毁或者擅自改动税控装置的，由税务机关责令限期改正，可以处以2 000元以下的罚款；情节严重的，处2 000元以上1万元以下的罚款。这不仅使推广使用税控装置有法可依，而且可以打击在推广使用税控装置中的各种违法犯罪活动。

税控装置是由国家法定机关依法指定企业生产、安装、维修，由国家法定机关依法实施监管，对反映纳税人经营情况的有关数据进行有效监控的计税装置。其性能是能够正确生成可靠存储，安全运行，以实现税收监控功能。目前国家积极推广使用的税控装置主要包括税控收款机、税控计价器和税控加油机等。

税控装置的有效使用和管理，将有利于保障国家财政收入，防止税款流失，提高税收征管工作效率，降低征收成本。

📊 引例分析 12-1

根据资料二，税务局应怎样处理？

按照《中华人民共和国发票管理办法》第二十八条规定，"开具发票的单位和个人应当按照国家有关规定存放和保管发票，不得擅自销毁。已经开具的发票存根联，应当保存5年。"

甲公司销毁的发票存根保存期未满五年，而且未经税务机关查验，擅自销毁，属未按规定保管发票行为。依据《中华人民共和国发票管理办法》第三十四条之规定，税务机关责令该公司改正其违法行为，并处1万元以下的罚款。

第四节 纳税申报、税款追征和税务检查

一、纳税申报

纳税申报是指纳税人、扣缴义务人依法自行计算应纳税额和扣缴税款，依照法律、行政法规的规定确定的申报期限、申报内容如实办理纳税申报，报送纳税申报表、财务会计报表或者代扣代缴、代收代缴税款报告表以及税务机关根据实际需要要求纳税人报送的其他纳税资料。

（一）纳税申报期限

纳税人、扣缴义务人不能按期办理纳税申报或者报送代扣代缴、代收代缴税款报告表的，经税务机关核准，可以延期申报。经核准延期办理前款规定的申报、报送事项的，应当在纳税期内按照上期实际缴纳的税额或者税务机关核定的税额预缴税款，并在核准的延期内办理税款结算。

纳税人、扣缴义务人按照法律、行政法规规定或者税务机关依照法律、行政法规的

规定确定的期限，缴纳或者解缴税款。纳税人因有特殊困难，不能按期缴纳税款的，经省、自治区、直辖市国家税务总局批准，可以延期缴纳税款，但是最长不得超过三个月。纳税人补缴税款数额较大难以一次缴清的，经县以上税务局（分局）局长批准，可以分期缴纳，但最长不得超过一年。

（二）纳税申报方式

纳税人、扣缴义务人可以直接到税务机关办理纳税申报或者报送代扣代缴、代收代缴税款报告表，也可以按照规定采取邮寄、数据电文或者其他方式办理上述申报、报送事项。纳税人、扣缴义务人使用征纳双方认可的电子签名报送的各类电子资料，与纸质资料具有同等的法律效力。

税务机关可以对定期定额缴纳税款的纳税人实行简易申报、简并征期等申报纳税方式。简易申报是指实行定期定额缴纳税款的纳税人在法律、行政法规规定的期限内或税务机关依据法律、行政法规的规定确定的期限内缴纳税款的，税务机关可以视同申报；简并征期是指实行定期定额缴纳税款的纳税人，经税务机关批准，可以采取将纳税期限合并为按季、半年、年的方式缴纳税款。

税务机关收到税款后，应当向纳税人开具完税凭证。纳税人通过电子缴税系统缴纳税款的，税务机关应当根据纳税人的需要开具纸质完税凭证。扣缴义务人代扣、代收税款时，纳税人要求扣缴义务人开具完税凭证的，扣缴义务人应当开具。

（三）税额确认

税务机关以纳税人提供的账簿凭证、报表、文件等资料记载的信息为基础，结合所掌握的相关信息对纳税申报进行核实、确定。

纳税人未履行规定的信息记录、保管、报告以及配合税务检查等义务的，税务机关应当以掌握的信息为基础，核定其应纳税额。纳税人有下列情形之一的，适用前款规定：

（1）依照法律、行政法规的规定可以不设置账簿的；

（2）依照法律、行政法规的规定应当设置但未设置账簿的；

（3）擅自销毁账簿或者拒不提供纳税资料的；

（4）虽设置账簿，但账目混乱或者成本资料、收入凭证、费用凭证残缺不全，难以查账的；

（5）发生纳税义务，未按照规定的期限办理纳税申报，经税务机关责令限期申报，逾期仍不申报的；

（6）纳税人申报的计税依据明显偏低，又无正当理由的；

（7）未按照规定办理税务登记从事生产、经营的；

（8）使用的财务会计软件不能准确核算或者无法按照税务机关要求提供相关数据的。税务机关核定应纳税额的具体程序和方法由国务院税务主管部门规定。

经确认的应纳税额与纳税人申报的税额不一致的，或者纳税人未进行纳税申报的，税务机关应当向纳税人出具税额确认通知书。纳税人应当按照税额确认通知书载明的应补（退）税款，在规定的期限内办理补（退）税。

纳税人填报的纳税申报表以及修正的纳税申报表所载明的应纳税额，税务机关未做确认或者超出确认时效的，视同税额确认通知书所确定的应纳税额。修正的纳税申报涉及退库的，应当经税务机关批准。

有下列情形之一的，税务机关应当再次进行税额确认：

（1）因纳税人提供不正确、不完整计税依据导致之前申报、确认或调整应纳税额不实的；

（2）税法有新的规定涉及调整纳税人计税依据的。税务机关对纳税人进行再次税额确认的，以再次确认的应纳税额为准。税务机关对确认税额进行部分修正的，以修正后的为准，未做修正的部分继续生效。

税额确认过程中，发现纳税人有下列情形之一的，应当由税务稽查部门立案查处：

（1）涉嫌逃避缴纳税款、逃避追缴欠税、骗税、抗税；

（2）虚开发票等税收违法行为；

（3）纳税人发生纳税义务未进行纳税申报的；

（4）法律、行政法规规定的其他行为。

税务机关对纳税人应纳税额的确认应当在五年内进行。对税务机关进行的税额确认，纳税人应当证明其纳税申报的真实性、合法性。

🔍 引例分析 12-2

根据业务 3，甲公司应当如何处理？

纳税人按照规定的期限办理纳税申报确有困难，需要延期的，应当在规定的期限内向税务机关提出书面延期申请，经税务机关核准，在核准的期限内办理。

可登录当地电子税务局【我要办税】-【税务行政许可】-【对纳税人延期申报的核准】，填写申请表，上传附报资料提交审核。

二、税款追征

（一）税款征收方式

税款征收方式是指税务机关根据各税种的不同特点、征纳双方的具体条件而确定的计算征收税款的方法和形式。税款征收的方式主要有查账征收、委托代征税款和代扣代缴、代收代缴税款三种方式。

1. 查账征收

查账征收是指税务机关按照纳税人提供的账表所反映的经营情况，依照适用税率计算缴纳税款的方式。这种方式一般适用于财务会计制度较为健全，能够认真履行纳税义务的纳税单位。

2. 委托代征税款

委托代征税款是指税务机关委托代征人以税务机关的名义征收税款，并将税款缴入国库的方式。这种方式一般适用于小额、零散税源的征收。税务机关根据有利于方便纳税和降低税收成本的原则，可以委托有关单位代征税款。税务机关应当与受托代征人签订代征协议，明确代征范围、代征标准、代征期限以及代征人的法律责任，并颁发委托代征证书。委托代征证书应当公示。代征人按照代征协议以税务机关的名义依法征收税款，纳税人不得拒绝；纳税人拒绝的，代征人应当及时报告税务机关。税务机关按照规定付给代征人代征手续费。

3. 代扣代缴、代收代缴税款

扣缴义务人依照法律、行政法规的规定履行代扣、代收税款的义务。对法律、行政法规没有规定负有代扣、代收税款义务的单位和个人，税务机关不得要求其履行代扣、代收税款义务。扣缴义务人依法履行代扣、代收税款义务时，纳税人不得拒绝。纳税人拒绝的，扣缴义务人应当及时报告税务机关处理。税务机关按照规定付给扣缴义务人代扣、代收手续费。

（二）税款追征措施

（1）纳税人未按照规定期限缴纳税款，扣缴义务人未按照规定期限解缴税款的，税务机关应当责令其限期缴纳或者解缴。纳税人未按照规定期限缴纳税款的，扣缴义务人未按照规定期限解缴税款的，按日加计税收利息。税收利息的利率由国务院结合人民币贷款基准利率和市场借贷利率的合理水平综合确定。纳税人补缴税款时，应当连同税收利息一并缴纳。

（2）对未按照规定办理税务登记的纳税人以及临时从事经营的纳税人，由税务机关核定其应纳税额，责令缴纳；不缴纳的，税务机关可以扣押其价值相当于应纳税款的商品、货物或者其他财产，并在24小时内向县以上税务局（分局）局长报告，补办批准手续。

（3）扣押后缴纳应纳税款的，税务机关必须立即解除扣押，并归还所扣押的商品、货物和其他财产；扣押后仍不缴纳税款或者缴纳不足的，经县以上税务局（分局）局长批准，依法拍卖或者变卖所扣押的商品、货物和其他财产，以拍卖或者变卖所得抵缴税款。

（4）纳税人欠缴税款未结清，又不提供纳税担保的，税务机关可以决定不准纳税人或者其法定代表人、主要税收利益相关人出境；税务机关立案查处涉嫌重大税收违法情形的，可以决定不准纳税人或者其法定代表人、财产实际拥有者或者管理者、直接责任人出境。对决定不准出境的人员，税务机关应当按照规定及时通知出入境边防检查机关予以协助，或者提请公安机关出入境管理机构不予签发出（国）境证件。

（5）税收保全措施。税务机关有根据认为纳税人有不履行纳税义务可能的，可以在规定的纳税期之前，责令限期缴纳应纳税款；在限期内发现纳税人有明显的转移、隐匿其应纳税的商品、货物以及其他财产或者应纳税收入迹象的，税务机关可以责成纳税人提供纳税担保。如果纳税人不能提供纳税担保，经县以上税务局（分局）局长批准，税务机关可以采取下列税收保全措施：

◎ — 温馨提示 —

> 税收保全必须经县级以上税务局（分局）局长的批准。

① 书面通知纳税人开户银行或者其他金融机构冻结纳税人的金额相当于应纳税款的存款；

② 扣押、查封纳税人的价值相当于应纳税款的商品、货物或者其他财产。

税务机关采取前款规定的措施应当书面通知纳税人并制作现场笔录。纳税人在前款规定的限期内缴纳税款的，税务机关必须立即解除税收保全措施；

限期期满仍未缴纳税款经县以上税务局（分局）局长批准，税务机关可以书面通知纳税人开户银行或者其他金融机构从其冻结的存款中扣缴税款，或者依法拍卖或者变卖所扣押、查封的商品、货物或者其他财产，以拍卖或者变卖所得抵缴税款。个人及其所扶养家属维持生活必需的住房和用品，不在税收保全措施的范围之内。

纳税人在限期内已缴纳税款，税务机关未立即解除税收保全措施，使纳税人的合法利益遭受损失的，税务机关应当承担赔偿责任。

税务机关采取税收保全措施的期限一般不得超过6个月；重大案件需要延长的，应当报国家税务总局批准。

❖ ── **做中学 12-2**

（多选题）下列不属于税收保全措施实施要求的项目有（　　　　　）。

A. 纳税人能提供纳税担保

B. 适用于一切税收管理相对人

C. 在规定的纳税期之前和责令限期缴纳的期限内

D. 需经省级税务机关批准执行

［答案］ABD

［解析］税务机关有根据认为从事生产、经营的纳税人有逃避纳税义务行为的，可以在规定的纳税期之前，责令限期缴纳税款；在限期内发现纳税人有明显的转移、隐匿其应纳税的商品、货物以及其他财产迹象的，税务机关可以责成纳税人提供纳税担保。如果纳税人不能提供纳税担保，经县以上税务局（分局）局长批准，税务机关可以采取税收保全措施。

（6）税收强制执行措施。纳税人、扣缴义务人未按照规定的期限缴纳或者解缴税款，纳税担保人未按照规定的期限缴纳所担保的税款，由税务机关责令限期缴纳，逾期仍未缴纳的，经县以上税务局（分局）局长批准，税务机关可以采取下列强制执行措施：

🗩 ── 议一议 ──

> 税务机关在何种情况下，可以采取税收保全措施和税收强制执行措施？具体措施有哪些？

① 书面通知其开户银行或者其他金融机构从其存款中扣缴税款。

② 扣押、查封、依法拍卖或者变卖其价值相当于应纳税款的商品、货物或者其他财产，以拍卖或者变卖所得抵缴税款。

税务机关采取强制执行措施时，对前款所列纳税人、扣缴义务人、纳税担保人未缴纳的滞纳金同时强制执行。

对纳税人、扣缴义务人、纳税担保人的财产实施强制执行有困难的，税务机关可以依法提请纳税人、扣缴义务人、纳税担保人所在地或者财产所在地人民法院执行。个人及其所扶养家属维持生活必需的住房和用品，不在强制执行措施的范围之内。

（三）税款追征时效

纳税人超过应纳税额缴纳的税款，自结算缴纳税款之日起5年内可以向税务机关要求退还多缴的税款并加算银行同期存款利息，税务机关及时查实后应当立即退还。涉及从国库中退库的，依照法律、行政法规有关国库管理的规定退还。

因纳税人、扣缴义务人过失造成少报、少缴税款的，税务机关在5年内可以要求纳税人、扣缴义务人补缴税款。对未办理纳税申报以及逃避缴纳税款、抗税、骗税的，税务机关在15年内可以追征其未缴或者少缴的税款或者所骗取的税款。

纳税人欠税超过20年，税务机关执行不能的，不再追征。

❖ **做中学 12-3**

（单选题）因纳税人、扣缴义务人过失造成少报、少缴税款的，追征期为（　　　）。

A. 3年　　　　　B. 5年　　　　　C. 10年　　　　　D. 无限期

［答案］B

［解析］因纳税人、扣缴义务人过失造成少报、少缴税款的，税务机关在5年内可以要求纳税人、扣缴义务人补缴税款。

三、税务检查

税务检查是税务机关依据法律、行政法规的规定对纳税人、扣缴义务人等缴纳或代扣、代收税款及其他有关税务事项进行的审查、稽查、管理监督活动。

（一）税务检查内容

税务机关在履行税额确认、税务稽查及其他管理职责时有权进行下列税务检查：

（1）检查纳税人的账簿、记账凭证、报表和有关资料，检查扣缴义务人代扣代缴、代收代缴税款相关账簿、记账凭证和有关资料。检查自然人纳税人取得收入的单位与纳税相关的账簿和资料。对实行计算机记账的，有权进入相关应用系统，对电子会计资料进行检查，纳税人应当按照税务机关的要求提供数据接口和查询权限；应用系统不能满足检查需要的，纳税人或者软件所有人应当提供与应用系统相关的源代码等软件技术支持。

（2）到纳税人的生产、经营场所和货物存放地检查纳税人应纳税的商品、货物或者其他财产，检查扣缴义务人与代扣代缴、代收代缴税款有关的经营情况。

（3）责成纳税人、扣缴义务人提供与纳税或者代扣代缴、代收代缴税款有关的文件、证明材料和有关资料。

（4）询问纳税人、扣缴义务人与纳税或者代扣代缴、代收代缴税款有关的问题和情况。

（5）到车站、码头、机场、邮政企业及其分支机构检查纳税人托运、邮寄应纳税商品、货物或者其他财产的有关单据、凭证和资料。

（6）经县以上税务局（分局）局长批准，指定专人负责，凭全国统一格式的检查银行存款账户许可证明，查询从事生产经营的纳税人、扣缴义务人在银行或者其他金融机构的存款账户。税务机关在调查税收违法案件时，经设区的市、自治州以上税务局（分局）局长批准，可以查询案件涉嫌人员的储蓄存款。税务机关查询所获得的资料，不得用于税收以外的用途。

（二）税务检查措施

税务机关对纳税人以前纳税期的纳税情况依法进行税务检查时，发现纳税人有逃避纳税义务行为，并有明显的转移、隐匿其应纳税的商品、货物以及其他财产或者应纳税的收入的迹象的，可以按照规定的批准权限采取税收保全措施或者强制执行措施。纳税人、扣缴义务人必须接受税务机关依法进行的税务检查，如实反映情况，提供有关资料，不得拒绝、隐瞒。

税务机关依法进行税务检查时，有权向有关单位和个人调查纳税人、扣缴义务人和其他当事人与纳税或者代扣代缴、代收代缴税款有关的情况，有关单位和个人有义务向税务机关如实提供有关资料及证明材料。

💡 — 温馨提示 —

税务机关要为纳税人保守秘密。

纳税人涉嫌逃避缴纳税款等税收违法行为的，税务机关应当立案查处。

税务机关派出的人员进行税务检查时，应当出示税务检查证和税务检查通知书，并有责任为被检查人保守秘密；未出示税务检查证和税务检查通知书的，被检查人有权拒绝检查。

便民办税春风行动

围绕简政放权、服务发展、国际协作、提质增效，我国连续十几年开展"便民办税春风行动"，不断改进纳税服务工作，维护纳税人合法权益。

为深入贯彻党的十九届六中全会和中央经济工作会议精神，全面推进中办、国办印发的《关于进一步深化税收征管改革的意见》落实，巩固拓展党史学习教育成果，国家税务总局坚持人民至上，聚焦纳税人缴费人急难愁盼问题，在2022年以"智慧税务助发展·惠企利民稳增长"为主题，深入开展"春风行动"，推出系列改革创新举措，持续深化智慧税务建设，推动执法更规范、服务更便捷、监管更精准、风险更可控。

一是继续推进税务行政审批制度改革。

进一步减少税务行政审批项目，取消非行政许可审批类别。规范审批行为，坚决防止和纠正"上取消下不取消"以及"明取消暗不取消"等做法。大力推进网上审批，提高审批效率。

二是认真实施纳税服务和税收征管规范。

狠抓纳税服务规范的落实，并在实践中持续改进、完善和升级。扎实做好税收征管规范的实施工作，并做到与前台纳税服务规范有机衔接、相互促进，通过最大限度规范税务人达到最大限度便利纳税人的目标。

一系列举措为激发市场主体活力、维护法治公平税收环境、服务"六稳""六保"、稳定宏观经济大盘、推动高质量发展作出税务贡献。

第五节 税收法律责任

一、税收法律责任的基本内涵

税收法律责任是指税收法律关系中的主体（即征税主体和纳税主体），违反税法行为所引起的不利的法律后果。

税收法律责任的确认必须依照税法规定，追究税收法律责任应收税收违法行为的存在为基本前提，必须按照法定的程序进行。税收法律责任的形式主要有行政法律责任和刑事法律责任两种。

税法中的行政法律责任是行政违法引起的，用以调整和维护行政法律关系，具有一定的处罚性。对于纳税主体而言，其行政法律责任形式主要是行政处罚。对于征税主体而言，税务机关承担的行政法律责任，主要有行政赔偿责任和撤销违法决定等，税务机关工作人员承担的行政法律责任主要是行政处分。

税法中的刑事法律责任是对违反法律情节严重，构成犯罪的责任人给予的刑事制裁。其形式从人身罚到财产罚，从拘役、有期徒刑到死刑。对于纳税主体而言，人身罚与财产罚是可以并处的；对于征税主体而言，原则上可以处以财产罚，如罚金；对于税务机关工作人员，则与其他税务犯罪一样承担刑事法律责任。

二、纳税主体的税收法律责任

（一）基本法律责任

（1）纳税人有下列行为之一的，由税务机关责令限期改正，可以处2 000元以下的罚款；情节严重的，处2 000元以上1万元以下的罚款：

① 未按照规定的期限申报办理税务登记、变更或者注销登记的；

② 未按照规定设置、保管账簿或者保管记账凭证和有关资料的；

③ 未按照规定将财务、会计制度或者财务、会计处理办法和会计核算软件报送税务机关备查的；

④ 未按照规定将其全部银行账号向税务机关报告的；

⑤ 未按照规定安装、使用税控装置，或者损毁或者擅自改动税控装置的；

⑥ 未按照规定向税务机关报送涉税信息的。

（2）纳税人不办理税务登记的，由税务机关责令限期改正；逾期不改正的，经税务机关提请，由工商行政管理机关吊销其营业执照。

（3）纳税人未按照规定使用税务登记证件，或者转借、涂改、损毁、买卖、伪造税务登记证件的，处2 000元以上1万元以下的罚款；情节严重的，处1万元以上5万元以下的罚款。

（4）扣缴义务人未按照规定设置、保管代扣代缴、代收代缴税款账簿或者保管代扣代缴、代收代缴税款记账凭证及有关资料的，由税务机关责令限期改正，可以处2 000元以下的罚款；情节严重的，处2 000元以上5 000元以下的罚款。

（二）申报纳税相关的法律责任

（1）纳税人未按照规定的期限办理纳税申报和报送纳税资料的，或者扣缴义务人未按照规定的期限向税务机关报送代扣代缴、代收代缴税款报告表和有关资料的，由税务机关责令限期改正，可以处2 000元以下的罚款；情节严重的，可以处2 000元以上1万元以下的罚款。

（2）纳税人伪造、变造、隐匿、擅自销毁账簿、记账凭证，或者在账簿上多列支出或者不列、少列收入，或者经税务机关通知申报而拒不申报或者进行虚假的纳税申报，不缴或者少缴应纳税款的，是偷税。对纳税人偷税的，由税务机关追缴其不缴或少缴的税款、滞纳金，并处不缴或者少缴的税款50%以上5倍以下的罚款；构成犯罪的，依法追究刑事责任。扣缴义务人采取前款所列手段，不缴或者少缴已扣、已收税款，由税务机关追缴其不缴或者少缴的税款，并处不缴或者少缴的税款50%以上5倍以下的罚款；构成犯罪的，依法追究刑事责任。

（3）纳税人、扣缴义务人编造虚假计税依据的，由税务机关责令限期改正，并处5万元以下的罚款。

（三）不缴、少缴、欠缴、骗缴税款相关的法律责任

（1）纳税人、扣缴义务人因过失违反税收法律、行政法规，造成未缴或者少缴税款的，税务机关除按照规定追缴其未缴或者少缴的税款外，并处未缴或者少缴税款50%以下的罚款。纳税人、扣缴义务人自法律、行政法规规定或者税务机关依照法律、行政法规的规定确定的申报缴纳税款期限届满之日起至税务检查前办理修正申报，并缴纳税款的，处补缴税款20%以下的罚款。

（2）纳税人、扣缴义务人欠缴应纳税款，采取转移或者隐匿财产的手段，妨碍税务机关追缴欠缴的税款的，由税务机关追缴欠缴的税款、滞纳金，并处欠缴税款50%以上5倍以下的罚款；构成犯罪的，依法追究刑事责任。

（3）纳税人、扣缴义务人办理了纳税申报或者税务机关向纳税人、扣缴义务人送达了税额确认通知书，但在规定期限内不缴或者少缴应纳或者应解缴的税款，经税务机关责令限期缴纳，逾期仍未缴纳的，税务机关除依照规定采取强制执行措施追缴其不缴或者少缴的税款外，可以处不缴或者少缴的税款50%以上3倍以下的罚款。纳税人有特殊困难不能及时完全履行纳税义务的，税务机关可以与纳税人达成执行协议，约定分阶段履行；纳税人采取补救措施的，可以减免加处的罚款或者滞纳金。

（4）扣缴义务人应扣未扣、应收而不收税款的，由税务机关向纳税人追缴税款，对扣缴义务人处应扣未扣、应收未收税款50%以上3倍以下的罚款。

（5）以暴力、威胁方法拒不缴纳税款的，是抗税，除由税务机关追缴其拒缴的税款、滞纳金外，依法追究刑事责任。情节轻微，未构成犯罪的，由税务机关追缴其拒缴的税款、滞纳金，并处拒缴税款1倍以上5倍以下的罚款。

（6）以假报出口或者其他欺骗手段，骗取国家出口退税款，由税务机关追缴其骗取的退税款，并处骗取税款1倍以上5倍以下的罚款；构成犯罪的，依法追究刑事责任。

（7）纳税人以欺骗手段取得税收优惠资格的，税务机关应当取消其税收优惠资格，并处五万元以下的罚款；导致不缴或者少缴税款的，依照逃避缴纳税款规定处理。涉嫌犯罪的，移送司法机关依法处理。税务机关取消纳税人税收优惠资格后，应当及时通知其登记管理机关。

（四）发票相关的法律责任

（1）私自印制、伪造、变造发票，非法制造发票防伪专用品，伪造发票监制章，窃取、截留、篡改、出售、泄露发票数据的，由税务机关没收违法所得，没收、销毁作案工具和非法物品，并处1万元以上5万元以下的罚款；情节严重的，并处5万元以上50万元以下的罚款；构成犯罪的，依法追究刑事责任。

（2）从事生产、经营的纳税人、扣缴义务人有本法规定的税收违法行为，拒不接受税务机关处理的，税务机关可以收缴其发票或者停止向其发售发票。

（五）其他法律责任

（1）纳税人、扣缴义务人逃避、拒绝或者以其他方式阻挠税务机关检查的，由税务机关责令改正，可以处1万元以下的罚款；情节严重的，处1万元以上5万元以下的罚款。

（2）纳税人、扣缴义务人的开户银行或者其他金融机构拒绝接受税务机关依法检查纳税人、扣缴义务人存款账户，或者拒绝执行税务机关作出的冻结存款或者扣缴税款的决定，或者在接到税务机关的书面通知后帮助纳税人、扣缴义务人转移存款，造成税款流失的，由税务机关处10万元以上50万元以下的罚款，对直接负责的主管人员和其他直接责任人员处1 000元以上1万元以下的罚款。

❖ **做中学 12-4**

（单选题）扣缴义务人未按照规定设置、保管代扣代缴、代收代缴税款账簿或者保管代扣代缴、代收代缴税款记账凭证及有关资料的，由税务机关责令限期改正，可处以

（　　　　）罚款；情节严重的，处以（　　　　）罚款。

    A. 1 000元以下，1 000~5 000元   B. 5 000元以下，5 000~10 000元

    C. 2 000元以下，2 000~10 000元   D. 2 000元以下，2 000~5 000元

［答案］D

［解析］扣缴义务人未按照规定设置、保管代扣代缴、代收代缴税款账簿或者保管代扣代缴、代收代缴税款记账凭证及有关资料的，由税务机关责令限期改正，可以处2 000元以下的罚款；情节严重的，处2 000元以上5 000元以下的罚款。

三、征税主体的税收法律责任

（1）税务机关违反规定擅自改变税收征收管理范围和税款入库预算级次的，责令限期改正，对直接负责的主管人员和其他直接责任人员依法给予警告、记过或者记大过的处分；情节严重的，给予降级、撤职或者开除的处分。

（2）税务人员徇私舞弊，对依法应当移交司法机关追究刑事责任的不移交的，情节严重的，依法追究刑事责任；情节严重涉嫌犯罪的，移送司法机关依法处理。未经税务机关依法委托征收税款的，责令退还收取的财物，依法给予处分或者行政处罚；致使他人合法权益受到损失的，依法承担赔偿责任；构成犯罪的，依法追究刑事责任。

（3）税务机关、税务人员查封、扣押纳税人个人及其所扶养家属维持生活必需的住房和用品的，责令退还，依法给予处分；构成犯罪的，依法追究刑事责任。

（4）税务人员与纳税人、扣缴义务人勾结，唆使或者协助纳税人、扣缴义务人有违反本法规定的行为的，依法给予处分；构成犯罪的，依法追究刑事责任；尚不构成犯罪的，依法给予行政处分。

（5）税务人员利用职务上的便利，收受或者索取纳税人、扣缴义务人财物或者谋取其他不正当利益的，依法给予处分；构成犯罪的，依法追究刑事责任；尚不构成犯罪的，依法给予行政处分。

（6）税务人员徇私舞弊或者玩忽职守，不征或者少征应征税款，致使国家税收遭受重大损失的，构成犯罪的，依法追究刑事责任；尚不构成犯罪的，依法给予行政处分。

（7）税务人员滥用职权，故意刁难纳税人、扣缴义务人的，调离税收工作岗位，并依法给予行政处分。

（8）税务人员对控告、检举税收违法违纪行为的纳税人、扣缴义务人以及其他检举

人进行打击报复的，依法给予行政处分；构成犯罪的，依法追究刑事责任。

引例分析12-3

根据资料四，甲公司是否可以要求税务机关给予赔偿。

根据现行的国家赔偿法和有关行政法规及民法原理，税务机关不承担赔偿责任的情形包括：

（1）税务机关工作人员与行使职权无关的个人行为。

（2）因公民、法人和其他组织自己的行为致使损害发生的。

（3）因第三人的过错造成损害发生的。

（4）制定涉税规范性文件等抽象行政行为造成损害发生的。

（5）因不可抗力造成损害发生的。

显然，因为地震损毁轿车属于不能预见、不能避免并不能克服的客观自然现象，是不可抗力致使的损害，税务机关可以免除赔偿责任。

价值引领

坚持依法治税　更好服务经济发展

坚持依法治税是税收工作的生命线。为贯彻落实党中央、国务院一系列重大决策部署，充分发挥税收职能作用，促进经济持续健康发展，国家税务总局将税收法治建设与法治国家、法治政府、法治社会建设同频共振，在推动税收立法、执法、普法、守法等层面精耕细作，用坚实行动为维护国家税收安全、经济秩序和社会公平正义提供了重要保障，为推进法治政府、法治中国建设增添了生动注脚。

一、推动完善税收法治体系，以良法保障善治

法者，治之端也。法治，应当是良法之治。税收法律法规是否科学完善、能否得到有效实施，直接反映国家税收治理水平。国家税务总局立足新发展阶段、贯彻新发展理念、构建新发展格局，大力推动税收法律规范科学完备统一，并取得积极进展。

1. 推动税收法定再进一程。目前，我国现行18个税种中有12个完成立法，分别是企业所得税法、个人所得税法、车船税法、环境保护税法、烟叶税法、船舶吨税法、耕地占用税法、车辆购置税法、资源税法、契税法、城市维护建设税法、印花税法。

2. 税务部门规章进一步完善。为适应新的涉税法律法规实施，税务总局积极制定、修订了多个部门规章。修改《重大税务案件审理办法》，切实保护行政相对人合法权益；制定出台《税务稽查案件办理程序规定》，完善稽查执法制度机制，全面规范稽查执法行为，既增强执法刚性，又体现执法柔性；修改《税务规范性文件制定管理办法》，建立税务规范性文件权益性审核机制，严格规范税务执法行为，切实维护纳税人缴费人合法权益。出台《重大税收违法失信主体信息公布管理办法》，切实强化纳税人缴费人权利保障，把保障税务行政相对人合法权益贯穿于失信信息公布工作全过程，全面规范失信主体确定、失信惩戒等相关工作的执法程序，确保相关工作在法治轨道内运行。

3. 税务规范性文件进一步健全。与新修订的行政处罚法有关规定相衔接，先后发布两批全国统一的税务行政处罚"首违不罚"事项清单，为落实执法人文关怀奠定制度基础。完善纳税信用评价与修复制度，扩大纳税信用修复范围，引导纳税人主动、及时纠正违规失信行为。会同财政部等部门出台一系列减税、退税、缓税和降费政策，采取有力措施方便纳税人缴费人应享尽享、应享快享，为全年新增减税降费超1万亿元提供制度保障。服务更高水平对外开放，会同财政部等部门制定税收政策措施，推进海南自贸港建设等区域发展战略等。

二、严格规范公正执法，有力服务发展大局

良法，通过善治方能发挥作用。税务部门不断优化执法方式、健全监管体系、强化执法监督，以严格规范公正文明为标尺展开执法实践，有力服务国家发展大局，让人民群众在每一次执法中都感受到公平正义。

三、构建多层次普法格局，引导各界树立法律信仰

全民守法是法治建设的基础工程。全国税务系统认真落实"八五"普法规划，不断提高普法针对性实效性等要求，创新普法形式，构建多层次、广覆盖、立体式的税收普法格局，形成普法大合唱，推动税务人员不断强化法治思维、推动越来越多的纳税人树立税收法治信仰。

法治兴则国兴，法治强则国强。从开门立法推动法律体系不断完善，到规范执法健全监督渠道；从公共法律服务更加触手可及，到大力普法推进社会树立法治信仰……一步步坚实的足迹，折射出中国税收法治化建设的不凡进程。

第六节　纳税信用管理

纳税信用管理，是指税务机关对纳税人的纳税信用信息开展的采集、评估、确定、发布和应用等活动。

一、纳税信用评估

（一）纳税信用评估方法

纳税信用评价采取年度评价指标得分和直接判级两种方式。评价指标包括税务内部信息和外部评价信息。

（1）年度评价指标得分采用扣分方式。近3个评价年度内存在非经常性指标信息的，从100分起评；近3个评价年度内没有非经常性指标信息的，从90分起评。

（2）直接判级适用于有严重失信行为的纳税人。

（二）纳税信用评价指标体系

纳税信用评价指标包括税务内部信息和外部信息。

（1）税务内部信息包括经常性指标信息和非经常性指标信息两大类。经常性指标信息有涉税申报信息、税（费）款缴纳信息、登记与账簿信息等纳税人在评价年度内经常产生的指标信息；非经常性指标信息有纳税评估、税务审计、反避税调查信息和税务稽查信息等纳税人在评价年度内不经常产生的指标信息。

（2）外部信息包括外部参考信息和外部评价信息。外部参考信息是指外部门对纳税人在评价年度的信用记录，仅记录不扣分。外部评价信息是指税务机关从银行、工商、海关等税务系统以外的部门获取的纳税人未如实向税务机关报告的如银行账户设置数量、股权转让变更登记或其他涉税变更登记、进口货物报关数量等重要的涉税信息。

（三）纳税信用评价周期

纳税信用评价周期为一个纳税年度，有下列情形之一的纳税人，不参加本期的评价：

（1）纳入纳税信用管理时间不满一个评价年度的。

（2）因涉嫌税收违法被立案查处尚未结案的。

（3）被审计、财政部门依法查出税收违法行为，税务机关正在依法处理，尚未办结的。

（4）已申请税务行政复议、提起行政诉讼尚未结案的。

（5）其他不应参加本期评价的情形。

（四）纳税信用级别

纳税信用级别设A、B、M、C、D五级：

（1）A级纳税信用为年度评价指标得分90分以上的。有下列情形之一的纳税人，本评价年度不能评为A级：

① 实际生产经营期不满3年的；

② 上一评价年度纳税信用评价结果为D级的；

③ 非正常原因一个评价年度内增值税连续3个月或者累计6个月零申报、负申报的；

④ 不能按照国家统一的会计制度规定设置账簿，并根据合法、有效凭证核算，向税务机关提供准确税务资料的。

（2）B级纳税信用为年度评价指标得分70分以上不满90分的。

（3）未发生后述第5项所列失信行为的下列企业适用M级纳税信用：

① 新设立企业。

② 评价年度内无生产经营业务收入且年度评价指标得分70分以上的企业。

（4）C级纳税信用为年度评价指标得分40分以上不满70分的。

（5）D级纳税信用为年度评价指标得分不满40分或者直接判级确定的。有下列情形之一的纳税人，本评价年度直接判为D级：

① 存在逃避缴纳税款、逃避追缴欠税、骗取出口退税、虚开增值税专用发票等行为，经判决构成涉税犯罪的；

② 存在前项所列行为，未构成犯罪，但偷税（逃避缴纳税款）金额10万元以上且占各税种应纳税总额10%以上，或者存在逃避追缴欠税、骗取出口退税、虚开增值税专用发票等税收违法行为，已缴纳税款、滞纳金、罚款的；

③ 在规定期限内未按税务机关处理结论缴纳或者足额缴纳税款、滞纳金和罚款的；

④ 以暴力、威胁方法拒不缴纳税款或者拒绝、阻挠税务机关依法实施税务稽查执法行为的；

⑤ 存在违反增值税发票管理规定或者违反其他发票管理规定的行为，导致其他单位或者个人未缴、少缴或者骗取税款的；

⑥ 提供虚假申报材料享受税收优惠政策的；

⑦ 骗取国家出口退税款，被停止出口退（免）税资格未到期的；

⑧ 有非正常户记录或者由非正常户直接责任人员注册登记或者负责经营的；

⑨ 由D级纳税人的直接责任人员注册登记或者负责经营的；

⑩ 存在税务机关依法认定的其他严重失信情形的。

❖ 做中学 12-5

（多选题）纳税信用级别设A、B、M、C、D五级，评价年度不能评为A级纳税人的情形有（   ）。

A. 实际生产经营期不满3年的

B. 上一评价年度纳税信用评价结果为D级的

C. 非正常原因一个评价年度内增值税连续1个月或者累计3个月零申报、负申报的

D. 不能按照国家统一的会计制度规定设置账簿，并根据合法、有效凭证核算，向税务机关提供准确税务资料的。

［答案］ABD

［解析］A级纳税信用为年度评价指标得分90分以上的。有下列情形之一的纳税人，本评价年度不能评为A级：

（1）实际生产经营期不满3年的；

（2）上一评价年度纳税信用评价结果为D级的；

（3）非正常原因一个评价年度内增值税连续3个月或者累计6个月零申报、负申报的；

（4）不能按照国家统一的会计制度规定设置账簿，并根据合法、有效凭证核算，向税务机关提供准确税务资料的。故C选项不正确。

二、纳税信用评估结果的确定和发布

（一）纳税信用评估结果发布的时间和复核

（1）税务机关每年4月确定上一年度纳税信用评价结果，并为纳税人提供自我查询服务。

（2）纳税人对纳税信用评价结果有异议的，可以书面向作出评价的税务机关申请复评。作出评价的税务机关应按前述纳税信用评估规定进行复核。

（3）纳税信用年度评价结果发布前，主管税务机关发现纳税人在评价年度存在动态调整情形的，应调整后再发布评价结果。

（二）纳税人纳税信用级别的调整

税务机关对纳税人的纳税信用级别实行动态调整。

（1）因税务检查等发现纳税人以前评价年度需扣减信用评价指标得分或者直接判级的，税务机关应按前述纳税信用评估规定调整其以前年度纳税信用评价结果和记录。

（2）纳税人因下列情形解除而向税务机关申请补充纳税信用评价或对当期未予评价有异议的，可填写《纳税信用补评申请表》申请补评，主管税务机关应自受理申请之日15个工作日内按前述纳税信用评估规定处理，并向纳税人反馈纳税信用评价信息或提供评价结果的自我查询服务。

① 因涉嫌税收违法被立案查处尚未结案的。

② 被审计、财政部门依法查出税收违法行为，税务机关正在依法处理，尚未办结的。

③ 已申请税务行政复议、提起行政诉讼尚未结案的。

（3）因税务检查等发现纳税人以前评价年度存在直接判为D级情形的，主管税务机关应调整其相应评价年度纳税信用级别为D级，并记录动态调整信息，该D级评价不保留至下一年度。对税务检查等发现纳税人以前评价年度存在需扣减纳税信用评价指标得分情形的，主管税务机关暂不调整其相应年度纳税信用评价结果和记录。

（4）主管税务机关按月开展纳税信用级别动态调整工作，并为纳税人提供动态调整信息的自我查询服务。

（5）纳税人对指标评价情况有异议的，可在评价年度次年3月份填写《纳税信用复评（核）申请表》，向主管税务机关提出复核，主管税务机关在开展年度评价时审核调整，并随评价结果向纳税人提供复核情况的自我查询服务。

三、纳税信用评估结果的应用

税务机关按照守信激励、失信惩戒的原则，对不同信用级别的纳税人实施分类服务和管理。

（1）对纳税信用评价为A级的纳税人，税务机关予以下列激励措施：

① 主动向社会公告年度A级纳税人名单；

② 一般纳税人可单次领取3个月的增值税发票用量，需要调整增值税发票用量时即时办理；

③ 普通发票按需领用；

④ 连续3年被评为A级信用级别（简称3连A）的纳税人，除享受以上措施外，还

可以由税务机关提供绿色通道或专门人员帮助办理涉税事项；

⑤ 税务机关与相关部门实施的联合激励措施，以及结合当地实际情况采取的其他激励措施。

（2）对纳税信用评价为B级的纳税人，税务机关实施正常管理，适时进行税收政策和管理规定的辅导，并视信用评价状态变化趋势选择性地提供纳税信用A级纳税人适用的激励措施。

（3）对纳税信用评价为M级的企业税务机关适时进行税收政策和管理规定的辅导。

（4）对纳税信用评价为C级的纳税人，税务机关应依法从严管理，并视信用评价状态变化趋势选择性地采取纳税信用D级纳税人适用的管理措施。

（5）对纳税信用评价为D级的纳税人，税务机关应采取以下措施：

① 公开D级纳税人及其直接责任人员名单，对直接责任人员注册登记或者负责经营的其他纳税人纳税信用直接判为D级；

② 增值税专用发票领用按辅导期一般纳税人政策办理，普通发票的领用实行交（验）旧供新、严格限量供应；

③ 加强出口退税审核；

④ 加强纳税评估，严格审核其报送的各种资料；

⑤ 列入重点监控对象，提高监督检查频次，发现税收违法违规行为的，不得适用规定处罚幅度内的最低标准；

⑥ 将纳税信用评价结果通报相关部门，建议在经营、投融资、取得政府供应土地、进出口、出入境、注册新公司、工程招投标、政府采购、获得荣誉、安全许可、生产许可、从业任职资格、资质审核等方面予以限制或禁止；

⑦ 税务机关与相关部门实施的联合惩戒措施，以及结合实际情况依法采取的其他严格管理措施。

四、纳税信用修复

（一）可申请纳税信用修复的情形

纳入纳税信用管理的企业纳税人，符合下列条件之一的，可在规定期限内向主管税务机关申请纳税信用修复。

（1）纳税人发生未按法定期限办理纳税申报、税款缴纳、资料备案等事项且已补办的。

（2）未按税务机关处理结论缴纳或者足额缴纳税款、滞纳金和罚款，未构成犯罪，纳税信用级别被直接判为D级的纳税人，在税务机关处理结论明确的期限期满后60日内足额缴纳、补缴的。

（3）纳税人履行相应法律义务并由税务机关依法解除非正常户状态的。

（二）纳税信用修复的时限和程序

1. 修复的时限

（1）符合可申请纳税信用修复情形第1项所列条件且失信行为已纳入纳税信用评价的，纳税人可在失信行为被税务机关列入失信记录的次年年底前向主管税务机关提出信用修复申请，税务机关按照《纳税信用修复范围及标准》调整该项纳税信用评价指标分值，重新评价纳税人的纳税信用级别；

（2）符合可申请纳税信用修复情形第1项所列条件但失信行为尚未纳入纳税信用评价的，纳税人无须提出申请，税务机关按照《纳税信用修复范围及标准》调整纳税人该项纳税信用评价指标分值并进行纳税信用评价。

（3）符合可申请纳税信用修复情形第2项、第3项所列条件的，纳税人可在纳税信用被直接判为D级的次年年底前向主管税务机关提出申请，税务机关根据纳税人失信行为纠正情况调整该项纳税信用评价指标的状态，重新评价纳税人的纳税信用级别，但不得评价为A级。

（4）非正常户失信行为纳税信用修复一个纳税年度内只能申请一次。纳税年度自公历1月1日起至12月31日止。

（5）纳税信用修复后纳税信用级别不再为D级的纳税人，其直接责任人注册登记或者负责经营的其他纳税人之前被关联为D级的，可向主管税务机关申请解除纳税信用D级关联。

2. 修复的程序

（1）需向主管税务机关提出纳税信用修复申请的纳税人应填报《纳税信用修复申请表》，并对纠正失信行为的真实性作出承诺。税务机关发现纳税人虚假承诺的，撤销相应的纳税信用修复，并按照《纳税信用评价指标和评价方式（试行）调整表》予以扣分。

（2）主管税务机关自受理纳税信用修复申请之日起15个工作日内完成审核，并向纳入反馈信用修复结果。

（3）纳税信用修复完成后，纳税人按照修复后的纳税信用级别适用相应的税收政策和管理服务措施，之前已适用的税收政策和管理服务措施不作追溯调整。

推荐阅读

1.《中华人民共和国税收征收管理法》（2001年5月1日起施行，2015年4月24日修正）

2.《中华人民共和国税收征收管理法实施细则》（2002年10月15日起施行，2016年2月6日修正）

3.《税务登记管理办法》（2004年2月1日起实施）

4.《纳税信用管理办法》（2014年10月1日起施行）

职业能力训练

第十二章
交互式习题
自测

1. 从税收征管的角度谈谈如何依法治税？

2. 税务机关在什么情况下可以采取税收保全措施和强制执行措施？

3. 税务机关在执行税务检查时拥有哪些权力？

4. 我国在持续深化智慧税务建设，推动执法更规范、服务更便捷、监管更精准、风险更可控等方面作出了哪些努力？

主编简介

　　孙启友，教授，山东省轻工系统有突出贡献青年专家，现任淄博职业学院党委副书记、院长，兼任全国财政职业教育教学指导委员会专门（专业）委员会委员、山东省职业技术教育学会第三届理事会常务理事。主持省级及以上研究课题2项，主持厅市级研究课题4项，参与省、厅级研究课题十余项。

　　高丽萍，教授，注册会计师，淄博职业学院会计学院副院长。获国家级教学成果奖一等奖1项。首批国家级精品资源共享课、国家精品课程"财务会计"负责人，国家职业教育会计专业教学资源库子项目"企业会计制度设计"负责人；山东省教学名师、山东省职业教育名师工作室主持人、山东省高等学校省级教学团队带头人、会计专业省级特色专业带头人。参与教育部"高等职业学校大数据与会计专业教学标准"及实训条件建设标准等项目的研制，主持财政部会计资格评价中心"初级资格评价标准课题"等项目；主编教材8部，其中首届全国教材建设奖全国优秀教材1部，"十二五""十三五""十四五"职业教育国家规划教材7部，主持多项省级以上科研课题。

郑重声明

高等教育出版社依法对本书享有专有出版权。任何未经许可的复制、销售行为均违反《中华人民共和国著作权法》，其行为人将承担相应的民事责任和行政责任；构成犯罪的，将被依法追究刑事责任。为了维护市场秩序，保护读者的合法权益，避免读者误用盗版书造成不良后果，我社将配合行政执法部门和司法机关对违法犯罪的单位和个人进行严厉打击。社会各界人士如发现上述侵权行为，希望及时举报，我社将奖励举报有功人员。

反盗版举报电话 （010）58581999 58582371

反盗版举报邮箱 dd@hep.com.cn

通信地址 北京市西城区德外大街 4 号

高等教育出版社知识产权与法律事务部

邮政编码 100120

读者意见反馈

为收集对教材的意见建议，进一步完善教材编写并做好服务工作，读者可将对本教材的意见建议通过如下渠道反馈至我社。

咨询电话 400-810-0598

反馈邮箱 gjdzfwb@pub.hep.cn

通信地址 北京市朝阳区惠新东街 4 号富盛大厦 1 座 高等教育出版社总编辑办公室

邮政编码 100029

防伪查询说明

用户购书后刮开封底防伪涂层，使用手机微信等软件扫描二维码，会跳转至防伪查询网页，获得所购图书详细信息。

防伪客服电话 （010）58582300

资源服务提示

授课教师如需获取本书配套教辅资源，请登录"高等教育出版社产品信息检索系统"（xuanshu.hep.com.cn），搜索本书并下载资源。首次使用本系统的用户，请先注册并进行教师资格认证。

高教社高职会计教师交流及资源服务 QQ 群（在其中之一即可，请勿重复加入）：
QQ3 群：675544928 QQ2 群：708994051（已满） QQ1 群：229393181（已满）